Romance Mediúmnico

EL AMOR NO PUEDE ESPERAR

Maurício de Castro

Por el Espíritu:

Hermes

Traducción al Español:
J.Thomas Saldias, MSc.
Trujillo, Perú, Febrero 2024

Título Original en Portugués:
"O Amor Não pode esperar"
© Maurício de Castro, 2004

World Spiritist Institute
Houston, Texas, USA
E- mail: contact@worldspiritistinstitute.org

Del Traductor

Jesus Thomas Saldias, MSc., nació en Trujillo, Perú.

Desde los años 80's conoció la doctrina espírita gracias a su estadía en Brasil donde tuvo oportunidad de interactuar a través de médiums con el Dr. Napoleón Rodriguez Laureano, quien se convirtió en su mentor y guía espiritual.

Posteriormente se mudó al Estado de Texas, en los Estados Unidos y se graduó en la carrera de Zootecnia en la Universidad de Texas A&M. Obtuvo también su Maestría en Ciencias de Fauna Silvestre siguiendo sus estudios de Doctorado en la misma universidad.

Terminada su carrera académica, estableció la empresa *Global Specialized Consultants LLC* a través de la cual promovió el Uso Sostenible de Recursos Naturales a través de Latino América y luego fue partícipe de la formación del **World Spiritist Institute**, registrado en el Estado de Texas como una ONG sin fines de lucro con la finalidad de promover la divulgación de la doctrina espírita.

Actualmente se encuentra trabajando desde Peru en la traducción de libros de varios médiums y espíritus del portugués al español, habiendo traducido más de 300 títulos así como conduciendo el programa "La Hora de los Espíritus."

Índice

Palabras amistosas del autor espiritual..................................7
Prólogo 9
1.- Despertar del sueño..19
2.- Camila...31
3.- El mal produce sus efectos..40
4.- Metas de vida..47
5.- El drama de Flávio...54
6.- La tragedia..61
7.- Los resultados del orgullo...69
8.- El reencuentro..77
9.- Revelaciones...86
10.- El comienzo de los planes.......................................94
11.- El destino tiene sus leyes.......................................102
12.- Y la vida continúa..116
13.- La vida traza nuevas direcciones.........................127
14.- En Brasil...135
15.- Regreso al pasado..149
16.- La boda...154
17.- Preludio al regreso..164
18.- Ayudando al cielo..177
19.- La lucha continúa..197
20.- Cosas del destino...202
21.- Dieciocho años después..212
22.- El comienzo de una historia de amor.................222
23.- Ayuda entre la Tierra y el cielo............................235
24.- Venganza..246

25.- El día del crimen 256
26.- Es el perdón el que libera 265
Epílogo 278

Sinopsis:

Nunca ha habido tanto desamor en el mundo, revelado en el resto de la mayoría hacia la responsabilidad de cuidarse bien, en la ligereza con la que muchos atienden sus necesidades reales, sumergiéndose en las ilusiones de las apariencias, en los juegos de competencia, poder, orgullo e inconsecuencia, ignorando las oportunidades de progreso que les ofrece la vida, como si fueran seres merecedores de todos los privilegios sin tener que dar nada a cambio.

Estas ilusiones han sido costosas y aparece el sufrimiento tratando de mostrar la verdad que muchos no quieren ver culpando a otros de sus errores.

El día los cegará y, cansados de sufrir, empezarán a ver la realidad, reconocerán su propia responsabilidad y exigirán el desarrollo de sus potencialidades. Sentirán el amor en su interior y la urgente necesidad de cuidarse, para alcanzar su propia felicidad y poder participar en la construcción de un mundo mejor.

No demores tu progreso, haz tu parte ahora porque el momento es ahora y el AMOR NO PUEDE ESPERAR.

Palabras amistosas del autor espiritual.

Colaborar con la difusión de la espiritualidad es un trabajo maravilloso, pero difícil. Las dificultades del proceso muchas veces superan el entusiasmo de muchos de nuestros hermanos de la comunidad donde vivo. La mayoría de los médiums todavía son resistentes. Pasan por todas las pruebas de las manifestaciones mediúmnicas, tienen innumerables posibilidades de percibir la continuación de la vida después de la muerte, el proceso de la reencarnación, pero no se dedican al ideal espiritual que muchas veces eligen antes de su propio nacimiento.

Pero estoy aquí, con mi personalidad testaruda y persistente tratando de transmitir lo que aprendí y experimenté con compañeros más evolucionados que yo. Te garantizo que es fascinante encontrar recepción mediúmnica en compañeros en la Tierra. ¡Psicógrafo! ¡Vive las experiencias de otras personas como si fueran propias! ¡Sonríe con tus victorias, llora con tus fracasos, ama, descubre la vida en sus dimensiones más profundas! Estoy seguro que si se superara la ignorancia, muchas personas verían la mediumnidad como una herramienta más para su progreso y felicidad y ya no como un instrumento de miedo y tortura.

Cuando recibí la tarea de enviar mensajes de iluminación a la Tierra de parte de hermanos superiores, preferí el romance. En mi nivel de aprendizaje y evolución tengo algunas condiciones de elección y este trabajo – la escritura mediúmnica – siendo de profunda responsabilidad, afecta a cientos de criaturas y debe dosificarse con gran precaución. Creo que dar recetas sobre el bien y el mal, lecciones de moralismo el cientificismo simplemente no es de mi incumbencia. Una historia donde los personajes vivieron sus dramas, sus errores y aciertos, sus elecciones y sus resultados, parece mucho más convincente y mucho menos complicado de hacerles entender.

En nuestro curso para escritores tenemos el poder de elección como condición imprescindible y la categoría romántica nos ha atraído a muchos. ¡Tú también podrías! Todo lo que es más bello en términos de literatura en el mundo terrenal se debe en gran medida a la forma romántica en que los autores conducen sus pensamientos. La Biblia en sí es una colección de novelas, cada una con su propio estilo y función. ¡Que belleza! Transmitir historias, cuentos, acontecimientos, hechos de todo tipo nos fascina no solo a nosotros, los escritores "fantasmas", sino también a los lectores, quienes, ávidos de narración, pueden disfrutar de intensos momentos de placer, encantamiento y aprendizaje. Después de todo, leer buenos libros es la mejor manera de experimentar la vida sin sufrir.

Esto es lo que me da la fuerza para realizar esta tarea, y lo siento por mis amigos que se dieron por vencidos, quiero decir que todos se están privando de la inmensa oportunidad de usar el amor en favor de todas las personas que sufren. Me refiero también a los médiums que siguen pensando que la mediumnidad es sufrimiento y un valle de lágrimas y, llevados por estos pensamientos, abandonan fácilmente sus tareas. Ignoran que la mayor ayuda que le damos a la espiritualidad es difundirla con amor, con el amor que Dios tiene por la humanidad y ese mismo amor nunca puede esperar...

Hermes

24/05/2004

Prólogo

Flávio volvió a mirar aquellos sobres que tenía en las manos y su irritación aumentó. Esto no era lo que quería para su vida. Trabajar incluso como oficinista en esa famosa empresa era el sueño de nueve de cada diez jóvenes de su edad, pero para él era como si no fuera nada. Tenía 23 años y su grupo de amigos le decía que era un chico afortunado, que no le faltaba nada. Tenía una buena familia, padres responsables y amigos leales, pero todavía no se sentía feliz.

Este trabajo, encargado por un amigo de su padre, le produjo al principio una gran euforia. Era la empresa donde sus compañeros más querían trabajar y era realmente genial tener tu nombre en cualquier CV, el trabajo saldría bien.

Cuando empezó la tarea se dio cuenta que no era tan bueno. Pasar la mitad del día repartiendo correo y haciendo favores a otras personas en el centro de São Paulo no era nada agradable. Caminar por la Paulista se convirtió en una rutina y ya no se detenía a admirar la belleza de sus majestuosos edificios.

Ese día, después de tres meses de trabajo, sentía que no iba a resistirse, que iba a dejar su trabajo. Con su educación secundaria incompleta, Flávio sabía que no sería fácil conseguir un trabajo mejor. Criado en una familia de clase media, ni siquiera trabajaría, se pasaría el día deambulando con unos amigos y fingiendo que estudiaba. Pero su padre desde pequeño le inculcó la idea del trabajo como medio de progreso y trató de seguirlo. También hubo algunos amigos que, como él, intentaron aprovechar mejor su tiempo. Pero a Flávio no le gustaba lo que hacía.

De repente miró el reloj y se dio cuenta que ya eran las cinco de la tarde. Afortunadamente ya no estaría moviéndose por la empresa llevando y trayendo sobres. Solo al día siguiente haría este trabajo y como al día siguiente tenía intención de dimitir, seguramente estaría libre de él.

Bajó las escaleras que lo llevaron al ascensor y recordó pensativo la alegría de Ângelo y Érica, sus padres, cuando lo vieron llegar en su primer día de trabajo. Flávio creció escuchando la historia que sus padres habían sido pobres. Érica había nacido en una zona rural y su padre había sido un niño pobre que, al ingresar a la Escuela de Negocios, pronto logró ahorrar suficiente dinero para la boda. Al principio sus padres sufrieron innumerables dificultades, pero como aprendieron desde pequeños a luchar y no desanimarse, lograron lo que hoy llaman una buena vida. ¿No podría él, Flávio, dejar atrás una oportunidad de progreso?

Bajó del ascensor y siguió caminando, su casa estaba a unas cuadras. Durante el viaje empezó a recordar su aversión a estudiar y cómo sus padres sufrían por ello. No sabía cómo logró llegar al segundo año de secundaria.

Sin embargo, a pesar de mantener su apatía hacia los estudios, Flávio se reveló como un astuto observador de la naturaleza y del comportamiento humano, por lo que soñaba con un trabajo donde pudiera desarrollar mejor esta habilidad. En una empresa donde conviven varias personas, sería una gran oportunidad. Sin embargo, pronto se decepcionó, la apatía y la pereza le hicieron pensar en dejar ese trabajo. La gente aburrida y cerrada en ese ambiente donde la gente trabajaba solo por dinero colmó su paciencia.

Llegó a casa desanimado y encontró a su madre preparando la cena.

– ¿Flávio? ¿Ya llegó mi hijo?

– ¡Yo vengo de ese antro! – Dijo más para sí mismo que para su madre.

– ¿Por qué eres abusivo, algún problema en el trabajo?

– El trabajo es el problema en sí, descubrí que no puedo hacerlo.

Érica dejó el trapo de cocina, ordenó a la criada que siguiera con su trabajo y fue a hablar con su hijo al sofá de la sala. Se dio cuenta de lo que esperaba desde hacía mucho tiempo: Flávio dejaría su trabajo. Lo miró fijamente y dijo:

– ¿Qué estás queriendo hacer? ¿Dejar el trabajo? ¡Oh! ¡No permitiré esto!

– ¡Eso no es para mí, mamá! ¡Estoy estresado por lo que estoy haciendo, estoy cansado! Mañana dejaré este trabajo.

– No puedes hacer eso, tu padre se enojará mucho.

Flávio se detuvo a pensar y decidió no ceder a esa discusión. Él dijo:

– Lo pensaré, ahora me daré una ducha para relajarme un poco.

Subió las escaleras y fue al dormitorio. Érica se quedó en el sofá, pensando. ¿Por qué Flávio tenía que ser así? Era el hijo más diferente que tuvo. Cristiano, de 26 años, había viajado a Inglaterra había estado y estaba haciendo excelentes progresos durante mucho tiempo. Se fue de intercambio y ya tenía un buen empleo. A pesar de no ver a la familia durante más de cinco años, Érica y Ângelo estaban felices de saber que su hijo estaba en buen camino.

Su segunda hija Marina estudiaba Derecho en una excelente universidad y no había duda que su futuro también sería brillante. Pero Flávio... Esto no fue nada fácil. Desde pequeño a pesar de aprender con facilidad no valoraba tanto estudiar, se quejaba de las clases aburridas, de las cosas inútiles que estudiaba, de los profesores, ¡de todo!

Para animarlo, Ângelo empezó a hablar de contratarlo y hasta que rechazó la idea. Sin embargo, Érica, que conocía muy bien a su hijo y su temperamento inestable, sabía que cualquier trabajo en sus manos duraría muy poco. ¿Por qué Flávio era así? Se abrió la puerta de la habitación y entró Marina:

– ¿Qué hace mi hermosa madre ahí en el sofá luciendo tan triste?

- Ay, Marina, solo tú ahora para levantarme un poco el ánimo. Tu hermano dice que dejará su trabajo mañana.

Marina pareció disgustada y comentó:

- Este chico siempre quiere aparecer y chantajear. La gente dice que lo que realmente quiere es vivir una vida bohemia sin hacer nada. ¡No es de extrañar que encuentre una anciana rica que lo apoye!

Érica, asustada, protestó:

- ¿De dónde surgió esta idea? ¡Era justo lo que faltaba!

Marina continuó:

- ¿Crees que no observo las cosas? El otro día la tía Francisca dijo lo mismo y también dijo que por ser el menor lo criaron mal y fue muy mimado por ti y papá.

Érica parecía amargada. Esa engreída Francisca, ¿qué pretendía al dar su opinión sobre su familia? Pronto se convirtió en una solterona amargada que nunca había tenido hijos.

- Mira, cambiemos de tema - dijo Érica -. Ve a darte una ducha y cenaremos pronto, tu padre llegará más tarde hoy, tiene una reunión extra en la empresa y me dijo que no lo esperáramos.

Marina fue a su habitación y en el pasillo notó que Flávio estaba en la ducha. Pensó: ¡Ese engreído! Merecía perder su trabajo y que su padre lo pasara mal. Flávio se duchó y pensó qué hacer con su vida, que, por cierto, era muy aburrida. Desde el comienzo de la adolescencia sentía un vacío interior y un sentimiento de añoranza indefinible. Nunca estuvo realmente bien. Las relaciones, a pesar de ser divertidas y sanas, no servían para realizarlo, estudiar era muy aburrido, trabajar tampoco era agradable. Tenía un gran sentido de comprensión de las personas que lo rodeaban, pero entenderse a sí mismo no estaba siendo fácil. Sus amigos tampoco parecían tan agradables.

Terminó su baño y sintió una tristeza infinita. Se puso ropa cómoda y salió al balcón de su habitación. Ya eran las siete de la noche y desde donde estaba podía ver un trozo de cielo y sus estrellas emergiendo en luz. Era una hermosa noche de verano y el cielo abierto lo invitaba a reflexionar interiormente.

Se sentó en la mecedora del porche y pensó en lo bueno que sería vivir lejos, en un lugar donde solo había paz y alegría. Fijó su mirada en el cielo y un letargo lo invadió. Se quedó dormido.

Soñó que estaba en un campo verde lleno de flores amarillas, caminó por él y frente a él un chico con jeans y camisa blanca, con los labios abiertos en una tierna sonrisa, le dijo:

– Bienvenido Flávio, la reunión está por comenzar.

Un tanto atónito, Flávio recordó que tenía que estar allí por una razón grave que no pudo comprender de inmediato. El chico lo tomó de la mano y siguieron un camino que terminaba en una pesada verja de hierro.

El chico tocó el timbre en un muro alto y la puerta se abrió. Flávio no sabía qué lugar era ese. Desde la puerta salía una avenida flanqueada por un enorme jardín iluminado donde varias personas charlaban animadamente. Siguieron caminando en silencio y poco a poco Flávio recordó el lugar: fue en esta ciudad donde vivió antes de reencarnar.

En una esquina, una chica se acercó y los saludó. Flávio se llenó los ojos de lágrimas y exclamó:

– ¡Carlota! ¡Cuánto tiempo!

– ¿Que es esto querido? ¡No hay tiempo para los que de verdad se aman! – Y se abrazaron.

Noel, el chico que acompañaba a Flávio, se volvió hacia ella y le dijo:

– Como imaginábamos, no fue difícil traerlo aquí, aun conserva mucho de lo que aprendió de nosotros y en los mares agitados del mundo, afortunadamente, aun no lo ha olvidado.

Carlota aceptó felizmente y los tres se sentaron en una banca. Flávio, muy tranquilo, dijo:

– Ay, Noel, no sé cómo he podido vivir allí. Prevalecen ideas y comportamientos frívolos, lo invierten todo. Lo realmente importante se ha ocultado y lo fugaz y fútil queda en evidencia. Sinceramente no sé si tendré el valor de iniciar la tarea.

Noel lo miró profundamente y dijo:

– Veo que tienes razón en lo que dices amigo, pero debes darte cuenta que cuando algo nos molesta es porque no lo estamos viendo con los ojos de la verdad. En un mundo donde existen espíritus de diferentes niveles, es natural que haya variedad de comportamientos, muchas veces los más irracionales. Sin embargo, cada espíritu crea su propio universo y vive feliz o infeliz según él. Quien ha aprendido a vivir bien en cualquier entorno comprende las necesidades de cada hermano y, antes de criticar, busca ayuda.

Carlota escuchó atentamente y Flávio exclamó:

– Qué bueno poder pasar tiempo contigo, siempre existe la posibilidad de reaprender lo que siempre he escuchado y estudiado aquí.

Noel lo interrumpió:

– Vayamos a la sala de reuniones donde nos espera Hilário.

Salieron por una calle ancha que conducía a una hermosa plaza iluminada.

En el centro de la plaza había un edificio enorme con carteles que decían: *Departamento de orientación y asistencia a los misioneros.*

Carlota insertó una especie de tarjeta magnética y la puerta se abrió dando paso a una habitación llena de puertas.

Apareció una de ellas a una especie de ascensor. A los pocos segundos entraron a una espaciosa habitación donde un hombre de cabello gris estaba leyendo lentamente unos papeles. Cuando los vio, dijo:

– Ya los estaba esperando y sé que Camila no pudo venir.

Carlota respondió:

– Como ella siempre se dejó llevar por su adicción y era imposible dormirla, solo podemos contar con Flávio.

Hilário se levantó, dio la espalda y miró la noche a través de la ventana de su sala, luego se dio vuelta y dijo:

– Los verdaderos trabajadores del bien no se desaniman si un compañero abandona la tarea. Camila tendrá su propio tiempo para madurar, aunque sea bajo el peso del dolor. En cuanto a Flávio, ha llegado el momento. Los llamé aquí hoy porque el tiempo avanza y es imperativo que recuerden algunas verdades antes de lo que está por venir. Su familia, a pesar de parecer tranquila y segura, en el fondo está construyendo un destino sobre la arena y no sobre la roca como enseñó Jesús. Su padre cultiva formas pensamiento que crearán situaciones tumultuosas y los prejuicios de su madre, con su rutina agotadora y su pesimismo, materializarán una reacción negativa en la vida. Por otro lado, su hermana, bajo actitud de buena chica, cultiva en su mente hábitos infelices debido a un terrible complejo de inferioridad.

Todos escucharon en silencio, respetando la sabiduría de ese espíritu.

– No es difícil entender lo que recibirán de la vida. Tú, Flávio, aceptaste renacer con ellos para ayudarlos, pero observando su comportamiento en los últimos años. Estos días estamos notando que comenzamos a involucrarnos en la agitación del mundo. Como espíritu estudiado y benévolo, ya comprendes la inutilidad de tantas enseñanzas que enseñan las escuelas terrenas. La forma de enseñar, atrasada y cansada en comparación con el mundo en el que vivías, provocó una falta de interés. Y con razón, no se puede forzar a la naturaleza. Quiero explicarte que tu desinterés por el trabajo tampoco es en vano, quieres encontrarte, quieres saber dónde está tu vocación y estamos aquí precisamente para eso. Carlota, enciende la pantalla.

Se encendió un gran monitor y la imagen de Flávio apareció dos años antes de reencarnar. Se llamaba Henrique y escuchó las explicaciones de Carlota sobre el tipo concreto de mediumnidad que tendría.

Carlota le explicó que al aceptar la misión de llevar alivio a un grupo que tanto amaba, era necesario que recibiera el don de la mediumnidad del mundo mayor. Las personas materialistas y groseras necesitarían pruebas de espiritualidad para poder despertar del sueño pesado en el que vivían. No es que estas pruebas de espíritus fueran gratuitas solo con el fin de demostrar que existía vida espiritual. El grupo necesitado ya había estado sufriendo durante algunas encarnaciones por no hacer lo mejor que podían. Ya pudieron dar un paso adelante y pidieron guía espiritual para que en la próxima existencia ya no lo arruinaran.

Carlota hizo una pausa y explicó que a la familia se le avisó que la ayuda de lo Alto nunca le falta a nadie, pero había que estar receptivos para recibirla. Aceptaron y Flávio, un espíritu amigo que estudiaba los procesos de evolución aceptó la tarea con la intención de ayudar y aprender al mismo tiempo.

Flávio sabía que enseñar era una forma de retener conceptos y sentía que a pesar de saber mucho aun quedaban innumerables lecciones por aprender.

Se programaron reencarnaciones. Julieta, un espíritu que usaba la sensualidad de manera perversa y prostituida, se arrepintió y quiso empezar una nueva vida; vendría como Marina, la hermana de Flávio.

Zuleika Carbajaua, ex fanática religiosa, no había sido tan rica como le hubiera gustado y, al no aceptar la forma de vida de su hija Julieta, la echó de casa, acomodándose a la religión, los prejuicios y una rutina aburrida; vendría como Érica, la madre de Marina.

Solano Carbajaua, disgustado con el nivel de vida que tenía y la actitud de su hija, se encariñó con Eduardo, su hijo mayor, y ambos comenzaron a robar en los negocios que tenían, siendo descubiertos y detenidos. Solano, sin dinero y dejando a su esposa en la indigencia, se suicidó en prisión. Eduardo logró escapar después asociándose con una prostituta y propinándole golpes y más golpes. Solano renació como Ângelo y como se sentía culpable por su vida de ladrón, inculcó en la cabeza de todos que solo el trabajo sacrificado tenía valor.

Eduardo regresó como Cristiano y Henrique vendría como Flávio para, en el momento oportuno, sembrar en ellos la semilla de la espiritualidad, pues ya habían alcanzado algunas conquistas espirituales, gracias a su esfuerzo y aceptación.

Poco después, a Flávio se le mostró todo su trabajo futuro y toda su preparación para realizarlo con seguridad en la Tierra. La pantalla se apagó y Flávio miró a Hilário. Se dio cuenta de lo que estaba pasando dentro de él y dijo:

– Puedes preguntar, sé que tienes una pregunta.

– Eso mismo. Si aquí en el astral hubieran aprendido mucho, ¿para qué sería necesaria mi ayuda?

Noel destacó:

– ¡Ya ves cómo olvidar el mundo, a pesar de ser beneficioso, puede paralizarnos!

Hilario explicó:

– Hijo mío, nosotros, los espíritus que hemos estudiado la personalidad humana durante siglos, conocemos muy bien las inclinaciones de cada uno de este grupo; por las leyes de la probabilidad sabíamos que lo que tenían para ofrecer en una nueva encarnación era muy poco. Es común que los espíritus tocados por el remordimiento muestren arrepentimiento. Parecían haber aprendido, pero el contacto con el mundo carnal hace aparecer los problemas no resueltos del pasado, poniéndolos a prueba para saber cuánto han asimilado. Como dijo Carlota hace un momento, el tiempo que pasaron con nosotros en nuestra ciudad abrió la tierra en sus corazones y ustedes serían los encargados de regarla en el momento adecuado. Y ese momento ha llegado. Ustedes, con poderosa mediumnidad de desobsesión y psicofonía, serán los llamados a esta tarea, no pueden ni deben desanimarse.

Mirando a Flávio a los ojos, continuó:

– Sus cuerpos físico y periespiritual han sido programados para ayudar al trabajo y nuestra advertencia es que pronto comenzarán las mediumnidades. Ya tienes 23 años, y lo desagradable de una prueba de mediumnidad te pondrá cara a cara con lo que hay que hacer. Tus disturbios no vendrán por culpa de la mediumnidad; es muy común que el médium sufra y achaque su elevada sensibilidad, esto es un error. Nuestro desequilibrio emocional es lo que atrae hacia nosotros energías perturbadoras. Recuerda que tú, Flávio, a pesar de no vivir ya en el mal, todavía tienes muchos restos de pensamientos discordantes y depresivos. Tu tarea, como la de todos los demás, es ayudar ayudándote a ti mismo. Conquistar nuestro mundo interior es una gran tarea y es necesario no solo dejar de hacer daño a los demás sino sobre todo dejar de hacernos daño a nosotros mismos. Siempre estaremos juntos y es importante dejarles saber que Noel y Carlota serán tus mentores. Que Dios los bendiga y que el Universo conspire a nuestro favor.

Los tres se levantaron y ya estaban atravesando la puerta cuando Flávio regresó y preguntó:

– ¿Y Camila? ¿No hará su parte?

Hilário miró con ojos profundos y respondió:

– ¡Solo el tiempo lo dirá!

1.– Despertar del sueño

– Recordarás en parte lo que pasó aquí – le dijo Noel a Flávio –. El cerebro del cuerpo denso olvidará casi toda esta información a nivel consciente, pero habrá una intuición infalible que te guiará en qué hacer. De regreso a la plaza donde estaba ubicado el edificio, Flávio pudo observar mejor toda su suntuosidad, el estilo moderno acompañaba a las ciudades terrenales y había mucha armonía en el aire.

– Lamento informarte, Flávio – dijo Carlota –. Sentí lo que pensabas y si me permites te hago una corrección: no son nuestras ciudades las que siguen modas terrenales en su arquitectura, es la Tierra la que sigue nuestro ritmo. Todo lo que existe allí existió primero aquí. No está tan mal decir que la Tierra es una copia del mundo espiritual.

Los tres continuaron emocionados y regresaron al balcón de la habitación de Flávio. Volviendo al cuerpo de carne se despertó. ¿Cuánto tiempo habría dormido? Miró el reloj y se dio cuenta que había dormido una hora y media. ¿Qué extraño sueño fue el que lo invadió? Bajó las escaleras y vio a su madre y a su hermana terminando de cenar.

– ¡Vaya, el príncipe despertó! – dijo Marina en tono de broma.

– Entré a tu habitación y te vi durmiendo tan profundamente que no quise despertarte. Siéntate, que Sandra te pone la mesa – dijo Érica amablemente.

– No te preocupes mamá, yo como en la cocina. De hecho, no tengo hambre. Por cierto, ¿ya llegó papá?

– No, hoy dijo que habría una reunión extra en la empresa, una reunión de emergencia, que no llegaría hasta más tarde. Pero me resulta extraño... Nunca había llegado tan tarde.

Marina se levantó de la mesa y dijo:

– Bueno, eso no me importa, hoy a las nueve vienen Dirce y Giuliana a estudiar conmigo un tema importante y no quiero que me interrumpan, sobre todo porque Ricardo también viene Valadares y no siempre se puede contar con su ayuda.

Flávio la miró con desconfianza y dijo:

– ¿Le interesa el heredero Valadares?

– No seas tonto, es mi colega desde que comencé la universidad y es muy inteligente, solo viene a ayudar. Y si yo fuera tú, además de seguir trabajando, intentaría interesarme más por la escuela, veo que tu futuro será una basura, sin trabajo y sin dinero.

Marina subió a su habitación y Érica, asintiendo con lo dicho, continuó:

– Tu hermana tiene razón, piénsalo bien antes de dejar ese trabajo y andar deambulando con esos amigos tuyos que solo causan problemas a la familia. Sabes cuánto te queremos tu padre y yo, y no queremos que nuestro hijo esté entre borrachos y prostitutas. Flávio escuchó en silencio, ¿por qué discutir? Sabía que su madre y su hermana eran así y lo mejor sería guardar silencio. Mañana ya no trabajaría y eso fue todo. Érica fue a la sala de video y Flávio fue a la cocina. La criada estaba arreglando los cubiertos de la cena y amablemente le calentó la comida. De repente, Flávio sintió la necesidad y preguntó:

– Sandra, ¿crees en los sueños?

Ella, que no esperaba una pregunta así, lo dijo sin pensar mucho.

– Mira, Flávio, nunca dejé de creer en los sueños. Las personas que viven esta vida ocupada no tienen mucho tiempo para pensar en estas cosas. Pero Margarita, la vecina de mi madre, siempre se detiene para interpretar los sueños de todos en el vecindario. Es muy divertido y lo mejor es que la mayoría de las veces lo hace todo bien. Pero, ¿por qué esta pregunta?

Flávio dejó de masticar por un momento y, al ver la receptividad de Sandra, decidió abrirse:

– Hoy tuve el sueño más extraño de mi vida. Cuando terminé de ducharme, me senté en la silla del balcón de mi habitación y un sueño irresistible me invadió. Recuerdo que me vi hablando con un hombre y dos personas más en una habitación; este hombre me dijo que necesitaba ayudar a mi familia y que una tarea estaba por comenzar. Entonces recuerdo volar en el cielo sobre la ciudad y ver las pequeñas casas debajo. Después me desperté. Sin embargo, el sentimiento que más me dejó confundido fue un nombre que permaneció en mi mente hasta ahora.

Sandra, que escuchaba atentamente, preguntó:

– ¿Cómo se llamaba, Flávio?

– ¡Camila! Ese nombre me suena mucho aunque no conozco a nadie que lo tenga.

– Bueno – dijo sonriendo –. Te acabo de llevar a casa de doña Margarita para que adivinara tu sueño, porque yo tampoco entendía nada.

– Mucho peor yo. Recién ahora que salí del trabajo viene un señor mayor y me dice que ya está por empezar la tarea, mira.

– Mira, no me gusta meterme en los asuntos de nadie, mucho peor que a mis jefes, pero estoy de acuerdo con que dejes este trabajo.

Flávio se sorprendió, al fin y al cabo alguien lo entendió. Curioso, quería saber por qué pensaba eso.

– Te vi llegar a casa de este trabajo siempre alterado, casi no comías bien, ¡incluso perdiste peso! Mira Flávio, ese dinero no sirve. El dinero es energía espiritual y solo es rentable lo que se gana con placer. Mírame, nunca tuve educación y sé que las trabajadoras del hogar ganan poco, pero estoy contenta con lo que tengo y mi dinero me alcanza para todo lo que necesito. Gorete, vecina de mi madre, es soltera y gana lo mismo que yo, excepto que trabaja de mal humor, siempre está quejándose y su dinero parece estar maldito, no le da resultado, se lo gasta todo, tiene problemas o pérdidas de salud. Incluso parece que le hicieron un trabajo.

- No digas tonterías Sandra, pero estoy parcialmente de acuerdo con lo que dijiste, no siento ningún placer trabajando allí, y lo peor es que creo que ya no disfrutaré trabajando en ningún lado.

- Tranquilo muchacho, un día descubrirás tu vocación.

La conversación fue interrumpida por la mirada seria y seria de Ângelo que entró a la cocina. Dijo secamente:

- Flávio, termina esta cena y ve a la sala, necesito hablar contigo, con tu madre y con tu hermana.

Por el tono de su padre, Flávio sintió que algo negativo había sucedido. Terminó su comida y se dirigió a la sala de estar. Érica y Marina ya estaban allí junto con Ângelo.

- ¿Puedo saber el motivo de esta reunión en casa? – dijo Marina –. Hace tiempo que aquí no es así. ¿Alguien ganó la lotería?

- Deja de ser linda Marina, esto es un asunto serio. Hoy en la empresa recibí una llamada del accionista mayoritario para una reunión donde me notificaron que perdí mi trabajo.

El silencio fue general. Él continuó:

- La empresa está pasando por unos problemas delicados... De esos en los que empiezan a vender cosas superfluas, cosas y tal... Y tenía que haber algunos recortes. Desafortunadamente, fui uno de los elegidos para irse. La empresa me pagó todo lo que me correspondía por despido sin previo aviso, alegando que sería mejor devolverme mis ingresos que mantenerme empleado. En definitiva, otro despido inexplicable en este inmenso país.

Marina protestó:

- ¡Hay algo! Tú eres uno de los administradores más antiguos de esa empresa, que me parece que le va muy bien. He estado siguiendo los periódicos y veo que sus productos son muy populares en el mercado. Dime claro papá, ¿qué tienes que ocultar?

Fue el turno de Érica de hablar:

– ¿Qué es esto, descarada? ¿Es así como se le habla a un padre? Un padre siempre es padre y lo que dicen los niños no deben discutirlo.

Ângelo intentó evitarlo:

– Mira hija, todo lo que me hicieron los dueños de Limbol está dentro de los límites legales. Es así, de vez en cuando los directores ven que necesitan reciclar a su personal y hacen precisamente eso: despiden a quien quieren. También hay otros directivos familiares que trabajan en la empresa; Entre ellos y yo, es lógico que opten por familiares.

Desde el momento en que entró en la habitación, a Flávio se le puso la piel de gallina. De repente, sin poder controlarlo, empezó a sentirse dominado por una fuerza diferente. Quería gritar, pero la voz no salió. Sintió que su cuerpo era conducido mecánicamente al sofá de la sala y se sentaba impertérrito.

Mientras su padre hablaba, un nerviosismo se apoderó de su ser. Los presentes, atentos a lo que decía Ângelo, ni siquiera notaron el estado estático de Flávio.

El espíritu de Carlota había impulsado a Flávio a iniciar el trabajo mediúmnico como habían acordado.

De hecho, "violar" a un médium era una tarea que no le gustaba hacer, pero era necesario y más necesario aun hacerlo consciente. Sin entrenar sus defensas, Flávio se dejó llevar por la energía de la entidad, que luego pudo iniciar lo que ya estaba previsto.

Interrumpiendo a su padre, dijo con voz cambiada:

– Cada uno recibe según sus actitudes. Ahora depende de ti ver su parte de responsabilidad por lo que le sucedió y reevaluarse.

Ângelo lo miró con desconfianza y respondió:

– ¿Vas a decir ahora que es mi culpa? ¿Mi hijo, que debería haberse revelado a mí, ahora me acusa?

– No culpo a nadie, pero es hora que te des cuenta que tú atrajiste todo esto por tus pensamientos y actitudes. El tiempo para ti será desafiante, habrá momentos en los que pienses en rendirte, pero estaremos a tu lado. Recuerda que la culpa nunca solucionó ningún problema, lo que realmente importa es cambiar actitudes por otras más positivas.

¡Era increíble que Flávio, su hijo, actuara ahora como un profeta!

– Cállate y deja de decir tonterías, ¿qué puedes saber del futuro?

Marina interrumpió:

– Ahora papi, ¿no ves que este mocoso está tratando de aparecer como siempre?

De repente, Érica se dio cuenta que Flávio no se movía y habló a los demás:

– Mira a Flávio, tiene un aspecto extraño, no se mueve.

En ese momento suena el timbre y entran a la habitación Dirce, Giuliana y Ricardo. Marina, avergonzada al ver a sus compañeros presenciar esa escena, se sonrojó. Flávio continuó:

– No puedo saber mucho sobre el futuro, ya que el destino no existe, pero la forma en que afrontemos la vida hoy es la que determinará las experiencias del mañana. Flávio no tiene nada de malo, es solo un ayudante, aprovecha para mejorar y reciclar valores. Hasta la próxima.

Carlota se alejó de Flávio, cansada de la resistencia del muchacho, que ya se hacía sentir en ella. Flávio, a su vez, libre del yugo de otra mente, sintió su rostro cubierto de un fino sudor.

Escuchó claramente todo lo que dijo, pero no pudo tapar la boca. El miedo de haberse dejado llevar por una sensación extraña le hizo subir inmediatamente las escaleras desesperadamente.

Rojos de vergüenza porque Flávio se había vuelto loco, Érica y Ângelo, disculpándose con los amigos de Marina, fueron tras él a la habitación. Dirce, mirando a Marina que todavía estaba sonrojada, no pudo contenerse:

– Pero, ¿qué pasó aquí? Tu hermano parecía fuera de sí, con una voz diferente y luego se escapó... ¿Está enfermo?

Avergonzada, mintió:

– Es que Flávio siempre ha sido así desde pequeño, le encanta llamar la atención de los demás, probablemente quiere que mamá y papá se preocupen por su salud para no ir a trabajar mañana.

Fue el turno de Ricardo de hablar:

– Debe ser por los problemas tontos que todos tenemos de vez en cuando con el trabajo.

– ¡O incluso pereza! – Dijo Giuliana. Marina interrumpiendo la conversación dijo:

– No perdamos el tiempo con puerilidades de Flávio, vayamos a lo que importa, que es nuestro trabajo. Suban muchachos – y actuando equilibradamente, Marina se hizo muy buena y se fue sonriendo a estudiar con sus amigas.

Flávio no abrió la puerta por mucho que sus padres llamaran e insistieran. Érica y Ângelo, que ahora tenían un doble problema por delante, estaban agotados.

– ¡Ahora éste! Además que perdiste tu trabajo, tenemos un hijo que hace teatro en casa.

–¡Cállate mujer! – Se quejó Ángel –. ¿No ves que el caso es grave?

– No me parece. Por la tarde, Flávio me confesó que va a dejar su trabajo en la empresa del Dr. Otto y creo que está siendo astuto, fingiendo tener un ataque de nervios para no verse obligado a trabajar mañana.

Ângelo estaba muy nervioso:

– No es posible. ¡Mañana irá a trabajar aunque lo arrastren! El dinero que tengo a mano solo alcanza para algún tiempo. Si no encuentro otro trabajo rápidamente, él mismo tendrá que cubrir muchos de sus gastos.

– ¿Quieres decirme que eres pesimista?

– No es eso. Es solo que un excelente administrador como yo no debería aceptar todo lo que se le presente. Solo tengo que elegir lo mejor.

Como Flávio no respondió de ninguna manera a las llamadas, decidieron bajar a dormir.

En su habitación, Flávio bañaba de lágrimas su almohada. Justo ahora que su padre había perdido su trabajo, esto estaba sucediendo en su vida. Lo cierto es que una fuerza extraña se había apoderado de su voz y, aunque se dio cuenta, no pudo contenerla.

La sensación de consuelo que sentía en ese momento se vio socavada por su miedo y su sentimiento de impotencia. ¿Se estaba volviendo loco? Miró al cielo y se dio cuenta que ya no estaba estrellado. Había escuchado las últimas palabras de su padre que lo obligaría a ir a trabajar y su depresión aumentó. Esperó impaciente a que Sandra se durmiera y bajó a la cocina. Recordó que su madre tomaba algunos tranquilizantes de vez en cuando y sabía dónde estaban. Abrió el frasco y tomó dos de golpe, necesitaba relajarse y dormir. Se acostó y se quedó dormido angustiado.

Por el efecto de los tranquilizantes, Ângelo también durmió, pero Érica no logró conciliar el sueño. ¿Por qué su marido con un trabajo estable se encontró de repente en la calle? Ella no trabajaba y vivía a sus expensas. Era una matrona perfecta. Pasó el día cuidando la casa, su cabello, su piel y su religión. Desde temprana edad, Érica estuvo vinculada al Catolicismo con intenso fanatismo. Todos los días iba a misa de seis en la Catedral, los fines de semana estudiaba la Biblia con sus amigas y daba clases de catequesis a los niños. Estaba segura que Dios no abandonaría a su familia, al fin y al cabo era una mujer sumamente virtuosa y caritativa. Daba sumas y sumas de dinero que Ângelo le daba para las pastorales y se castigaba por cualquier acto que consideraba indigno e impuro para una señora casada.

Todo lo que consideraba malo en los demás lo condenaba ferozmente y en esta postura no se daba cuenta que cada día su aura se impregnaba de energías negativas. Era el tipo de criatura que no quería ver la verdad: lo realmente importante era dejado de lado y todo lo que conducía al incumplimiento de las normas sociales y eclesiásticas se convertía en motivo de furia. Pero estaba segura que así encontraría la felicidad. Ilusionada, pensó que cumplir las reglas externas, incluso en detrimento de las llamadas de su corazón, daría a su alma la elevación que el cielo exigía. A pesar de ser pesimista en su vida diaria, se quedó dormida esperando la ayuda divina.

Flávio empezó a tener un sueño intranquilo. Estaba luchando en la cama y sudando mucho. Nadie en la casa se dio cuenta que entraron tres entidades impulsadas por el odio, con rostros deformes, acompañando a Ângelo desde el momento en que llegó a casa del trabajo. Vieron a Carlota utilizar la mediumnidad de Flávio y nunca lo soltaron. Vieron cuando bajó a tomar los tranquilizantes y se pusieron muy contentos. Con medicación, el acoso que planeaban hacer sería mucho más fácil.

Ester, Malaquías y Roque como se llamaban comenzaron su plan de venganza y esta vez todo saldría bien. Comenzaron a succionar la vitalidad de Flávio y a inculcar en su cuerpo astral adosado imágenes de aberraciones espirituales. Empezaron las pesadillas y Flávio se despertó asustado. Miró el reloj y vio que llevaba media hora sin dormir y que tenía el cuerpo mojado de sudor.

Comenzó a sentirse mal, una mezcla de mareos, angustia y sensación de muerte inminente se apoderó de su cuerpo.

Dos rayos de luz llegaron a la habitación y tomaron forma, eran Carlota y Noel, quienes intuyeron lo que iba a pasar y acudieron a ayudar. Flávio, creyéndose solo en la habitación, estaba acompañado de cinco personas. Noel dijo:

– No sé si podremos hacer mucho por él. Es un médium de prueba en desarrollo que se deja llevar fácilmente por el miedo. Si tuviera más fuerzas para reaccionar, estos hechos no estarían sucediendo. Carlota y Noel comenzaron a aplicar pases a la coronilla, arriba de la cabeza, pero fue en vano. Ester, sin notar su presencia, se arrojó violentamente contra el cuerpo de Flávio, que temblaba. De repente, Ester lo envolvió tanto que parecía haberse apoderado de todo su cuerpo. Carlota dijo:

– Su periespíritu está semi-eliminado y ahora Ester ha tomado el relevo. Tenemos poco que hacer excepto orar a Dios para que nos ayude a hacer nuestra parte, y ellos comenzaron a orar.

Enloquecida, Ester abrió violentamente la puerta del dormitorio y, seguida de sus cómplices, pateó violentamente la puerta del dormitorio de Ângelo. Flávio parecía haber multiplicado sus fuerzas y los ojos abiertos y brillantes expulsaron chispas de ira. Ângelo y Érica se despertaron asustados y vieron allí a su hijo, sonriendo diabólicamente y gritando:

– ¡Perdiste, ladrón! Solano ha sido nuevamente descubierto. ¡Ahora morirás! – Y atacó a su padre con furia.

Érica empezó a llorar y gritar:

– ¡Flávio! Para. ¡Dios mío que estás en el cielo, ayúdanos!

– ¡Cállate, maldita sea! Este recibió el pago que se merece y pronto será el tuyo.

Ângelo, que estaba asustado, todavía intentaba ordenar sus pensamientos:

– ¿De qué me acusas, hijo? Mira, soy tu padre, tu padre.

Flávio se rebeló:

– Cállate, ladrón. Lo sé todo, soy tu sombra, estoy contigo desde ese maldito día que le robaste a toda mi familia y nos dejaste en la pobreza. Pasaste mucho tiempo huyendo, pero te encontré en este otro cuerpo muy diferente, ¡sé que eres tú Solano! No te dejaré solo. Fuimos mis fieles hijos y yo quienes colaboramos para que se descubriera tu fraude en la empresa. Ese papel no estaba ahí por nada, te hicimos olvidar de él y de los demás y abrimos el camino para que te pillaran con las manos en la masa.

Ângelo se quedó helado. Pero, ¿qué fue eso? ¿Cómo supo Flávio lo que había pasado en la empresa? De repente lo invadió una oleada de ira. Alguien le había contado a su hijo su participación en la malversación de dinero y ahora quería reírse en su cara. Corrió hacia él y le dio un violento puñetazo en la mandíbula:

– Cállate niño.

Érica al ver el ataque se desmayó.

Ester salió del cuerpo de Flávio y sonrió victoriosa. Libre de ella, Flávio, con la barbilla sangrando, corrió al garaje, agarró la llave del auto de su madre y se lanzó por las calles de São Paulo a gran velocidad. Malaquías, que había influido en Ângelo para que golpeara a su hijo, se unió a Roque y Ester quienes dijeron:

– ¡Eso está bien por hoy! Vámonos para Desterro y Jorge estará contento con la noticia.

Y las figuras oscuras desaparecieron en la noche.

Todos se despertaron con los gritos. Sandra y Marina tomaron el cuerpo de Érica y lo colocaron sobre la cama. Nadie entendió el motivo de la pelea. Sandra estaba sorprendida. Nunca en tantos años de servicio había visto a Ângelo golpear a nadie, mucho menos a su hijo, pero respetando su privacidad no preguntó. Marina dijo:

– Parece que por aquí pasó un huracán.

– Tu hermano, que aprovecha para hacerse el loco y faltarme el respeto.

– ¿Qué? ¿Flávio hizo esto? Ah, entonces se merecía el golpe que recibió.

Entonces Sandra notó que Érica se estaba despertando. Después de lavarse la cara, Ângelo pidió a Marina y Sandra que se fueran, ya que todo estaba bien y la suerte de Flávio en las calles de São Paulo no le preocupaba. Érica escuchó esto y se volvió loca. Además que su hijo no sabía conducir correctamente, la noche en São Paulo fue muy violenta y el tráfico estaba descontrolado. Ya no podía dormir. Estaba enojada con su marido porque él escondía algo y estaba preocupada por Flávio, porque sabía que estaba muy enfermo. Peor que eso era pensar en él solo en su auto en una jungla de piedra como esta ciudad. En su habitación, Noel y Carlota no se cansaban de orar por su familia. No pudieron actuar satisfactoriamente porque sus mentes no se lo permitían. Las personas que impulsivamente se dejan llevar por ideas nefastas y perniciosas son presa fácil de espíritus frívolos y vengadores que se aprovechan y hacen lo que quieren con sus supuestas víctimas.

Ahora quedaba buscar a Flávio quien, llegado a ese punto, se dejó llevar por el sentimiento de ira y cometió el grave error de conducir a excesiva velocidad.

2.– Camila

Flávio intentó contener las lágrimas que le nublaban la visión. Nunca había recibido una paliza de su padre, como mucho unas cuantas palabras duras, pero ahora ese puñetazo fue la gota que colmó el vaso. Quería olvidar y aumentó cada vez más su velocidad. En el asiento trasero, Noel y Carlota observaron la situación al mismo tiempo que telepáticamente recibían el mensaje del instructor Hilário:

– Esperen con calma. Estos dolores futuros serían perfectamente prescindibles, pero la vida utiliza la ignorancia de unos para enseñar a otros o para enfrentarles con algo que esperan ansiosamente. Continúen siguiendo el camino sin desanimarse, sin olvidar nunca que Jesús está siempre cerca y nunca los abandona.

En una concurrida avenida, un auto descapotable venía en sentido contrario con una persona distraída al volante. Flávio intentó detenerse, pero ya era demasiado tarde. Un estrépito, unos gritos de horror y mucha confusión. El coche de Flávio y el descapotable terminaron a metros de distancia. Los bomberos aparecieron rápidamente y sacaron los cuerpos de Flávio y una joven rubia de los restos del otro coche, llevándolos a urgencias. Casualmente, los dos jóvenes fueron vistos al mismo tiempo y permanecieron en la misma habitación. Estaba consciente y se había fracturado un brazo y una pierna. Flávio solo tuvo algunos rasguños, pero, tal vez debido a un desmayo, permaneció dormido.

Las enfermeras buscaron sus documentos pero no pudieron encontrarlos. En el bolso de la niña estaba su identidad: Camila Assunção Ferguson. Después de obtener su número, el personal del hospital llamó a su familia y les informó de los acontecimientos recientes.

Mientras tanto, el dormido Flávio fue llevado al astral. En una habitación de uno de los edificios de la colonia Campo de la Redención, despertó y estuvo nuevamente con Hilário, Carlota y Noel. Cuando abrió los ojos, dijo:

– ¿Qué pasó, dónde estoy?

Hilario dijo:

– Una vez más con nosotros. En menos de 24 horas, dos viajes al más allá, muchos cambios y mucha confusión. ¿Cómo has estado?

Él, todavía atónito, pareció recordar y dijo:

– Ya sabes que no lo estoy haciendo bien, te pido disculpas.

– No hay nada de qué disculparse, sino aprender a hacerlo mejor.

Él, con un dejo de rebelión, preguntó:

– ¿Por qué tuvo que pasar todo tan de repente? Incluso esta tarde llegué a casa del trabajo con mi rutina habitual. Todo transcurría sin más novedades y de un momento a otro sentí como si el cielo se cayera sobre mi cabeza. ¿No te parece injusto?

Hilário, con una tierna sonrisa, explicó:

– No hay injusticias, la vida es una ecuación perfecta. En lo que respecta a la mediumnidad, desde hoy no sientes sus efectos. Desde pequeño, los constantes desmayos y los cambios bruscos de humor ya daban señales de lo que vendría después.

Cuando el trabajador está listo aparece el trabajo. Ordené que lo trajeran aquí debido al rápido giro de los acontecimientos. Aquellos encarnados con libre albedrío a menudo hacen cambios tan rápidamente en los caminos que siguen que aquí en la espiritualidad la guía "orar y velar" se sigue con el triple de intensidad. Tu desorientación mental te llevó a ese accidente y como no hay posibilidad en la obra divina, tu auto chocó con otro conducido por un alma muy necesitada de tu presencia. Ha llegado el momento: volverás a encontrarte con Helena, que ahora se llama

Camila. Las afinidades de energías los pusieron frente a frente, disfruten. Completamente despierto, Flávio parecía feliz:

– Que maravilla, después de todo han sido 23 años de espera, espero que no sufra cuando vuelva a encontrarme con Anita. Pero ¿qué pasa con mi familia? ¿Por qué se van tan de repente?

Carlota respondió:

– Veo que ya has captado un vicio humano: el de exagerar las cosas.

Hilário continuó:

– Eso mismo. Lo que están pasando y pasarán es un reflejo de los pensamientos del pasado que todavía insisten en mantener. Como sabíamos que llegaría esta fase, trabajamos en un rápido desarrollo de la mediumnidad en ti. Pero te dejaste llevar por el desequilibrio y atrajiste a las entidades perturbadoras. Un médium puede atraer tanto a un espíritu sufriente como a uno superior, y su llegada aquí le hará comprender que ya no debe dejarse llevar tan profundamente por los sentimientos negativos.

Noel interrumpió:

– La espiritualidad no cobra tu perfección, solo tu esfuerzo por tomar conciencia y dar lo mejor de ti. El resto lo hacemos aquí. Pero cuando una persona deja de dar lo mejor de sí como lo hiciste hace un momento, la conexión con el superior se corta y poco o nada podemos hacer más que dejar que la persona coseche sus propios resultados.

Hilário continuó:

– Debido a la urgencia que tienen de mejorar para hacer un buen trabajo, venimos a pedirles que busquen los medios de autoayuda, afortunadamente muchos de nuestros hermanos encarnados en la Tierra están cumpliendo perfectamente con su papel dando conferencias, escribiendo y mostrando a todos los caminos necesarios para la felicidad, búscalos. Jesús dijo: *"llamad y se os abrirá."* Si buscas esta ayuda, te resultará más fácil conseguir lo que deseas.

Flávio preguntó:

– ¿Eso significa que debo buscar libros sobre Espiritismo?

– También. Nuestros hermanos astrales se esfuerzan por transmitir todo lo que aquí aprenden a través de la psicografía, no solo en la línea del Espiritismo sino también en el Espiritismo en general. La psicología experimental ha inspirado a personas que han realizado grandes trabajos. En la ciudad en la que vivimos no tenemos etiquetas y valoramos todo lo que es capaz de llevar al espíritu a desarrollar sus potencialidades innatas y eternas.

– Entiendo – dijo Flávio –. La moda por los libros, conferencias y sitios de actualización de autoayuda ya se está extendiendo por todo el mundo y está ganando cada vez más terreno. Sabré buscarlo en el momento adecuado; pero, ¿terminé aquí otra vez solo para que me advirtieran sobre esto?

– ¡Es claro que no! – Reflexionó Hilário –. Venimos a advertirles del doloroso estado en el que se encuentra Camila. Se volverán a encontrar y será imprescindible que la ayudes como un hermano un poco más avanzado. Camila no logra perdonar a su madre y bebe sin control para vengarse de ella. Es una actitud dolorosa que solo la ha hecho sufrir.

Flávio se llenó los ojos de lágrimas y concluyó:

– Tal vez ella realmente no cumpla su parte del trato, en cuyo caso ¿qué pasará con ella?

Divertidamente, con los ojos profundos, respondió:

– Sufrirá mucho. Al igual que tú, Camila es portadora de una ostensible mediumnidad y en el momento exacto será llamada al rol que eligió y aceptó antes de renacer en la Tierra. Al tener su cuerpo programado para el trabajo mediúmnico, sentirá las consecuencias nocivas de quienes abandonan los llamados del corazón. En la vida que lleva, fácilmente será víctima de una terrible obsesión de los espíritus, especialmente de los adictos al alcoholismo. Toda persona que bebe lleva consigo compañeros espirituales adictivos y agotadores que aprovechan su desequilibrio para chupar las libaciones de alcohol a las que tanto se han acostumbrado.

– Bueno, es hora de volver al cuerpo. Cuida a Camila haciendo lo mejor que puedas. No caigas en la vanidad de salvarla, pues eso no es tu responsabilidad; simplemente sigue tu corazón, dando lo que tiene para ofrecer. Nunca olvides buscar contacto espiritual y literatura reconfortante de autoayuda. ¡Ve en paz!

En la habitación del hospital, Flávio se despertó. A pesar de la herida, una dulce sensación de paz invadió su ser. El asistente que lo vigilaba tomó sus datos personales y se fue.

En una cama cercana, una chica de cabello rubio y rizado, hasta los hombros, tez clara y ojos almendrados se movía inquieta. Flávio vislumbró su rostro algo asqueado y pensó: "¡Qué mujer más hermosa! Ojalá pudiera acercarme más." No recordaba casi nada de lo que escuchó en la colonia espiritual, solo la última frase resonó en su cerebro: "Nunca dejes de buscar ayuda espiritual." Medio aturdido, se volvió hacia la muchacha y le dijo:

– Ni siquiera sabes qué hora es, ¿verdad?

Ella respondió enojada:

– Este maldito hospital ni siquiera tiene reloj. Si no me hubieran roto la pierna y el brazo, ya habría huido de aquí. Solo quería saber quién era el tonto que se cruzó frente a mí.

Flávio suspiró:

– ¿También resultaste herida en un coche?

Ella, algo sarcástica, dijo:

– ¡Puedes decirlo! Y tienes suerte, porque no está tan mal. Siempre es así, incluso en estos casos, la vida siempre privilegia a los hombres sobre las mujeres.

–¡Oh! No digas eso, tal vez fue suerte, no lo sé, pero pronto tú también te recuperarás. El descapotable con el que choqué tuvo menos suerte que yo, creo que quien lo conducía debió estar en mal estado, pero no tengo ninguna culpa, ya que era la otra persona la que conducía en sentido contrario.

Ella palideció:

- ¡No me digas que tu accidente fue en la Paulista!

- Así es, ¿por qué?

Parecía enojada y gritó:

- Eres un irresponsable, fuiste tú quien chocó contra mi convertible. Cuando llegue mi padre buscaré la manera de demandarte y lo pagarás caro, después de todo estabas distraído, eso lo sé, pero mi velocidad fue lo más baja posible, eras tú quien parecía estar huyendo de la policía...

- Pero venías por el camino equivocado, ¿por casualidad estabas borracha? En ese momento, la niña se sonrojó, hablando enojada:

- ¿Quién eres tú para llamarme borracha? Mira, si no estuviera inmovilizado, me levantaría y te daría una bofetada. Y acabemos con esta pequeña charla que no hablo con cualquiera -. Y empezó a gritar:

- ¡Enfermera! ¡Incompetente! ¡Quiero a mi padre!

Flávio no se ofendió y, hallándolo divertido, dijo:

- ¡Cálmate, o despertarás a todo São Paulo!

Continuó gritando y arrojando al suelo objetos de la mesa de noche.

Apareció una enfermera y al ver la escena preguntó:

- Pero, ¿qué es esto aquí? Ten modales niña, mira lo que hiciste, ¡contrólate!

Ella no escuchó:

- ¡Cállate, enfermera, que sepas que mi padre, con el dinero que tiene, puede dejar este porro!

En ese momento, un matrimonio de mediana edad entró a la habitación acompañado de una chica. Miraron a Camila y el hombre dijo:

- Camila, ¿qué te pasó?

Ella, llorando, se aferró a su padre. Se dio cuenta que su hija seguía borracha y prefirió no hablar del accidente. Camila, mirando a su madre, dijo con rencor:

–¿Qué quieres aquí? ¿Ver mi derrota, mi cuerpo dañado solo para reírte de mí misma? Vete, no necesito tu presencia aquí.

Élida, una mujer acostumbrada a la vida social, dijo:

– Qué es eso pequeña, mira cómo lo dices, todos aquí solo queremos lo mejor para ti.

Camila, aun más molesta, gritó:

– No necesitas fingir, Sra. Élida Assunção Ferguson, estamos solos aquí, excepto este extraño, entonces puede decir que vino a regodearse conmigo junto con este –. Y miró a Isabela, su hermana –. Ya te advertí que solo quiero a mi padre aquí, ¡vete antes que pierda la paciencia!

Élida se volvió hacia Flávio y le dijo:

– No te asustes niño por lo que dice, ya sabes cómo son los jóvenes, van a fiestas con amigos y terminan gastando un poco de más en bebidas, pero luego todo vuelve a la normalidad.

Fernando se volvió hacia la mujer y le dijo:

– Ve con Isabela a traer a Camila una silla de ruedas.

Ellas obedecieron y se fueron. Otra enfermera entró en la habitación y anunció:

– Finalmente localizamos a tus padres Flávio, están en camino, pero advirtieron que el tráfico podría retrasarlos, no te impacientes, pronto llegarán.

Isabela y Élida entraron con la silla de ruedas y, asistidas por el médico y dos enfermeras, colocaron a Camila en ella para ser llevada a otra sala para exámenes. Antes de irse Camila miró a Flávio y dijo:

– ¡Volveremos a hablar, muchacho! – Y salió.

Flávio quedó impresionado. ¡Qué mujer! A pesar de las escenas desagradables que había protagonizado, pensó que sobria podría ser una mujer hermosa. ¡Qué ojos! ¿Dónde los habría visto?

El espíritu de Carlota lo envolvió diciendo:

– No te dejes engañar por las apariencias. Ella es la Helena de siempre, solo se estancó un poco en la ilusión, pero la luz que tiene sigue ahí, solo ten paciencia y espera a que salga.

Flávio pensó:

– Ella es hermosa, solo se esconde en una apariencia de rebeldía y estupidez, en el fondo tiene una luz especial que me encantó.

Flávio consideró que el accidente no fue del todo malo. A pesar de lo desagradable, conoció a una hermosa muchacha que lo encantó. Pero, ¿qué sentimiento extraño fue ese? ¿Por qué de repente había perdido el control de su cuerpo y de su voz? ¿Y por qué dos veces en el mismo día?

Estaba avergonzado por haber atacado a su padre, nunca se lo perdonaría. ¿Por qué se esforzó tanto en permanecer en silencio y terminó llamando ladrón a su padre? Por eso es un hombre tan trabajador y honesto.

Flávio se puso a llorar. La conexión con Carlota se rompió por una energía depresiva. Noel, quien también estuvo a su lado, comentó:

– No puede entender por qué le hizo eso a su padre. Todavía no se da cuenta que la mediumnidad tiene mucho que ver con la personalidad. Cuando Flávio escuchó a su padre decir que lo obligaría a volver a trabajar, se enojó y tuvo ganas de darle un puñetazo. Sin embargo, se tragó su ira y la mantuvo dentro de él. Ese pensamiento fue suficiente para que su nivel de energía bajara, lo que le permitió a Ester manejarlo como quería.

Carlota consideró:

– Por eso el médium debe estar alerta con el nivel de sus pensamientos, cuando entran en lo negativo se abre la puerta a la interferencia de espíritus perturbadores. Debe hacer su parte manteniendo pensamientos positivos y dando lo mejor de sí. Flávio se deja invadir constantemente por la opresión y aun no ha aprendido a hacerse cargo de su propio campo vibratorio. Un poco más de esfuerzo y Ester no habría conseguido su objetivo.

Noel, con la mirada perdida en el tiempo, reflexionó:

– El odio que siente es muy grande, pero ya habría desaparecido si no se hubiera involucrado con la gente de Desterro. Jorge puede controlarla fácilmente explotando su lado vengativo.

Carlota, suspirando profundamente, dijo:

– Pero, como nos dice Hilário, la naturaleza no da saltos y llegará el momento en que, recogiendo los resultados de sus acciones, terminará cambiando y buscando otros caminos.

– Así es, cariño, solo ella puede hacer eso. Ahora bien, cómo y cuándo sucederá esto, solo el tiempo lo dirá.

Y allí siguieron velando por Flávio.

3.– El mal produce sus efectos

Flávio salió rápidamente del hospital y se recuperó en casa. Las familias involucradas hablaron mucho y decidieron no compartir los gastos del auto de Camila.

Los Assunção Ferguson tuvieron el orgullo de aceptar la oferta que les propuso Ângelo y, tras disculpas formales, ambas familias llevaron a sus hijos de regreso a sus hogares.

Durante su recuperación Camila estuvo más nerviosa que de costumbre.

Su caso era más grave y requeriría muchos días de reposo absoluto. Sentada en su silla de ruedas en una habitación lujosamente amueblada, pensó en todo lo que había sucedido en su vida. Recordó el juramento que había hecho: que nunca dejaría a su madre vivir en paz.

Todo empezó cuando cumplió 15 años. Élida abrió las puertas de su mansión en Bairro dos Jardins para una lujosa fiesta para celebrar su cumpleaños y a la que asistió toda la alta sociedad paulista. Después del baile, Vera llamó a Camila a un rincón del jardín y le dijo:

– Necesito mostrarles a algunos amigos de Cambuci que conocí y tuve la libertad de traer a su fiesta. Doña Élida los trataba mal y por eso ni siquiera entraban a la casa, preferían el jardín.

Camila, de fuerte personalidad, respondió:

– Mamá es así, para ella lo único que cuenta es la etiqueta social, el más rico, el mejor nombre, ya estoy acostumbrada. Se acercaron a una banca donde estaban reunidos los jóvenes y Vera comenzó:

– Jorge, Maurílio, Rafael, aquí está nuestra cumpleañera, ahora pueden saludarla sin que doña Élida haga ningún escándalo.

Los tres felicitaron a Camila y continuaron conversando al aire libre del jardín. La orquesta que tocaba en la sala empezó a tocar jazz a lo que Jorge dijo:

– Que me perdone doña Élida, pero no me perderé este jazz por nada del mundo.

Mauricio estuvo de acuerdo:

– Yo también voy y quiero bailar con Vera. ¿Me harías el honor?

– ¡Por supuesto cariño! ¿Nos vamos también Rafael?

– ¡Prefiero quedarme aquí con Camila, al parecer ella prefiere las baladas románticas y no le interesa el jazz!

Camila estuvo de acuerdo:

– Así es, prefiero la brisa de afuera. Si aceptas me gustaría que hablemos aquí.

Entraron y Rafael habló admirado:

– Vaya Camila, de los pocos minutos que conversamos me di cuenta que eres muy madura para tu edad, hablas con facilidad sobre varios temas.

Ella replicó:

– Soy lo que soy, me gusta ser yo misma, sin ilusiones de grandeza ni de ser mejor. Por lo que tengo entendido, pareces pensar como yo.

– Así es, el problema es que mi condición no me permite crecer y hacer todo lo que quiero.

Solo en ese momento Camila se dio cuenta de lo obvio: ¡sufría prejuicios de color, era negro! Quizás por eso su madre los repelía tanto. Élida estaba aterrorizada por los negros. Camila no podía entender cómo alguien tan religioso podía ser tan arrogante y prejuicioso. Intentó contemporizar:

– No digas eso, hoy en día el mundo ha cambiado, ya no vemos tantos prejuicios contra los negros.

Abrió una tierna sonrisa y Camila se enamoró de su espíritu, al que consideraba sincero y noble.

– Sabes Camila, sueño con ser artista, trabajar en la televisión, estoy enojado, pero lo que veo son prejuicios terribles. Los papeles de los negros son solo para ser utilizados, humillados en el escenario, nadie valora nuestro trabajo. El bueno es siempre el blanco, y el delincuente, el delincuente que roba, mata y hurta es siempre el negro. Desafortunadamente, no seré famoso con papeles como estos.

Triste, pero con ganas de ayudar, Camila dijo:

– ¿Y crees que la única manera de ser feliz es a través de la fama? La vida es muy rica y si nos quita una oportunidad siempre nos ofrece otra equivalente, siempre hay un nuevo camino para encontrar la felicidad.

De repente se asustaron, frente a ambos estaba Isabela, la hermana mayor de Camila. Sarcástica le dijo a Camila:

– Ricardo Valadares y Guillermo Brandão quieren saludar a la cumpleañera y no la encuentran. Y la llego a encontrar hablando aquí sin prestar atención a sus verdaderos amigos.

Camila se dio cuenta que había dicho esto refiriéndose al color de Rafael. No estaba de humor para discutir, se comprometió:

– Vine a tomar un poco de aire y encontré la maravillosa compañía de Rafael, por cierto quiero invitarlo a que venga conmigo ahora y podamos bailar el vals.

Isabela se sonrojó:

– ¿Qué? A mamá no le gustará verte bailar con gente que no es pariente nuestro, te regañará cuando termine la fiesta.

Rafael interrumpió:

– No vine aquí para causar confusión, de hecho, ni siquiera debía venir – insistió Vera –. Mira Camila, si hay algún inconveniente no hace falta que te expongas.

Camila insistió:

– Nada de eso, les voy a demostrar a todos que soy la dueña de mi vida. Bailo con quien quiero y creo que es mejor. Vamos Rafael.

Tomando a Rafael del brazo, Camila sintió algo rebelde dentro de ella, estaba cansada de ver los excesos de su madre, sus prejuicios, su soberbia. Iba a ver quién era mejor. Comenzó el vals y Camila entró majestuosamente al gran salón de la mano de Rafael. Empezaron a bailar.

Momentos después, los amigos de Camila preguntaron quién estaba bailando con ella el extraño. Todos se detuvieron a mirar.

Élida, avergonzada, se disculpó con sus amigas diciendo que eran cosas de adolescentes, que Camila siempre había tenido una personalidad fuerte y que no le parecía extraña esa actitud. Aun así, las matronas hicieron comentarios poco caritativos sobre el color del chico, así como sobre su origen.

Eran más de las cuatro de la mañana cuando todos los invitados se marcharon. Élida no pudo ocultar su indignación; además de bailar con el negro durante más de una hora, Camila dejó a sus principales amigos a un lado para hablar solo con el intruso. Al día siguiente hablaría con ella.

En su bañera, Camila no podía olvidar a Rafael, había sido amor a primera vista. Quedó encantada por su manera firme, sus palabras sinceras y encantadoras, su manera de pensar y su inteligencia. Intercambiaron números de teléfono y prometieron verse.

Los chicos de su clase eran demasiado vistosos y ostentosos, *"preppy"*, como dicen, y no le interesaban en absoluto.

Por la mañana, después del desayuno, Élida la sermoneó sobre lo ridícula que fue su actuación durante la fiesta de su cumpleaños número 15, habló de valores sociales y exigió que sean respetados.

Fernando, su padre, era médico y no merecía ese paso en falso. Aun así, Camila no la escuchó y siguió encontrándose con Rafael.

Cada día estaban más unidos. A partir de esa fiesta, un odio silencioso brotó en su pecho contra su madre, por el egoísmo que representaba y la falsedad en la que vivía.

Estaba dispuesta a seguir adelante con su relación sin importar el costo y terminó entregándose a Rafael.

Un año y medio después de su cumpleaños y tras encuentros furtivos sin que nadie lo sospechara, Camila quedó embarazada. La pareja decidió ocultar su relación a todos, temiendo que Élida los molestara, pero con el paso del tiempo esto ya no fue posible. Después de una larga conversación, decidieron compartir el asunto con su familia. Una bomba habría tenido menos impacto. Élida echó a Rafael de su casa, lo insultó y golpeó a su hija tres veces en la cara.

Fernando intentó llegar a un acuerdo, pero su esposa se mostró inflexible: este hijo nunca vendría al mundo. Al intentar escapar, Camila fue detenida por guardias de seguridad y encerrada en una habitación, sin ver a nadie, sin ningún contacto con el mundo exterior. El odio creció aun más en su pecho e incluso Fernando no pudo ayudarla como le hubiera gustado, ya que estaba dominado por su esposa.

Una tarde supo por la criada que Rafael saltó uno de los muros de la mansión y fue herido por los perros de la casa. Su madre estaba allí y fue humillada por Élida. Con el tiempo, Rafael, siguiendo el consejo de su madre, intentó olvidar a Camila, pero la imagen de su hijo por nacer era fuerte en sus pensamientos y empezó a beber.

Después de tres meses con Camila en prisión, Élida le pidió a Jacira, la criada, que la dejara preparar el almuerzo de su hija. Su plan tenía que funcionar. Puso una dosis alta de pastilla para dormir en el plato y ella misma fue a llevárselo a su hija. No la había visto desde que la arrestaron, ya que Camila la maldecía y le lanzaba objetos. Sin embargo, ese día entró al salón diciendo:

– Puede que me odies, pero todo lo que hago es por tu bien, come.

– Sal de aquí, no quiero verte. ¡Nunca te perdonaré!

– Puedes maldecirme todo lo que quieras, entiendo que estás loca y como tal siento pena por ti y no te odio.

– ¿Qué piensas hacer con un nieto negro en pleno siglo XX? ¡Después de todo, él tiene tu sangre!

– Nunca lo reconoceré, debes saber que no dejaré que arruines tu vida entera por culpa de un negro sin fin ni filo. ¡Con él!

Camila tuvo ganas de tirarle el plato a la cara, pero su hambre era mayor, también tenía que alimentar a su pequeño hijo que ya se movía y necesitaba ser nutrido. Empezó a comer.

Ella no lo vio, pero los ojos de Élida brillaron con un extraño brillo de victoria. Su hija había caído en sus garras. A los pocos minutos Camila quedó inconsciente. Élida, acompañada de espíritus abismales, colocó a su hija dormida dentro del auto, ordenando a los empleados que no le dijeran nada a Fernando.

En su mente un solo pensamiento: "Este negrito no manchará el honor de mi familia con su color asqueroso." Una figura exultó de alegría y le susurró al oído:

– Tienes razón amiga, vamos a poner fin a esta desafortunada carrera y es hoy.

Élida sintió aumentar su odio y se repitió:

– Hoy pondré fin a esta carrera que se atrevió a invadir a mi familia a través del aborto.

Lo que no sabía era que con esa actitud estaba creando terribles compromisos de reajuste que seguramente la encontrarían en el futuro. Nadie puede disponer de la vida porque solo Dios tiene ese poder. Pobre hombre o mujer que, creyéndose dueño de su vida, comete un delito similar, pensando que es la solución a sus problemas.

En una maloliente casa de un suburbio de la Zona Sur se realizó el aborto. Camila inconsciente no perdió mucha sangre y su recuperación fue rápida.

Cuando abrió los ojos y se dio cuenta de la realidad, Camila y su madre se pelearon físicamente. En el colmo de su ira ella juró:

– Maldita seas tú y tu alma, mientras viva haré todo lo posible para hacer de tu miserable vida un infierno. Te desmoralizaré ante la sociedad, me convertiré en la peor de las criaturas hasta que, al verte destruida, pueda volver a vivir en paz.

4.– Metas de vida

Camila salió de casa con mucho enojo buscando a Rafael. Todavía estaba débil, pero continuó hasta Cambuci.

Al llegar a la calle donde vivía, notó un movimiento inusual. Necesitaba tener total control cuando vio una corona de flores en la puerta de la humilde casa. Asombrada, entró al velorio y vio a Rafael en el ataúd.

Él estaba muerto y ella no tenía fuerzas para llorar, su vida había terminado. Salió de la casa y se sentó en una roca cercana desde donde podía ver una franja del horizonte. ¿Por qué todo tenía que ser así? ¿Fatalidad?

Sin embargo, lo cierto es que Camila quedó muy impactada. Para ella la maldad y el odio eran los sentimientos que dominaban el mundo, su madre había triunfado a través del odio y a partir de ese día usaría el odio y el rencor para destruir todo lo que pasara frente a ella. A partir de ese momento nunca más sentiría lástima ni pena por nadie.

Maurílio y Vera se acercaron. Vera le alisó el cabello y Maurílio comentó:

– No teníamos forma de avisarte, tu madre nos prohibió entrar a tu casa. Descubrimos que estás embarazada, pero lamentablemente ya no está.

Vera continuó:

– Desde que les prohibieron verse, Rafael empezó a beber sin parar, solo hablaba de su hijo que estaba por nacer y de ti, el gran amor de su vida. Anoche pidió prestado el coche de Mauricio y sufrió un grave accidente. Fue muerte cerebral instantánea.

Desafortunadamente, tu pequeño no conocerá a su padre.

Sin poder llorar, Camila contó todo lo que había hecho su madre, explicó el aborto y su juramento final. Sus enojados amigos la ayudarían en este esfuerzo.

El entierro fue pobre y humilde. Camila fue mirada de reojo por la madre de Rafael quien íntimamente la culpaba de la muerte de su único hijo. En la humilde tumba, Camila recogió un puñado de tierra y una vez más hizo otro juramento:

– ¡Vengaré tu muerte! Por la luz que irradia este atardecer, me vengaré.

Pasaron los días, Camila no salía de casa, pues quedarse en casa era parte de su nefasto plan.

A partir de ese día, los espíritus del Umbral comenzaron a seguirla constantemente, alimentando sus planes, dándole detalles para lograr su macabra intención. Influenciada por los espíritus oscuros, inició un cambio draconiano en su apariencia, colocándose tatuajes, manchando así el templo sagrado que es el cuerpo físico, perforaciones en todos los lugares posibles, atacando el templo del espíritu y entregándose por completo a la adicción al alcohol. Así, sus escándalos empezaron a aparecer en todos los periódicos de la ciudad, incluidas las páginas policiales.

Élida empezó a perder el equilibrio emocional, empezó a tomar medicamentos recetados y rara vez salía. El colmo fue que sorprendió a su hija y a sus amigos "*hardcore*" en una orgía en el salón de su casa.

A partir de ese día, Élida empezó a debilitarse hasta que un sacerdote amigo suyo le aconsejó que no entregara su vida por una hija que había conectado con el diablo.

Entonces Élida reaccionó, fue a peluquerías, a lugares de moda, en fin, prácticamente volvió a su antigua vida. Sin embargo, Camila no cambió, siguió provocando escándalos y más escándalos.

Como exudaba una energía especial, como era una médium sensible, rápidamente atrajo presencias espirituales más inferiores que absorbieron toda su energía. Luego comenzó a verse pálida y debilitada.

Estos recuerdos molestaban a Camila y, para distraer su mente, invariablemente usaba la computadora para navegar por sitios web pesados en Internet.

En el panorama espiritual, los mentores hicieron todo lo posible para aliviar el estado caótico de esa familia, pero no fueron libres de interferir en el libre albedrío de los involucrados.

La obsesión que está presente en la mayoría de los hogares terrenales se encontraba en un estado más grave en esa casa. Además de los espíritus chupadores del día a día, existía un terrorífico equipo espiritual entrenado y disciplinado por Teófilo para poner fin a la vida de Camila.

Por su forma de actuar, Teófilo, jefe de una ciudad del bajo astral, fue informado que ella sería una preciosa chupadora y magnetizadora del bajo astral, sería perfecta para llevar a cabo los planes de venganza que él y sus súbditos tenían en mente y que no podían posponerse.

Teófilo decidió en el tribunal de la ciudad de Larvosa que Camila debía desencarnar, ya que encarnarse no valía nada. El plan estaba urdido: dieciséis espíritus la hundirían en la adicción al alcohol, turnándose continuamente para que fuera manipulada las 24 horas del día.

Teófilo designó ocho espíritus para que permanecieran con ella desde la medianoche hasta el mediodía y ocho más para que continuaran desde el mediodía hasta la medianoche siguiente. Todo en la disciplina más perfecta.

Sabiendo lo que estaba pasando, Carlota programó una reunión urgente con Hilário para que, junto a Noel y otros benefactores del Más Allá, pudieran intervenir en el caso.

En su habitual sala de trabajo en el edificio central de la colonia Campo de la Redención, Hilário, sonriente y amable, los recibió:

– Sean bienvenidos. ¿Qué es lo que quieren?

Carlota empezó:

– Creemos que por tu experiencia ya sabes de qué se trata. Estamos a cargo de la evolución de un grupo espiritual y estamos viendo a uno de sus miembros perderse en la adicción y la degradación. Esta es Camila.

Noel y Carlota narraron detalladamente los hechos e Hilário observó:

– Lo que me cuentan no es nada nuevo. Camila necesita madurar y está eligiendo el camino del dolor para evolucionar. Conozco tu interés en ayudarla, pero no hay nada o casi nada que hacer, excepto orar para que Dios nos consuele y alivie su sufrimiento.

Carlota se indignó:

– ¿Qué? ¿Vemos la destrucción de un ser querido y no podemos hacer nada? Teófilo podrá llevarla a Larvosa... ¿Dónde está el Creador?

Impávido Hilário respondió:

– ¡Él está al mando de todo! Dios está siempre al frente de cualquier acontecimiento y ni una hoja cae del árbol sin su consentimiento. A medida que crecemos adquirimos mayor libertad y si fue Dios quien nos la dio, ciertamente no interferirá en su uso. En la Tierra la gente profundiza en vicios de todo tipo. Como no tienen visión espiritual, piensan que lo hacen todo solos y siempre permanecerán como están, divirtiéndose sin límites. De hecho, son utilizados principalmente por los líderes de las falanges inferiores. Cuando mueren, en cuanto termina la desconexión de los enlaces fluidicos, son como vampiros esperando a su presa. Cuando finalmente se liberan de la envoltura carnal, los espíritus adictos son capturados por los líderes del Umbral y comienzan a vivir como sus prisioneros.

Carlota no se contuvo:

– ¿Será este el destino de Camila?

Hilario explicó:

– Todo se puede cambiar, pero yo diría que en su caso puede que sea un poco tarde. A ver si el reencuentro con Flávio será positivo para ella. Pronto su mediumnidad se hará más ostentosa y beber como ahora no será fácil. Este chico tendrá mucho que hacer para despertarla.

Noel tenía dudas:

– En mi inexperiencia, creo que solo los espíritus equilibrados merecen la mediumnidad, pues sabrán aprovecharla bien. Hasta el día de hoy, no puedo aceptar que personas como Camila obtengan esta preciosa herramienta.

Hilário sonrió:

– Jesús nos dijo: *"No son los sanos los que necesitan médico, sino los enfermos."* Sabias palabras del Nazareno. Como la mediumnidad es una bendición, un espíritu necesitado, si está bien guiado por personas experimentadas, puede alcanzar el equilibrio, aprender sobre otras dimensiones del Universo, hacer el bien, aprender y ser feliz. La mediumnidad es un don para que el hombre viva mejor. No critiques, porque si Dios la favoreció con este don es porque en su misericordia sabía que era para un bien mayor.

Carlota preguntó ansiosamente:

– ¿Qué podemos hacer realmente para salvar a Camila?

– Veo que todavía cultivas un grave vicio humano: querer salvar a la gente. ¡Cuánta ilusión! Nadie salva a nadie, nadie le enseña nada a nadie. Simplemente ayudamos a las personas a aprender de sí mismas las lecciones que necesitan. Estamos acostumbrados a subestimar el poder del ser humano y a mimarlo excesivamente. Si Dios nos colocó en un planeta de experiencias como la Tierra, también nos dio todos los elementos para salir victoriosos. Pero nosotros, por muy orgullosos que estemos, pensamos que estamos "ayudando", "salvando" a otros cuando simplemente estamos ejerciendo nuestro orgullo.

Hizo una pequeña pausa y al ver que ambos escuchaban atentamente, continuó:

– Carlota, son raros los que realmente ayudan. Mientras mantengamos la ilusión que estamos ayudando a alguien, solo mostramos nuestra vanidad. Debemos tener la humildad de darnos cuenta que cuando la vida pone en nuestro camino a alguien necesitado es para capacitarnos para donar, para dar de corazón y, sobre todo, para tener la oportunidad de dar lo mejor de nosotros. Quien ayuda de corazón recibe mucho más de lo que dio. La sabiduría divina une a las personas y las separa para que, intercambiando experiencias, puedan aprender a vivir mejor.

– ¿Entonces dejaremos a Camila a merced de este monstruoso grupo? – Preguntó Noel.

– Eso no es lo que quise decir. Contamos contigo para practicar la verdadera ayuda, que solo puede realizarse cuando la persona tiene la madurez suficiente para recibirla. No se tiran perlas a los cerdos. ¿Nunca te has preguntado por qué hay tanto sufrimiento en el Umbral y en la corteza? ¿Alguna vez te has preguntado dónde está Dios que ve todo esto y aparentemente no hace nada?

– Cuando llegué aquí hace 35 años tenía esta pregunta – explicó Carlota –. Contigo y con los espíritus de regiones superiores he entendido muchas cosas, pero en muchos casos aun persiste la cruel duda. Sé que hay mucho sufrimiento en estas zonas, el hermano André Luiz, que vive en *Nuestro Hogar*, tardó ocho años en ser ayudado y sacado del Umbral.

Hilário se regocijó:

– Buen ejemplo. Dios es suprema justicia, bondad y sabiduría, nada sucede sin su consentimiento. El ejemplo de André Luiz ilustra bien el caso en cuestión. ¿Qué sentido tendría que lo rescataran sin haber aprendido todo lo necesario para aprender a salir de allí? Ni siquiera se acordaba de Dios. Sin embargo, cuando oró, meditó y aprendió el significado de su estancia allí, el equipo de Clarence fue inmediatamente a buscarlo. Dios no se compadece ni malcría a nadie; mirando casos como el de André, analizando los hospitales de la Tierra, especialmente los hospitales de niños, podemos ver que el concepto de ayuda para Dios es uno, pero para nosotros es otro. ¿Y quién se atrevería a decir que Dios hizo algo malo? Decir esto es afirmar que Él es falible, lo cual nunca podremos concebir. Si Él es la causa primera de todo, Su principal objetivo es la evolución. Si bien queremos ser la "muleta" a la que otros puedan aferrarse, Él quiere ser el maestro que enseña a las personas a caminar erguidos y con sus propios pies. ¿Quieres un mejor padre?

Noel y Carlota quedaron boquiabiertos ante la sabiduría de Hilário. Sin embargo, Carlota insistió:

– Aun no has respondido mi pregunta: ¿Camila se quedará sin ayuda solo porque eligió la adicción con su libre albedrío?

– Nadie está solo porque la vida es misericordiosa. Ella recibirá no solo de ti, sino de otro grupo espiritual, toda la ayuda que pueda obtener por mérito. Aliviaremos lo que sea posible, pero si continúas actuando como estás atraerás experiencias que no podemos evitar, al fin y al cabo, la vida está hecha de elecciones. Recibí información de un nivel superior que vivir con Flávio será una oportunidad de crecimiento para ella. Si aprovecha será feliz, si no sufrirá las consecuencias. Vayan en paz y que Dios y Jesús os acompañe.

Noel y Carlota salieron satisfechos con las palabras de Hilário. Harían cualquier cosa para poner en práctica las cosas que escucharon.

5.– El drama de Flávio

Era media tarde cuando Flávio decidió levantarse de la cama. Desde el accidente no había salido de casa y su padre no había podido olvidar las palabras acusadoras que había oído de él.

Había pasado una semana desde que pasó todo, pero nadie en la casa decía nada más, ni Marina, a quien le gustaba burlarse, hacía bromas.

Flávio intentó ordenar sus ideas sin entender lo que le pasaba. Recordaba claramente el odio que sintió por su padre y por haberlo acusado de ladrón. ¿Por qué dijo eso? A partir de ese momento su padre se puso cada vez más serio con él, solo hablaba lo necesario y no se había disculpado por el golpe.

Al bajar las escaleras encontró a Érica hojeando una revista de modas, quien al ver a su hijo le dijo:

– Me alegra que hayas decidido bajar, tenemos que hablar.

Acomodado en el sofá, Flávio esperaba.

– Tu padre perdió su trabajo, yo no tengo profesión, tu hermana estudia, así que solo quedas tú. El próximo lunes volverás a trabajar quieras o no. Necesitas ayudar, ya que el dinero de tu padre nos durará muy poco para mantener el nivel de vida al que estamos acostumbrados.

Flávio, sonrojado de sorpresa, respondió:

– ¡No hay manera que pueda hacer eso! Esa empresa es un verdadero infierno para mí, no me puedes obligar.

– ¡Pero obedecerás! Tu padre ya está muy herido por tus palabras y si no coopera será peor para ti.

– ¿Por qué no intenta otro trabajo? Al fin y al cabo, ¿no se dice en la sociedad que son los padres quienes deben mantener a sus hijos?

– Está buscando, pero ¿crees que es fácil encontrar trabajo después de los 50 años? Ustedes, los jóvenes, no saben nada de la vida. No estamos en condiciones de darle importancia a lo que la sociedad dice o deja de decir.

– Pero ahí está Cristiano, ¿no está allá en Inglaterra viviendo una buena vida? ¿Por qué no recurren a él?

– Tu hermano siempre quiso ayudarnos, pero Ângelo es muy orgulloso y nunca aceptó, mucho menos ahora.

La puerta se abrió y entró Ângelo con expresión seria. Besó el rostro de su mujer, pero no saludó a Flávio. Sentándose anunció:

– Tenemos que viajar. La empresa de Farías, la única que me queda, me acaba de negar el trabajo, hay que aceptar la sugerencia de Cristiano.

Mudos, Flávio y Érica no sabían qué decir. Él continuó:

– Ni siquiera a ti, Érica, te revelé que he estado en contacto con nuestro hijo. Como le va muy bien en Inglaterra y es dueño de una empresa mediana, nos invitó a vivir allí con él, me ofreció un trabajo en su empresa e incluso me garantizó servicios adicionales. Dice que en Inglaterra las ideas son diferentes y por eso el país es próspero. Allí todo lo que tocas se convierte en oro.

Asustada, Érica preguntó:

– Pero, ¿irse así, de repente? ¿Y qué pasa con nuestra propiedad, nuestra hija que tiene un largo camino por recorrer antes de graduarse?

– He pensado en todo, pero hay un problema: no podemos llevarnos a Flávio.

Un susto hizo temblar todo el cuerpo de Flávio e, instintivamente, dijo:

– ¿Cómo puede ser? ¿Dónde me quedaré?

Ángel reveló:

– Llamaré a tu tía Francisca y ella te recibirá con mucho gusto. Ella es solterona y estará muy feliz con la compañía de alguien más joven.

Flávio quedó anonadado. Ya no tenía amigos, estaba teniendo problemas que suponía eran mentales y ahora estaba perdiendo el apoyo de su familia. Se sintió abrumado por los mareos y su cuerpo cubierto en sudor. Su apariencia cambió y un deseo irresistible lo hizo levantarse y caminar por la habitación, inquieto. De repente, se volvió hacia su padre y le dijo:

– ¡Como siempre egoísta, además de ladrón, eres egoísta! Ahora por odio quieres abandonar a tu hijo y ¿por qué te llevas a Marina?

Flávio sintió que se volvía loco, en un instante fue arrojado en espíritu a un rincón de la habitación y desde allí pudo observar a una mujer rubia cuidando su cuerpo físico. Ella estaba muy cerca de él y lo manejaba como a un muñeco. Malaquías se acercó a su espíritu que estaba acurrucado en un rincón y, aterrado, le habló con chispas de odio en los ojos:

– No intentes hacer nada pequeño o te arrepentirás, solo observa, en el momento adecuado Ester te devolverá tu cuerpo.

Flávio se quedó estupefacto, ¿qué locura fue esa? ¿Por qué se veía lejos de su cuerpo? Agonizante, agitado y nervioso, perdió el conocimiento. Malaquías y Roque sonrieron y uno le dijo al otro:

– Como nos advirtió Teófilo, éste es presa fácil. La tarea será más rápida de lo que pensamos.

Mientras tanto, el tiempo empeoraba cada vez más. Ester a través del cuerpo de Flávio dijo:

– Así es, ¿quién te dijo que le hicieras firmar a Adolfo esos pagarés? Sabías que no podía pagar. Solo para luego tomar nuestras tierras y dejarnos morir en la miseria. Lo pagarás caro.

Con los gritos, Marina y Sandra aparecieron en la habitación y la escena fue patética. Érica lloró rogándoles que pararan y Ângelo gritó:

– Estás loco, no quiero que un loco me acompañe a Londres, ¡le voy a dar permiso a tu tía para que te interne en un manicomio!

– ¡Haz eso y cargarás con otro crimen en tu conciencia, eso es lo que queremos! Me voy a ir por ahora, pero te lo advierto: dondequiera que vayas, te estaré persiguiendo, como una sombra, y tomaré la justicia por mi mano.

Flávio se desmayó y su cuerpo quedó cubierto de sudor frío. Sandra y Marina lo colocaron en el sofá y Ângelo subió las escaleras disgustado, Érica lo siguió. Sandra le confesó temblorosamente a Marina:

– Doña Marina, si no me equivoco, lo que le pasó a Flávio es una cosa mental.

– ¿Qué? Era justo lo que faltaba, eso no existe, ¡es solo para gente ignorante!

– No es no. En mi barrio, Luís, el hijo de mi cuñada, fue tomado por un espíritu vengativo que quería su muerte, y la situación solo mejoró cuando doña Isaltina fue allí, habló con el espíritu y lo convenció que se fuera. Habló del perdón, del amor a los demás y de lo bueno que sería para él vivir en un mundo de paz y renovación. Después de eso, Luisito nunca volvió a tener nada, realmente se curó.

Marina, muy impresionada con lo que presenció, le dio un poco de crédito a esa historia. Pasaron las horas y Flávio no despertaba del desmayo. Su espíritu conmocionado flotaba unos centímetros por encima de su físico. Cuando llegó el momento de salir del trabajo, Sandra tuvo una idea:

– ¿Quién sabe si doña Isaltina viene aquí a orar y hablar con el espíritu que no despertará?

– ¿Estás loca por llamar a una sanadora aquí? ¡Mi religión nunca lo permitiría! – Le dijo Érica a Sandra –. Está en la Biblia que no se puede hablar con los muertos y yo no creo en esas cosas.

Marina interrumpió:

– Pero es bueno empezar a pensar en ello.

En palabras rápidas, Marina le contó la historia a su madre Sandra y finalmente dijo:

– Mamá, vamos a traerla aquí, mira el estado de Flávio, ya son las siete y todavía tiene frío y no se despierta. A papá no le importa, tenemos que hacer algo.

– Doña Isaltina está en casa a estas horas, si somos rápidas puede venir.

– No quiero. Esta curandera nunca entra aquí – gritó Érica.

– No voy a permitir que tú y tus prejuicios arruinen la salud de Flávio, es mi hermano y no me gusta verlo en este estado.

Marina y Sandra se marcharon y Érica, al encontrarse sola con su hijo tumbado en el sofá del salón, sintió un escalofrío recorrer su cuerpo. Ella no podía ver, pero Malaquías estaba ahí atento y temiendo que algo saliera mal con la presencia de Isaltina, se acercó a Érica.

Érica sintió las energías de miedo de Malaquías y pensó que eran suyas, escalofríos recorrían su cuerpo de vez en cuando. Por supuesto, como madre también tenía miedo, pero mucho de lo que sentía venía de Malaquías.

Roque apareció en la habitación asustado, llamando aparte a Malaquías:

– El clima aquí no será bueno para nosotros. Teófilo nos ordenó regresar urgentemente, que los ciudadanos de la luz van a invadir esta casa. Incluso pueden arrestarnos y llevarnos a lugares de los que nunca regresaremos.

Aterrorizados, sus figuras negras desaparecieron de la habitación. En ese mismo momento, una señora de mediana edad entró en la habitación con Marina y Sandra. Con simpatía ella dijo:

– Buenas noches, supongo que este es el chico.

– Sí, es él, y su condición persiste desde las cinco de la tarde, ¿no crees que necesita un médico? – Preguntó Marina.

– Mira hija – dijo Isaltina –. El médico que realmente necesita es Jesús. Unamos nuestras manos, cerremos los ojos y digamos una oración pidiendo ayuda a los amigos espirituales:

– "Señor Dios, Creador del Universo, tu fuerza es sublime y tu misericordia es infinita, concédenos la presencia de amigos espirituales bienhechores para ayudar a este hermano en necesidad. Que tu luz brille a través de la oscuridad de la ignorancia y que tu bondad permita a este espíritu encontrar la paz nuevamente. ¡Que así sea!"

Flávio temblaba y tenía la frente cubierta de un fino sudor.

Doña Isaltina se puso la mano en la frente y habló con convicción:

– Vuelve a tu cuerpo Flávio, hazte cargo de tu vida, es hora de comenzar la tarea que Dios te ha confiado.

Todos quedaron impresionados. Flávio abrió los ojos y se dio cuenta de lo que había sucedido. Inspirada por Carlota, Isaltina dijo:

– Fuiste retirado temporalmente del cuerpo, pero todo volvió a la normalidad. Necesitas dedicarte a la espiritualidad lo antes posible. Algunos eventos sucederán en tu vida y solo puedes contar con consuelo espiritual. Un amigo espiritual dice que ha llegado el momento de asumir su tarea y que contará con la ayuda de la mediumnidad. Por eso necesitas estudiar el tema y aprender a lidiar con tu sensibilidad.

Flávio, ya completamente despierto, preguntó:

– ¿Quién es este amigo espiritual que me envía este mensaje?

– Un hombre de cabello gris, estatura media, con lentes cuadrados y se llama Hilário. Dice que es tu amigo desde hace mucho tiempo, pero que ahora no lo recuerdas. Te deja un mensaje para que utilices tu mediumnidad para el bien, con amor y dedicación. Hay un grupo aquí mismo en São Paulo que está esperando tu llegada y pronto estará con ellos, sentirás aumentar tu sensibilidad, dejarás tu cuerpo y hablarás conscientemente con los espíritus desencarnados.

– ¿Puedo saber qué pasará en mi vida?

– Dice que es demasiado pronto para hablar de ello. Sin embargo, admite que contarás con toda la asistencia necesaria. Ahora necesita irse, te pide que te conectes con la espiritualidad a través de la oración y que mantengas pensamientos positivos que te ayudarán a vivir mejor.

El ambiente de la casa se había transformado. El tumulto había desaparecido y en su lugar había una agradable atmósfera de paz.

Isaltina besó a Flávio y dijo:

– Tú eres muy bonito. La belleza puede ser la perdición o la salvación de una persona; usarla por el camino del bien solo traerá ganancias. Adiós hijo, si necesitas búscame en esta dirección.

Érica, impresionada por todo lo que vio, no pudo decir una palabra, solo agradeció con admiración a su benefactora. Nunca había visto a un sacerdote de su iglesia hacer algo así.

Marina salió al balcón de su habitación y miró el cielo lleno de nubes. ¿Había realmente un ser que lo dominaba todo? En su vida mundana nunca había pensado en Dios.

Había pasado toda su vida vistiendo a la última moda, valorando su estatus, pero no se sentía importante ni feliz. Por eso, todos pensaban que era *esnob* y engreída. Sin embargo, ella sabía que no era nada de eso. Todo lo que hizo fue para disimular su complejo de inferioridad. Ella no se gustaba a sí misma.

¿Cómo sería Dios? Si Él realmente existiera, ¿le gustaría ella?

Lo que presenció ese día le hizo comprender que había muchas cosas más allá del mundo material. ¿Qué fue todo eso?

Ella no se dio cuenta, pero una luz muy fuerte la abrazó y le susurró al oído:

– ¡Dios también te ama mucho!

6.– La tragedia

Sentado en la sala, Flávio no podía olvidar los últimos acontecimientos. Alguna vez había oído hablar de un Centro Espírita, de mediumnidad y de contacto con los muertos, pero nunca se detuvo a pensar en la veracidad del hecho. Ahora le estaba pasando a él, ¿por qué? Poco después que doña Isaltina se fuera, su madre y Marina fueron a sus habitaciones y prácticamente ignoraron su presencia. ¿Qué sería de su vida a partir de entonces?

Érica entró a la suite y notó que Ângelo dormía profundamente. Gracias a la Virgen, no presenció esa desagradable escena de la curandera hablando cosas raras en medio de la sala, por donde han pasado las figuras más importantes de São Paulo. Se acostó y trató de dormir, pero el sueño no llegaba.

Fue doloroso para ella dejar Brasil, estaban sus amigos, la iglesia que amaba y a la que se dedicaba, y lo peor: dejar a Flávio con la insoportable Francisca. Estaba segura que Ângelo, siempre duro y estricto, tomaría partido contra su hijo y no lo llevaría consigo por capricho.

Ella no pudo hacer nada. Estaba acostumbrada a aceptar todas las órdenes de su marido sin contradicciones y si apoyaba a su hijo, él también era capaz de dejarla en Brasil.

Se dio vuelta en la cama durante otra media hora y cayó en un sueño profundo. Esa noche todos durmieron muy bien. Noel y Carlota trajeron amigos espirituales para velar por aquel hogar convulsionado y por eso Teófilo no pudo entrar allí con Ester.

Por la mañana, a la hora del café, Ângelo comentó:

– Escucha Flávio, estoy dispuesto a perdonarte por consideración a tu locura, ya que estás muy enfermo. Le dejaré órdenes a Francisca para que busque al mejor psiquiatra de São Paulo para ver qué hace contigo.

– Papá te puedo garantizar que no estoy enfermo, ayer me habló la señora Isaltina y cuando me dejó ya estaba normal. Estoy casi seguro que mi caso es una interferencia espiritual.

Érica se sonrojó y Ângelo no podía creer lo que estaba escuchando.

– ¿Qué? ¿Pasan cosas raras en mi casa y no me entero de ellas? ¿Qué pasó aquí ayer Érica? ¿Qué es eso de espíritus?

– Marina y Sandra trajeron aquí a una señora que oró y Flávio volvió a la normalidad. Casualidad o no, todo mejoró y nuestro hijo estaba bien, por favor acabemos con este clima, no puedo más.

Marina explicó:

– Así es, papá. Tampoco creo en esas tonterías espiritistas, pero Flávio salió del estado en el que se encontraba, eso es lo que importa.

– Razón de más para dejarlo en Brasil. No quiero que me acompañe con estas historias de Carochiña. Después del café hablaremos en la oficina. No te demores.

Flávio tembló. ¿Qué quería su padre con él? Ya no podía comer, se tomó unos instantes y fue a buscar a su padre.

Entró en la oficina, bien amueblada y modernamente organizada, y vio a su padre con expresión seria, fumando su cigarrillo.

– Entra Flávio y siéntate, que nuestra conversación va a ser larga. Ya he pospuesto este momento durante mucho tiempo debido a tu accidente, pero ya no es posible. Ayer repetiste el mismo error y hoy me lo confesarás: ¿por qué me llamaste ladrón? ¿Quién te calumnió tan insultantemente sobre tu propio padre?

En ese momento Flávio quedó asombrado. En lugar de sentir miedo y temor, una gran fuerza surgió de su interior. Después de todo, tenía dignidad y no quería ofender a su padre.

- Lo siento padre, no tenía por qué llamarte ladrón, porque para mí siempre fuiste el guía que decía que solo el trabajo duro y honesto tenía valor.

Ângelo se movió en su silla. De hecho, siempre le había dicho eso a su familia, pero con el paso de los años había cambiado un poco de opinión. Solo podría hacerse rico si tomaba dinero de la empresa donde trabajaba.

Y eso fue lo que hizo, creó cuentas en el extranjero donde tenía una cantidad razonable. Un recibo olvidado en su oficina fue el pasaporte al descubrimiento. Nunca se había sentido tan avergonzado, pero intentó olvidarlo.

- No mientas hijo, si alguien te dijo algo te corresponde a ti como hijo defenderme y decírmelo y no encubrir a los calumniadores.

- Te digo la verdad papá, no sé qué me pasa, de repente me siento mareado, con un calor insoportable, quiero caminar sin parar y hablar mucho, cuando lo veo ya estoy diciendo cosas que no quiero y eso no viene de mí.

- No vengas con esas historias que la iglesia condena, los muertos no vuelven y ni siquiera hablan con los vivos. Sé que intentas engañarme, pero te perdonaré si prometes no insultar nunca a quienes te dieron la vida.

Flávio iba a protestar, pero ¿qué sentido tendría?

- Sí, lo prometo. Pero... ¿Por qué no me llevas contigo a Londres? Incluso Marina se va, menos yo, que me quedaré aquí con la tía Francisca, con quien no tengo afinidad alguna.

Ângelo no supo decir la verdadera razón por la que no lo llevó a Londres. Temía y estaba seguro que Flávio sabía la realidad de Limbol. Con estos arrebatos de locura seguro que abriría el partido con Cristiano y lo que es peor: delante de las personas importantes que pasaban por la casa de su hijo. Seguramente quedaría expuesto y perdería su trabajo una vez más.

Estaba absolutamente seguro que Flávio se estaba volviendo loco y durante sus arrebatos decía cosas que no debía.

Simplemente no podía entender cómo su hijo se enteró de todo. Hermes, el accionista mayoritario, en un acto benéfico decidió enmascarar el hecho y pocas personas supieron la verdad. Decidió comprometerse:

– Flávio, aquí tienes trabajo y allá, además de ser una persona más que le quita el tiempo a tu hermano, puede que no encuentres tareas fáciles porque no te gusta estudiar. Aquí con la tía Francisca podremos conservarte e incluso pagar un tratamiento psiquiátrico más asequible.

Flávio se sonrojó:

– ¿Cuántas veces quiero decir que no estoy loco? ¿Y mamá te dijo que voy a dejar mi trabajo? ¿Que no volveré allí otra vez?

Esta vez Ângelo se levantó de su silla:

– Por supuesto, ya sé de esta locura, pero pensé que sería otra de tus alucinaciones. ¿Eso significa que realmente te vas a ir, vas a cometer esta locura?

Flávio lo miró a los ojos y respondió con firmeza:

– Iré, porque no me gusta trabajar solo por el dinero. Si quieres seguir ayudándome hasta encontrar algo que me dé placer, está bien. Si no, puedo pedirle a tía Francisca que me apoye hasta que pueda. Sé que es rica y hará esto por mí sin quejarse.

Ângelo se quedó sin palabras ante tanta determinación:

– ¿Así lo dices? Así será. Hoy te irás a casa de tu tía y no me quitarás ni un centavo. Nos vamos en dos semanas y lo mejor es que te adaptes a tu nueva realidad. Sube las escaleras y haz las maletas.

Con un nudo en la garganta, Flávio subió y metió todo en una mochila de viaje. Con el tiempo buscaría el resto de las cosas. Se despidió de su habitación y de la ventana donde solía ver el cielo estrellado y preguntarse qué había en esas hermosas y misteriosas estrellas.

La despedida fue emotiva. Érica lloró mucho y en ese momento sintió que nunca volvería a Brasil. Este pensamiento era ilógico, pero una fuerza extraña le advirtió que nunca volvería a lo que había sido su hogar durante 26 años.

— Ven a visitar a tu madre, después de todo no nos iremos hasta dentro de 15 días.

— Por supuesto que lo haré, mamá, puedes esperar.

Marina casi no lo abrazó, porque no le gustaba mostrar lo que sentía. Cada vez que tenía un sentimiento de amor, gratitud, amistad por alguien, no podía demostrarlo por miedo a quedar en ridículo. Solo le deseó suerte a su hermano, quien también deseó que Dios la apoyara para continuar sus estudios en el extranjero.

Noel y Carlota de espíritu estaban ahí observando todo.

— Lamentablemente tiene que ser así – comentó Carlota.

— Todo podría ser diferente, pero ya no hay tiempo, los elementos astrales están hirviendo y crearon el destino de esta familia – respondió Noel.

— Lo que me consuela es saber que todo siempre está bien y que la sabiduría divina lo controla todo, trabajando en la evolución de todos.

— Así es Carlota, veo que has crecido mucho, pero ya es hora que nos vayamos, porque en la concurrida ciudad astral en la que vivimos siempre hay mucho trabajo que hacer e Hilário cuenta con nosotros.

Sus espíritus radiantes abandonaron la habitación.

Unos minutos más tarde Flávio llegó a casa de su tía. Era una casa grande y antigua rodeada de un hermoso jardín. En el salón había sillas, plantas ornamentales, estatuas y frente a la casa una fuente de luz daba un ambiente agradable al ambiente. Flávio rara vez había estado allí.

Su tía era considerada excéntrica por su familia, ya que ella solo hacía lo que quería y decía solo lo que pensaba. No asistía a la iglesia e incluso discutía con Érica por cuestiones religiosas. Ambas vieron a Dios de manera muy diferente.

Sonó el timbre y respondió una criada. Al poco tiempo, una señora gorda, sonriente y simpática vino a darle la bienvenida, abrazándolo con aire de gran felicidad:

– Bienvenido, hijo mío. Tu padre ya me lo ha contado todo, incluso he ordenado tu habitación, espero que sea de tu agrado.

Flávio era un joven sencillo y estaba encantado con aquella casa inmensa, llena de ventanas por todos lados, que daban al ambiente una agradable ventilación. Cuando entró a su habitación le gustó lo que vio: además que todo estaba muy sencillo y ordenado, había un televisor, un equipo de música y un vídeo.

Francisca, abanicándose con un abanico de colores, fue la siguiente.

– ¿Te gustó la habitación?

– Bueno tía, es muy bueno, aquí puedo hacer mi propio pequeño mundo, es muy aireado y luminoso.

– Ah, yo soy así, simplemente me gusta todo muy bonito, colorido, claro. La vida solo tiene valor si se vive plenamente y con alegría desde dentro hacia fuera.

A Flávio empezó a gustarle aquella señora alegre y elegante, de sonrisa cautivadora. No se parecía a nada de lo que solía decir su madre.

– Vamos hijo, te presentaré a los sirvientes y demás habitantes de la casa.

Flávio empezó a preguntarse:

– ¿Tu tía no era solterona? ¿No vivía sola con los sirvientes? ¿Había alguien más ahí que él no conocía?

Recorrieron el largo pasillo que los llevaba a la cocina. Allí presentó a Clara, Gaudêncio y Juan, el jardinero.

– Ahora hijo, te voy a mostrar los demás residentes de este hogar. Siguieron otro pequeño pasillo y se toparon con una pequeña puerta. Cuando la abrió, Flávio sonrió: tres grandes y gordos gatos siameses dormían cómodamente en una cama. Francisca explicó:

– Estos son los tres habitantes de este hogar, son mi vida, los amo.

Empezó a levantarlos uno por uno y se despertaron ronroneando.

– Estos son Titi, Inácio y Cadu, la razón de mi vida.

Y como olvidándose de todo, empezó a hablarles:

– Hijitos lindos, quieren una merienda a las cuatro, ¿no quieren? Mamá lo entenderá.

Flávio sonrió y se dio cuenta de lo sencilla que era la mujer que transfirió su energía emocional a tres animalitos.

Adaptarse a ese hogar fue muy fácil. El ambiente fue agradable, principalmente debido a la puntualidad que reinó.

Su tía había vivido en Inglaterra durante 16 años y trajo de allí muchas costumbres deliciosas, especialmente el té de las cinco. Flávio iba todos los días a visitar a su familia, pero su padre no lo trataba bien. Terminó concluyendo que lo había enviado antes a casa de su tía para que ya no le viera la cara y recordara las acusaciones. El día del viaje hubo pocas despedidas, solo había mucha tristeza en los ojos de la madre.

– Si pudiera no viajaría, lo juro. Siento que nunca volveré a ver Brasil.

– ¿Qué es esto mamá? Papá dijo que en la primera oportunidad volveremos aquí de visita. Incluso dijo que si las cosas van bien allí, podría mandar llamar a Flávio. Cristiano no está de acuerdo porque no va con nosotros, ¿verdad papá? – Dijo Marina.

– Así es, no hay razón para llorar. Volveremos pronto, vámonos en cuanto nos espere el vuelo 140.

Y se dirigieron al aeropuerto, Flávio no los acompañó. Al llegar a casa de su tía, la encontró viendo televisión y comiendo unas ricas palomitas de maíz con guaraná al horno.

– Siéntate aquí hijo mío, hay una película maravillosa de Carlitos que nos da una valiosa lección de vida.

Él asintió y en medio del ronroneo de los gatos empezó a prestar atención a la película. Una hora más tarde, el programa fue interrumpido por la emisora para anunciar que había ocurrido una tragedia con el avión del vuelo 140 de la famosa aerolínea. Lamentablemente nadie sobrevivió.

Flávio perdió inmediatamente el conocimiento.

7.– Los resultados del orgullo

Poco después del accidente aéreo, el espíritu de cada miembro de la familia de Flávio se dirigió a su lugar de afinidad. No permanecieron juntos después de la muerte.

Ângelo despertó en un estanque donde varios espíritus como él gemían y gritaban. Poco a poco fue recuperando los sentidos y a cada minuto quedaba horrorizado por lo que veía. Esos seres no parecían personas, sino fragmentos humanos.

¿Cómo acabó allí? Nunca había visto un lugar así. ¿Quién lo salvó cuando el avión se estrelló? ¿Dónde estaban Marina y Érica? Estas preguntas zumbaban en su mente cuando de repente se acercó una horda que gritaba y corría. Una mujer con la pierna derecha ulcerada dijo mirándolo:

– ¿Tendrás el coraje de quedarte aquí? Mira el estado de mi pierna.

Ângelo observó y vio una gran herida debajo de la rodilla que sangraba y expulsaba una especie de líquido blanco; fue muy profundo también.

– ¿Por qué no vas al médico? Esto podría ser cáncer.

La mujer desesperada gritó:

– ¿No ves que estoy tratando de salvar tu pellejo? Vienen ellos, los pájaros terribles de las cuevas. ¿No oyes sus gritos?

De repente, gritos como de buitres salvajes cruzaron el cielo. Cuanto más subían, más intentaban huir las hordas. Ângelo miró hacia adelante y la mujer había desaparecido, tal vez había seguido a la manada. Algunas personas más gravemente heridas cayeron en medio del camino y gimieron desesperadas.

Fue entonces cuando pasó lo peor. Apareció un grupo de 12 aves tres veces más grandes que los buitres terrestres y mucho más oscuras. Sus picos eran delgados como la punta de unos alicates, sus gritos eran ensordecedores y pronto comenzaron a pellizcar las heridas de los periespíritus desgarrados.

Ângelo se desesperó cuando vio que uno de ellos, hambriento, se acercaba a él. Sus ojos parecían estar iluminados por una lámpara roja, mientras brillaban tenazmente. Cayó y se quedó quieto, su respiración dificultosa paralizó todo su cuerpo. De repente, el extraño pájaro que más parecía un cruce entre buitre y rapaz empezó a picotear las manos de Ângelo. Intentó liberarse, pero su cuerpo parecía estar irremediablemente pegado al suelo. Un dolor agudo lo golpeó.

El pájaro picoteó sin parar y empezó a gemir fuertemente. La sangre brotó y el pájaro bebió con placer. Perdió uno de sus dedos, su respiración se aceleró y su corazón se aceleró. Perdió el conocimiento.

Horas más tarde, cuando despertó, había un silencio inquietante en el aire. Desesperadamente se dio cuenta que le faltaban ambas manos. Se levantó y empezó a caminar, pero resbalaba en su propia sangre.

En un lago de la colonia Campo de la Redención que sirvió de pantalla, Hilário, Carlota y Noel observaron toda la escena. Carlota dijo:

– ¡Me siento triste por un caso como este!

Noel asintió:

– ¡Eso mismo! A pesar de saber que es necesario que venga el escándalo, todavía pierdo el equilibrio con escenas como esta.

Hilário, muy sereno, explicó:

– La muerte es un simple cambio de rango energético y tras ella cada persona encuentra su realidad. El infierno y el cielo están dentro de cada persona. Es necesario comprender que la deshonestidad tiene un doloroso retorno para quien la practica. Si los que hacen este tipo de mal supieran lo que recibirán como consecuencia, creo que nunca lo harían.

- ¿Está pagando por lo que hizo, por eso perdió las manos?

Sonriendo, Hilário dijo con ternura:

- La vida no exige ni castiga a nadie. Simplemente está cosechando los resultados de sus acciones. Así madurará. Dios es infinitamente superior y está por encima de castigos y torturas. Sin embargo, creó leyes perfectas que llevan al individuo a experimentar las consecuencias de sus elecciones. No hay castigo, solo aprendizaje.

- Cuesta creer que no esté siendo castigado. Cuando ves una escena como esta, sí creo que ese es el precio de tus errores - dijo Noel.

Hilário respondió amablemente:

- Es que su visión aun no ha salido de los estrechos límites de la percepción terrenal, allí inventaron un Dios que castiga y un Dios que recompensa. Aquí descubrimos que cada uno solo pasa por lo necesario para aprender a vivir mejor. Créeme Noel, él es el hombre que elige seguir la ley del "hacer y pagar." Es un ser inteligente que necesita aprender a dar lo mejor de sí. Dios nunca se complace con el sufrimiento humano. Sin embargo, es el dolor el que despierta, enseña al hombre a comprender que solo la práctica del amor le conducirá a la consecución de la felicidad.

Continuaron discutiendo los diversos aspectos de la evolución espiritual cuando el anochecer los sorprendió con una invitación a orar. Reunidos, se dirigieron hacia el gran salón.

A lo lejos, Érica sufrió mucho y no se dio cuenta que había dejado la vida en la Tierra. Aturdida, empezó a caminar sin rumbo, pero no encontró a nadie.

Se imaginó que se había salvado del accidente aéreo y estaba perdida en una especie de bosque interminable. Sentía mucha hambre, sed y calor, pero lo que más le dolía era saber el destino de su marido y su hija. Lloró de tristeza, anhelo y preocupación, preguntándose si habían sido salvos.

Tratando de averiguar dónde estaban, caminó sin detenerse. Estaba en una especie de selva y ni siquiera podía distinguir si era de día o de noche. Miró al cielo, pero se resistía a creer que ese disco naranja, casi sin luz, fuera el Sol. Descalza, sus pies quedaron llenos de llagas.

"Si tan solo pudiera encontrar alguien por aquí, alguna casa..." – pensó angustiada.

Pero eso no sucedió. Según su deducción, llevaba más de un mes deambulando sin rumbo fijo. Se había desmayado de hambre varias veces y su cuerpo delgado y huesudo ya no se parecía a la Érica de antes.

Fue de repente que empezó a escuchar el llanto de un niño que se apretaba cada vez más contra sus oídos. Buscó al bebé entre las ramas retorcidas de los árboles, pero no lo encontró. El llanto era cada vez más fuerte y ensordecedor.

Se sintió tan incómoda que empezó a correr para evitar oírlo, pero el llanto la perseguía sin descanso.

– Dios mío, ¿me estoy volviendo loca? ¿Hace tanto que no como y todavía no me he muerto? ¿Qué me pasa? ¿Y este llanto que tanto me angustia?

Durante dos meses continuó así hasta que al final de un camino polvoriento encontró a una mujer rubia, cabello hasta los hombros, vestida negro, con un palo de aproximadamente medio metro de largo en sus manos. Lo acompañaba una chica de unos 20 años. Al verla sonrió satisfecho:

– Que bueno que te encontré. Tenías razón Mina, aquí es donde estaba. Érica mírame, ¿te acuerdas? ¡Soy Ester!

Érica, quien estaba feliz de haber encontrado finalmente un ser vivo, al mismo tiempo sentía miedo, pues esa expresión maquiavélica le producía una desagradable sensación de malestar.

– ¿Quién eres tú? ¿Puedes ayudarme a salir de aquí? Llevo meses sin rumbo, sin saber que hacer, mira que delgada estoy.

A la otra no pareció importarle:

– Como siempre fingiendo ser víctima, pero eso aquí no existe. Si no me recuerdas, te verás obligada a recordarlo más tarde. ¡Ven, sígueme!

Sus palabras sonaron como una frase terrible. Érica no vio otra solución que obedecer. Estaba realmente perdida, luego intentaría averiguar dónde estaba y pensaría en una forma de llegar a casa.

Con el palo, Ester liberó una energía naranja que empezó a circular por las muñecas de Érica. La energía se condensó y apareció una especie de esposas. Estaba prisionera y empezó a llorar desesperada:

–¿Qué me estás haciendo? Necesito volver a casa, ver a mis hijos, a mi marido y tú me estás frenando, sé amable, ¡déjame ir!

– Cállate – gritó Ester –. Aquí Jorge es el que da las órdenes. Te equivocaste mucho, hiciste muchas estupideces desde tu última encarnación, ahora ha llegado el momento de pagar lo que nos debes.

Érica no podía creer lo que escuchó, Ester ciertamente era una mujer desequilibrada que trabajaba para un grupo de secuestradores. Intentó argumentar:

– Si lo que quieres es dinero, tengo un hijo que vive en Inglaterra y es muy rico. Tengo su número de teléfono y se lo puedo dar para hablar.

Ester sonrió sarcásticamente:

– Bueno, parece que ya ha llegado. Tendrás mucho que sufrir y aprender. Solo Jorge podrá saber tu destino, mientras tanto sígueme sin hablar o no responderé por mí misma.

Caminaron por un sendero lleno de rocas y maleza. Después de unos minutos llegaron frente a una mansión vieja y en mal estado. Ellas se detuvieron. Dos perros pastores alemanes negros vinieron a celebrar la llegada. Chispas rojas salieron de sus ojos.

Ester hizo una señal y se abrió la puerta central. Pasaron por un pasillo con innumerables puertas hasta entrar a una habitación enorme donde los esperaba un hombre de rostro delgado y barba de chivo. Llevaba una capa negra y tenía una mirada penetrante y aterradora.

Miró enigmáticamente a Ester y dijo:

- Finalmente cara a cara. De ahora en adelante serás mi esclava. Ester te proporcionará ropa específica. Sin embargo, es necesario conocer su estado real antes de hacer cualquier cosa.

- ¿Quién eres? ¿Dónde estoy? ¿Dónde está mi familia? Es todo lo que quiero saber.

- Siéntate.

Se sentó en una silla negra de estilo del siglo XVIII y esperó ansiosamente.

- ¡Calma! Aquí soy yo el que pregunta. Cada respuesta llegará a su debido tiempo. Primer lugar: tu marido y tu hija murieron instantáneamente cuando el avión se estrelló. Al igual que tú, todos están muertos.

Una mezcla de miedo y burla pasó por el rostro de Érica.

- Ahora, ¿qué clase de broma es esta? No te conozco, pero me debes respeto. Soy una mujer felizmente casada y cuando salga de aquí vendrá mi marido y te pedirá cuentas de lo que me estás haciendo.

Un brillo de odio apareció en los ojos de Jorge:

- Estoy perdiendo la paciencia contigo. Cuanto más te resistas a la verdad, más sufrirás. Trabajarás para mí pase lo que pase, creas o no que estás muerta.

Un escalofrío recorrió el cuerpo de Érica, ¿y si fuera verdad? Pero no, ella estaba muy viva, después de todo lo que su corazón latía, podía sentir su piel y sus huesos, solo podría ser mentira. Intentó contemporizar:

- ¿Cuándo saldré de aquí?

— De ti depende mucho. Si eres buena, quizás te permita ir a ver a tu hijo, es el único superviviente de la familia.

Érica concluyó que estaba tratando con locos y lo mejor era aceptar todo lo que decían. Seguramente huiría de allí y encontraría su hogar.

— No tiene sentido pensar que estamos locos — dijo Jorge, leyendo sus pensamientos —. Sé muy bien que estás pensando en huir, pero debes saber que podremos encontrarte dondequiera que estés y si te recuperamos el castigo será mayor. Cometiste mucho cuando tuviste ese aborto, por eso gané tu alma, te quedarás aquí todo el tiempo que yo desee.

Érica sintió que se iba a desmayar, ese hombre aterrador sabía mucho de su vida. ¿Qué más puedo saber sobre tu familia? Decidió correr el riesgo:

— ¿Flávio ya sabe que ocurrió la tragedia del avión?

— Lo sabes y ya está mejorando. Cristiano, tu hijo mayor, vino a Brasil para apoyarlo. En cuanto a tu marido, fue llevado a las cuevas y al igual que tú, ni siquiera sospecha que ha fallecido. Marina, la mejor chica, fue llevada a una sala de urgencias vinculada al Campo de la Redención y se está recuperando lentamente.

Érica se sintió mareada y se desmayó.

— El susto fue demasiado para ella. Su espíritu sintió que lo que decíamos era verdad y no pudo resistirse, prefirió salir corriendo. Llévala a la celda 356 y mantenla en observación, no quiero perder a nadie más.

Ester presionó un botón rojo en la pared y rápidamente apareció Malaquías con Roque cargando una camilla. Se fueron con Ester.

Solo en la habitación Jorge estaba feliz. A través de la imposición y el miedo, podría conquistar a otro trabajador malvado. Por muy orgullosa que estuviera, sería fácil de manejar. Durante sus cinco décadas al mando de Desterro, una región del Umbral ubicada sobre la ciudad de São Paulo, ya había adquirido una gran cantidad de sirvientes que, por cultivar el orgullo y el egoísmo, eran enviados a zonas inferiores.

Satisfecho, se dio cuenta que estos gusanos estaban arrasando el planeta y supo que el proceso de regeneración del orbe era lento, principalmente debido a estos sentimientos. Satisfecho, salió para dar una conferencia sobre la obsesión y las debilidades del ser humano. No podía llegar tarde, pues ya había llegado Teófilo, su asistente en la conferencia.

8.– El reencuentro

De regreso a la Tierra, retomamos la historia desde el momento en que Flávio vio en la televisión la noticia de la muerte de su familia.

Francisca llamó a los empleados, quienes rápidamente llevaron al inconsciente Flávio a su habitación. Le brindó atención médica y lo despertó con sales. Si bien el médico no llegó, todos quedaron devastados por el estado del muchacho. Llorando sin parar, estaba inconsolable. Francisca, también muy conmocionada por el trágico suceso, intentó mantenerse firme, pero estaba al límite.

Finalmente llegó el doctor Roberto Cavalcanti y medicó a Flávio con fuertes tranquilizantes.

Ella no sabía qué hacer. La casa donde vivía la familia estaba cerrada con llave y nadie tenía la llave. No había forma de comunicarse con Cristiano, la única manera era esperar de una forma u otra a que se enterara de lo sucedido, lo cual pasó rápidamente.

En Londres, los informativos difundieron la noticia que el vuelo 140 con destino al país había corrido un destino trágico. Sorprendido, Cristiano organizó un viaje inmediato a Brasil, ya que de su familia solo quedaba Flávio y él debía saber cómo resultarían las cosas.

Los cuerpos fueron reconocidos por Francisca. En el IML, al ver el cuerpo de Marina a tan temprana edad, no pudo entender por qué había sucedido eso. Después de todo, eran una buena familia y Marina era una mujer joven con todo por delante.

¿Por qué Dios no había impedido esta tragedia? Ella siempre fue reacia a cualquier tipo de religión porque no respondían satisfactoriamente a sus preguntas y se confundían entre sí. En religión, lo que vio fue simplemente abuso de poder. Algunos amigos evangélicos dijeron:

– ¿Cómo se puede vivir así sin frenos? ¿Sin ningún tipo de apoyo religioso? ¡Eres una persona del mundo!

A lo que ella respondió:

– Todos somos amados por el mundo, al fin y al cabo nadie aquí nació en otro planeta. ¿En cuanto a los frenos? Lo que veo es gente hipócrita creando reglas poco realistas que en el fondo nadie sigue porque están fuera de la naturaleza. Además, nunca necesité la religión para saber qué es ético. Baso mi vida en la ética y no me importa lo que diga la gente piensan o dejan de pensar. ¡No los veo más felices que yo!

Ellos respondieron diciendo que el fin del mundo estaba cerca y solo aquellos que pertenecieran a cierta iglesia se salvarían. Pero Francisca, dotada de una intuición muy fuerte, no discutió y al poco tiempo estaban hablando de otros temas.

Al reconocer los cuerpos empezó a dudar de Dios, pero algo le decía que todo tenía su razón de ser. Un día ella desentrañaría los misterios de aquellos acontecimientos.

El velorio fue en Araçá. Cristiano llegó unas horas antes, abrazó a su hermano, a su tía y saludó a sus conocidos. Era un joven de rara belleza y constitución atlética, muy diferente a Flávio, que a pesar de no ser feo no adoraba su cuerpo como lo hacía su hermano.

Un conocido sacerdote habló de la muerte y que era necesario aceptar lo que Dios había hecho. Llamó a las personas al perdón, a una vida regulada, para que en un momento así no se encontraran en problemas con el Creador. Los cuerpos fueron entregados a la Madre Tierra y los hermanos abrazados se dirigieron a la casa de la tía Francisca.

Una vez allí, se dieron una ducha y comieron las deliciosas tortas de maíz que Clara había preparado para el té.

– A pesar de la tristeza, es reconfortante llegar a Brasil y ver aquí reproducida esta maravillosa costumbre – dijo Cristiano.

– Tienes razón ¡cada vez que participo con mi tía siento una deliciosa sensación de paz!

Cristiano con una mirada profunda dijo:

– Esta casa tiene mucha buena energía, vienen muchos buenos espíritus a visitarla. ¿Has notado la presencia de alguno de ellos, tía?

Sorprendida, Francisca respondió:

– Siento una paz profunda en este sencillo rincón de mi hogar, pero... Hablas de espíritus, ¿existen realmente?

Cristiano aclaró:

– ¡Claro que sí! ¿Alguna vez te has parado a preguntarte dónde están las personas que murieron? Si analizas la vida, verás que Dios nunca nos crearía dándonos sabiduría, amor, libertad, inteligencia solo para morir un día y dejar todo atrás. Además de ilógico, concluiríamos que la vida en la Tierra no tendría sentido. Quien muere pasa a vivir en otras dimensiones del Universo, llevándose solo su mundo interior, sus miedos, sus ilusiones y sus creencias. Si progresas, te llevarás todo lo bueno para usarlo en la próxima encarnación.

En ese momento Flávio no pudo soportarlo y preguntó:

– ¿Qué significa ser médium?

– Un médium es una persona capaz de percibir más allá de los cinco sentidos físicos. Mientras que la gente corriente solo percibe el lado material de la vida, los médiums van más allá. Donde se detiene la visión de un hombre común, la del médium continúa descifrando lo que para nosotros solo se considera sobrenatural.

– ¿Todos pueden ser médiums?

– La respuesta correcta es: todos somos espíritus y el sexto sentido es parte de nuestra naturaleza. Algunas son más ostentosas que otras, pero la mediumnidad es un fenómeno humano natural.

Francisca quería saber:

– ¿Eres espírita?

Cristiano aclaró:

– Si se llama espiritista a la persona que cree en la reencarnación, en la comunicación de los espíritus y en la diversidad de los mundos habitados, entonces soy espiritista. Sin embargo, mi mentor espiritual me guio a utilizar el término espiritista de forma independiente, ya que no solo no me pone etiquetas, sino que me permite trabajar en un campo más libre y tener una acción más fructífera en la esfera espiritual. En realidad soy un universalista.

A todos les gustaron los conceptos de Cristiano, pero Flávio, por miedo a escuchar algunas verdades para las que creía no estar preparado, omitió sus manifestaciones mediúmnicas.

Después de cenar, Cristiano se puso serio y convocó a Francisca y Flávio a una reunión. Él empezó:

– Sé que no es momento de hablar de ciertos temas, pero no tengo mucho tiempo en Brasil y antes de irme me gustaría aclarar algunos puntos.

En ese momento sonó el timbre y Clara fue a abrir. Con sorpresa, Francisca se dio cuenta que la familia Assunção Ferguson estaba en su casa. Gentilmente preguntó:

– ¿Qué es lo que quieren?

Fernando tomó la delantera:

– Buenas noches. Por el bien de mi esposa, vinimos a ofrecer solidaridad a la familia en duelo.

Fue una mentira. Élida se enteró por los periódicos que el hijo mayor y rico de Érica y Ângelo había regresado por la muerte de sus padres y pretendía presentarle a Isabela, su hija, en esperanza de un matrimonio rico. Sin embargo, Camila decidió seguir adelante, lo que frustró los planes de Élida.

Camila acompañaba a sus padres de vez en cuando en un intento de avergonzarlos con sus modales y vestimenta. Antes de partir, madre e hija habían tenido una violenta discusión, pero Fernando acabó convenciendo a Élida para que la llevara para evitar problemas.

Francisca, como buena anfitriona, los invitó a sentarse y le pidió a Clara que sirviera té a todos. No era exactamente el almuerzo al que Élida estaba acostumbrada, pero lo aceptó con gusto.

Las miradas de Flávio y Camila se cruzaban. Ella lo reconoció inmediatamente. Soñaba todos los días con volver a encontrarlo, pero no veía cómo. Por eso cuando se enteró de la visita a la familia Menezes insistió en ir. Ahora con el intercambio de miradas estuvo segura que él la había reconocido. Élida, preocupada, se dirigió a Flávio:

– Sé que no es el momento ni el día para visitas como esta, pero supimos que Cristiano regresará pronto a Londres y no pudimos evitar saludarlo, ya que tareas ineludibles nos impidieron asistir al funeral. A éste ya lo conozco, es Flávio. ¿Estás mejor?

Flávio no pudo contener las lágrimas y corrió a su habitación. Todos en la sala estaban avergonzados y Cristiano calmó el ambiente:

– Estas son cosas comunes para quienes pierden a una familia entera, por favor comprendan y discúlpennos.

Élida continuó:

– Nosotros lo entendemos perfectamente, por cierto, ¿conociste a mi hija Isabela?

Cuando Cristiano la miró sintió un malestar terrible. Vio tres figuras de mujeres deformes al lado de Isabela. Pidió protección a Cândido, su mentor espiritual, cuando ésta le tendió la mano para saludarla.

– Mucho gusto.

Después de un rato de charlar banalidades, Camila fingió ir al baño, pero entró de puntillas en la habitación de Flávio. Lo encontró bañando su almohada en lágrimas. Ella lo sorprendió:

– ¿No dije que todavía hablaríamos? Aquí estoy, ¿aprovechemos y hablemos de otros temas además de la muerte? Quedó profundamente conmovido por su actitud en ese momento de fragilidad y se sintió reconfortado y atraído por ella. Perfumada, rubia, bien maquillada, tenía la capacidad de afectar profundamente su lado emocional.

– Sí, vámonos, en mi egoísmo no te agradecí que vinieras a visitarnos.

– ¿Siempre eres así de sensible?

Respondió:

– ¿Y siempre eres así de atrevido?

– Sí, lo soy, la vida me obligó a ser así. El mundo en el que vivimos, donde solo los malos sobreviven en esta jungla llamada Tierra, es cruel y duro. Afronto todo esto a mi manera.

– No digas eso. Mira mi estado, ya no tengo padre ni madre, pero todavía puedo contemplar la belleza del mundo. ¿No quieres aprender a mirar conmigo?

Un fuerte calor cubrió los cuerpos de ambos. La fuerte atracción que sentían el uno por el otro los unió y se besaron en los labios, repetidamente, Flávio dijo:

– Me salvaste la vida con esos besos.

– Y tú la mía.

Media hora después, cuando llegaron a la habitación de la mano, todos quedaron atónitos.

Élida se sonrojó de vergüenza:

– Pero, ¿qué significa?

– Desde nuestro accidente nos sentimos atraídos el uno por el otro. Hoy hablamos y empezamos a salir.

Todos guardaron silencio. Isabela, temiendo que Cristiano la considerara frívola como su hermana, dijo:

– Esta tiene que ser la broma de Camila con su mamá. ¡Papá, haz algo!

Fernando separó sus manos y dijo:

– Camila, ¿qué broma es esta? ¿Quieres molestarnos otra vez?

Ella se defendió:

– ¿Por qué? ¿No existía en tu época el amor a primera vista? Eso es lo que nos pasó a mí y a Flávio. Somos almas destinadas a vivir juntas.

Fernando se sonrojó:

– Pero ésta podría ser otra más de las tuyas. Te conozco muy bien, pero ahora has ido demasiado lejos, usar a este chico en el estado en el que se encuentra es un pecado.

– Pero ¿por qué nadie me cree? Flávio díselo.

Flávio asintió:

– Lo siento tía Francisca, pero eso fue exactamente lo que pasó, todo fue inesperado, pero sucedió. Camila fue a consolarme y ahí hablamos, nos entendimos.

Élida se regocijó. Había pensado en Isabela, pero sucedió algo mejor. Ciertamente Flávio no era tan rico como el hermano, pero si se casara con Camila sería un regalo. Además de liberarse de su loca hija, su familia volvería al estatus que tenía antes. Intentó moverse:

– Hay que entender que se trata de cosas de jóvenes, perfectamente comprensibles. Pero ya es tarde. Tenemos que irnos.

La visita terminó en un ambiente romántico entre Flávio y Camila, cuando se iban a retirar, Cristiano anunció:

– Debido a esta visita, no pudimos discutir un asunto grave que ya no podía posponerse. Mañana temprano después del desayuno hablaremos. Ahora me dirijo al hotel, este es el número. Si me necesitan, solo llámenme.

— Pensé que querías quedarte aquí. Preparé tu habitación y sería muy feliz si acompañaras a tu hermano en el estado en que se encuentra — dijo Francisca.

— Tía, agradezco tu hospitalidad, pero ya me instalé en el hotel y no quiero irme. Flávio es mejor que yo. Solo mira su cara. La visita de Camila le hizo bien.

Era cierto, esa noche para Flávio había sido mágica, a pesar del funeral de sus padres, el encuentro con Camila le hizo predecir días mejores. Desde que vio a Camila en el hospital por primera vez, se sintió profundamente conmovido. Al notar las miradas inquisitivas de su tía y su hermano, consideró:

— Tampoco exageres, estoy muy interesado en ella, pero en este momento no puedo involucrarme profundamente con Camila, porque no sé cómo será mi vida de ahora en adelante sin mis padres.

Cristiano respondió:

— La vida enseña independencia, autosuficiencia, libertad y aunque a nuestros ojos no lo parezca, siempre hace lo mejor. Si se llevaron a nuestros padres fue porque se les había acabado el tiempo que les tocaba vivir. Ciertamente fueron llamados no solo a revisar sus actitudes hasta entonces, sino también a seguir aprendiendo los valores eternos del espíritu en nuevas experiencias. Créanme, lo que pasó, aunque nos causa sufrimiento, fue lo mejor para todos. La muerte nos invita a reflexionar sobre los objetivos de la vida, a reciclar valores, a crecer, a progresar. Después es bueno recordar que no es el final, porque quien muere pasa a vivir en otras dimensiones de este Universo infinito.

— ¿Dónde están nuestros padres ahora? ¿Y Marina?

— ¡Solo Dios lo sabe! Sin embargo, pienso que si fueron atendidos por espíritus superiores deben estar dormidos en alguna parte. Las personas relativamente jóvenes arrancadas brutalmente de su cuerpo físico de esta manera pueden tardar más en desprenderse de los vínculos fluidicos que los conectan con el cuerpo. Cuando tienen mérito, esa desconexión se produce en el velorio o en la propia tumba, según qué tan ligado esté ese espíritu al materialismo. Solo se liberará espiritualmente cuando absorba en su cuerpo astral todos los elementos de conexión con la materia. Durante este tiempo es asesorado por espíritus superiores que lo protegen mediante un sueño reparador. Los amigos espirituales aclaran que los espíritus sufren mucho más por la enfermedad que en el momento de la muerte, porque la vida es muy misericordiosa.

Flávio estaba preocupado:

– ¿Qué pasará con los que no tienen ningún mérito?

– Todo espíritu después de la muerte al despertar en la región astral recibe guía de los espíritus de luz. Los que se hundieron en las adicciones, en el sexo desenfrenado, la maldad y la corrupción, no se arrepienten ni desean aceptar el camino de regeneración que se les ofrece. Involucrados con los espíritus perturbados con los que se unieron, quedan a merced de sus elecciones. Entonces se sienten atraídos por lugares de sufrimiento similares a ellos. Allí, a través del shock con su realidad, encontrarán arrepentimiento y la necesidad de buscar ayuda espiritual. Aceptarán las normas y disciplinas necesarias, serán bienvenidos y ayudados.

Francisca quedó encantada con las lecciones, había ido a algunos Centros Espíritas, pero al no encontrar afinidad terminó por dejar de asistir. Hoy, después de esta conversación, volvería a estudiar el tema. Necesitaba aprender más sobre las lecciones que ofrecía la espiritualidad.

Cansados por el día agotador que habían tenido, cada uno se dirigió a sus habitaciones y durmieron profundamente.

9.– Revelaciones

Por la mañana, después del desayuno, Cristiano llamó a todos a la habitación contigua.

– Nuestra conversación fue interrumpida ayer, pero hoy no se puede posponer.

Francisca preocupada:

– ¿Es realmente necesario que me quede? Si es un asunto muy privado, puedo irme y dejarlos tranquilos.

– No, tía – dijo Cristiano –. Prefiero que te quedes. Lo que voy a decir también te interesará.

Flávio insistió preocupado:

– Empieza ahora, ya me estoy poniendo nervioso.

Con mirada seria, Cristiano comenzó:

– Quizás no lo sepas hermano, pero nuestro padre tenía cuentas millonarias en el extranjero. Cuando perdió su trabajo aquí en Brasil y dijo que tenía pocos recursos, estaba mintiendo. En realidad hay mucho de su dinero en Estados Unidos y... – pensó por un momento –. ¡Es nuestro ahora!

Flávio estaba asombrado:

– Pero, ¿cómo es posible que papá tenga tanto dinero? Con el trabajo que tenía no podía hacer todo eso.

– ¿No podría ser una malversación de dinero de la empresa donde trabajaba? – Aventuró Francisca.

Cristiano dijo:

– No solo de una empresa, sino de todas las demás para las que sirvió y trabajó anteriormente. Papá también tenía negocios ilícitos, que no quiero ni mencionar. Sin embargo, si realmente fue un robo, lo hizo muy bien, ya que no hay forma de demostrarlo. Solo se han probado las últimas recetas de la empresa Limbol. En cuanto a estos, ya los devolví y todo está en orden.

Flávio mostró curiosidad:

– ¿Cuál es el valor de estos billetes?

– Alrededor de siete millones de dólares.

Francisca no pudo contener su grito de horror y Flávio aumentó su nerviosismo:

– ¿De dónde salió tanto dinero?

– No sabemos y no creo que lleguemos a saber nunca la fuente, pero te garantizo que nuestro padre no iba a Londres por nada. Tenía la intención de montar su propia empresa con este dinero y ya había abierto una empresa a mi nombre.

– ¿Por qué en tu nombre?

– Creo que fue una cuestión de precaución. Quienes realizan negocios turbios como el suyo siempre tienen miedo que algo salga a la luz, por lo que lo mejor es buscar un buen testaferro.

Flávio preguntó:

– ¿Por qué aceptaste tal cosa?

– Si no lo hubiera aceptado, lo habría hecho con otra persona. Esta fue la manera que encontré para influir en él y evitar un mal mayor. Protegerlo de alguna manera.

Flávio no pudo contenerse:

– ¿Y qué vamos a hacer con tanto dinero? ¿Por qué papá no nos dio una vida mejor? Vivíamos como clase media.

– Ciertamente no quería alardear para pasar desapercibido. Ni nuestra propia madre sabía de estas cosas, solo yo estaba al tanto de todo.

– ¿Por qué tú? ¿Fuiste su cómplice? – Preguntó Francisca, abanicándose ya con un abanico enorme.

Cristiano se removía inquieto en el sofá:

– Esta, para mí, es la peor parte de la historia, pero no debería omitirla. Al principio participé en los turbios negocios de mi padre. Sabía que transfirió dinero ilícito a cuentas en el extranjero y lo alenté. La primera cuenta se abrió a mi nombre y dividimos el dinero. Sin embargo, cuando descubrí la espiritualidad lo dejé todo. Cerré esta cuenta. Lo había hecho en Nueva York y nunca más me dejé llevar por ese tipo de cosas.

– ¿Cuál fue la actitud de papá cuando perdió a su aliado?

– Volvió a intentar arrastrarme con él a toda costa. Sin embargo, fui firme, hablé de mi encuentro con una médium y de un lugar al que fui en Inglaterra. Me llamó loco e irresponsable, dijo que estaba desperdiciando todas mis posibilidades de hacerme rico y empezó a evitarme, seguramente por los sermones que le daba.

Francisca, curiosa por temas relacionados con el Espiritismo, preguntó:

– ¿Qué es esa historia sobre una médium?

– Ah, esta historia fue el cambio radical que pasó en mi vida. El Cristiano de antes murió el día lluvioso que conocí a doña Margareth. Estaba saliendo del trabajo cuando deambulando sin rumbo vi una puerta abierta. Un deseo muy fuerte de penetrar ese espacio me invadió y lo siguiente que supe fue que ya estaba allí. Una señora de mediana edad me respondió y dijo que se llamaba Margareth. Me invitó a sentarme y me di cuenta que era una especie de lugar para orar. Luego me explicó que era un lugar de guía espiritual. Seguí participando de la mentalización y al final ella se acercó a mí diciendo:

– Hay una señora a tu lado y quiere darte un mensaje.

Asustado le pregunté:

– ¿Es un espíritu?

– Sí. Pero no hay por qué asustarse, los espíritus son seres como nosotros, solo que no están cubiertos por un cuerpo de carne. Dice que se llama Carlota y le gustaría decirte que no cometa viejos errores.

Me sorprendió, pero me arriesgué:

– ¿En qué podría estar equivocado?

– Probablemente hayas llegado a cierto punto de tu evolución que ya no te permite actuar de forma irresponsable. Las personas que actúan así sufren graves consecuencias. Carlota dice que eres una persona que renació con una grave tendencia en tu espíritu a repetir errores del pasado. En su última encarnación utilizó prácticas ilícitas para obtener dinero y joyas y continúas haciéndolo hoy. Sin embargo, tu espíritu ya tiene el conocimiento espiritual para actuar de manera diferente. En tu nivel de evolución, si cometes el mismo error de antes, sufrirás todas las consecuencias.

– En ese momento me quedé helado y un fino sudor cubrió mi frente. Lo que esa amable señora me dijo solo podía ser verdad. Ella no me conocía, no sabía nada de mi vida, ¿cómo supo que estaba cometiendo actos ilegales junto con mi padre? Para hacerme aun más crédulo dijo:

– Carlota dice que tu padre está de prórroga, afirma que no habrá cambios para él, tan imbuido está de las creencias de lo que hace. Aun así, te pide que le avises, que hagas tu parte.

Respondí amablemente:

– Señora, muchas gracias, ¡no sabe cuánto me ayudó!

A lo que ella humildemente respondió:

– No me engaño, no es a mí a quien tienes que agradecer, sino a Dios. Todo el bien que ocurre en la Tierra proviene de él, el padre amoroso y justo que es. Soy simplemente un instrumento.

Sonreímos y me despedí, agradeciendo a Dios por todo lo bueno que adquirí en esa tarde lluviosa y melancólica. Ese momento sirvió para cambiar mi destino. Aprendí la lección que me dijo la vida y comencé a actuar de manera diferente.

Volví a ver a la señora Margareth que me llevó a un grupo de iniciación espiritual, estudié todas las obras del profesor Rivail y ahora me encuentro disponible para el servicio divino. Entonces mi sensibilidad se abrió y comencé a ver algunos espíritus y a percibir más allá de las apariencias.

– ¡Vaya, qué historia! Ahora entiendo por qué esta religión ha crecido tanto aquí en Brasil y en gran parte del mundo – comentó Francisca.

Flávio, también sorprendido por la historia, guardó silencio, pero en su mente aun bullía el dinero de su padre en cuentas en el extranjero.

– ¿A dónde irá este dinero?

Cristiano dudó un poco y respondió:

– ¡Nosotros decidiremos! Hoy en día ya no es posible devolverlo a su lugar original, mi idea es hacer algo útil con él.

– ¿Qué por ejemplo?

Cristiano consideró lo que iba a decir, en ese momento vio la figura de su mentor espiritual y comenzó a repetirle al oído lo que le decía:

– Flávio, tienes un compromiso con tu grupo evolutivo en este planeta. Reencarnaste para ayudar en la transición a un mundo mejor y debes abrazar este objetivo lo antes posible. El tiempo pasa rápido y no puedes esperar más. Ven conmigo a Inglaterra para empezar tu curso de superación espiritual, tu destino es ser un maestro de autoayuda.

Flávio soltó una carcajada:

– Hermano, ¿te volviste loco, verdad, maestro? ¿Autoayuda? ¡Ni siquiera sé cómo ayudarme a mí mismo!

– No subestimes tu poder, no entres en el torbellino del mundo. Allí en Inglaterra tendrás todo lo necesario para desarrollar y equilibrar tu mediumnidad. Cuando estés listo, regresarás a Brasil para fundar un espacio donde las personas reciban ayuda espiritual, conozcan las leyes cósmicas que rigen la vida, aprendan a lidiar con sus emociones y puedan vivir mejor.

Flávio se sorprendió. ¿Cómo supo su hermano de tus problemas con la mediumnidad?

Cristiano continuó:

– Como docente debes cobrar por tu trabajo y este será tu sustento.

– Cris, deja de jugar conmigo. Nunca haré estas cosas.

– ¡El mundo da muchas vueltas y la vida es sorprendente, verás que lo que digo sucederá exactamente así!

Alejándose de Cristiano, Cândido concluyó allí su misión y se fue, dejando el resto a su pupilo.

– Flávio, sé que estás un poco impactado por las revelaciones, pero así tenía que suceder.

Francisca señaló:

– Vaya, mientras hablabas tuve la impresión que eras otra persona, tu voz era más profunda, tu cara cambió.

– Yo también lo sentí. ¿Hubo interferencia espiritual?

– Sí. Cândido, mi mentor, estaba conmigo. Sé que debes pensar en todo lo que escuchaste. No creo que sea justo gastar dinero que no nos pertenece y que llegó por medios ilícitos. Si lo aplicas a un espacio para ayudar a las personas, será de gran utilidad. En cuanto al resto, podemos aplicarlo a obras sociales de reconocido mérito que alivien el sufrimiento humano. En Londres, los necesitados son casi ignorados, los drogadictos y las personas harapientas necesitan atención de emergencia. Creo que allí podremos desarrollar muchos trabajos como este.

Flávio sintió íntimamente que todo lo que se decía se haría realidad. No pudo escapar a este destino.

Aprovechando el tiempo, narró sus procesos mediúmnicos a su hermano, quien rápidamente los identificó:

– Eres un médium de desobsesión. ¿Qué es lo que esto significa? Es un tipo de mediumnidad muy específica, que bien guiada es de gran valor en la labor de captar y curar a personas perturbadas, pudiendo en ocasiones liberarlas en una sola sesión. En unión con los espíritus superiores eres capaz de desmagnetizar el aura de aquellos a quienes estás ayudando, dejar tu cuerpo para buscar los espíritus que atacan a las personas o atraerlos, atrapándolos en tu magnetismo. Esto les hace conscientes de sus acciones. Si esto no sucede, puedes retenerlos hasta que acepten renunciar a sus intenciones, eliminando entonces las energías negativas acumuladas.

A medida que se vuelva más obvio, comenzarás a ver los espíritus y te volverás muy sensible a las energías, identificándolas fácilmente. Cuando mires una persona sabrás inmediatamente si está siendo manipulada por un espíritu perturbador.

Flávio quedó asombrado. Nunca podría imaginar algo así. Decidió preguntar:

– ¿Qué pasa si me niego a aceptar todo esto? ¿Qué podría pasarme?

Impávido, Cristiano explicó:

– Este tipo de médium capta la energía con mucha facilidad y cuando desconocen el proceso o huyen de él, su vida acaba desequilibrándose y confundiéndose. Desafortunadamente, este tipo de mediumnidad aun es poco conocida por la mayoría de los estudiosos de los Centros Espíritas y generalmente no les gusta trabajar con estos médiums.

Fue el turno de Francisca de preguntar:

– ¿Por qué? ¿No existe el Centro Espírita precisamente para ese fin? ¿Para apoyar a los médiums?

Cristiano, asistido por un espíritu de alta jerarquía, habló con seguridad:

– Las sesiones de desobsesión son ruidosas y llenas de acción. Los que no saben quedan impresionados, ya que los espíritus perturbados que se sienten atraídos por la aclaración gritan y hacen todo lo posible para impresionar con miedo, tratando de desviar la atención de las personas presentes, con la esperanza de engañarlas.

– Sin embargo, los espíritus superiores tienen una acción irresistible sobre los que les molestan y los contienen con mucha facilidad. Si se permiten expresarse es porque prefieren que ellos mismos se den cuenta que al atacar a los demás se hacen daño a sí mismos.

Flávio preguntó, un poco asustado por todo:

– ¿Cuál es la necesidad de un médium para que estos espíritus tomen conciencia de sus errores?

– Son espíritus muy ligados al materialismo. El contacto con las energías físicas del médium promueve la conciencia, lo que facilita que las personas comprendan mejor sus errores y puedan cambiar sus actitudes. La ayuda espiritual siempre se utiliza para el bien de todos los involucrados. Conseguir que los espíritus dejen de atacarse entre sí es la mejor manera de ayudar a ambos.

Flávio y Francisca, impresionados por lo que oyeron, soltaron un largo suspiro.

La espiritualidad siempre está presente en nuestra vida diaria. Quien quiera progresar debe estar atento a las señales que nos envía para poder ayudarnos. Desafortunadamente, en la vida cotidiana, muchas personas quedan atrapadas en los chismes y las tentaciones del mundo, hasta el punto que ni siquiera se dan cuenta de lo que la vida quiere enseñarles.

Pocas personas hacen cosas como Francisca y Flávio, quienes, atentos a las orientaciones recibidas, comenzaron a percibir verdaderos valores espirituales.

10.– El comienzo de los planes

En la celda 356, Érica permaneció presa. Una fuerte tristeza la invadió y lloró sin parar. ¿Qué hice con mi vida? Todo iba bien hasta ese maldito día en que Flávio llegó a casa revelando que iba a dejar su trabajo. ¿Por qué todo tenía que ser así? ¿Por qué morí en ese accidente?

Estas preguntas pasaban por su mente cuando, de repente, vio a Ester:

– ¡Con él! Creo que es mejor obedecer y comer, porque hoy Jorge quiere verte. Hay una misión especial para ti.

– Además de querer que coma este pan asqueroso, ¿todavía quieres obligarme a hacer cosas para él? ¡Eso no es todo!

Esther sonrió:

– Por mi experiencia te sugiero que no contradigas a Jorge, él es inestable y cuando lo contradicen se vuelve peligroso. A pesar de todo no quiero que sufras, fuiste la menos culpable de mi desgracia.

Sosteniendo el pan que estaba colocado debajo de la celda, afirmó:

– Siempre culpas a mi marido y a mi familia por tu infelicidad, pero nunca me dijiste lo que hicimos, aunque nunca te había visto antes.

– Es que Jorge dijo que aun no es momento que recuerdes el pasado. Aquí en Ciudad del Destierro no tenemos esas máquinas que regresan al pasado, por eso las reminiscencias deben ser espontáneas.

Érica empezó a comer pan mohoso y sin sabor, pero su hambre era mayor que su refinado gusto.

– A veces pienso que no estoy muerta y que todo es solo una ilusión. Creo que son un grupo de secuestradores locos y que en cualquier momento me escaparé a mi casa.

Ester respondió:

– Ya sabes que está muerta, no te engañes. En cuanto a huir, nunca podrás hacerlo. Tu forma de ser y ese aborto que tuviste te trajeron hasta aquí. Jorge tiene su mandato porque sabe que no estás protegida por los hijos del Cordero.

– Me gustaría saber cuál es esa misión a la que se refirió Jorge.

– Solo entonces dirá. De hecho, la reunión de hoy será larga, ordenó convocar a todos los dirigentes de los magnetizadores y a todos los directores de los centros de la ciudad. Si te manda llamar es porque tiene algo muy importante que hacer.

Las horas pasaron rápido y pronto apareció Ester toda maquillada y vestida con ropas de colores llamativos. Abrió la cerradura y salió con Érica hacia el pabellón.

Bajaron por una calle polvorienta y maloliente, el Sol apenas se veía y el día estaba nublado. Había una cola enorme al lado del pabellón. Ester le entregó un formulario y le pidió que se pusiera detrás de ella. Poco a poco la fila bien organizada fue terminando y entraron al recinto. Había muchas sillas alineadas, cada una con un número. El de Érica fue 278.

Había más de 300 espíritus en ese lugar. Las apariencias y vestimentas eran de lo más variadas: personas vestidas de negro, rojo fuego y azul oscuro brillante eran las que más destacaban. Érica se sorprendió, ya que nunca había visto en la Biblia que dijera que había un lugar así además de la tumba.

–¿Eres curiosa? Porque aun no has visto nada. Mira cómo los *piercings* que tan de moda están en la Tierra están aquí, más sofisticados y en lugares donde el ser humano nunca los ha usado – explicó Ester.

Érica notó que además de los *piercings* que algunos incluso se hacían en la garganta, había muchas personas con tatuajes.

- ¿Hay tatuadores aquí?

- No. Esos espíritus que ves vienen del Valle de los Tatuados. Hay muchos tatuadores que utilizan los recursos aquí para crear diseños más geniales.

Ester sonrió macabramente.

De repente, un silencio total invadió la sala, todos prestaron atención al escenario que tenía un telón carmesí. Se abrió el telón y apareció la pálida figura de Jorge. Vestía un traje negro y tenía una especie de sombrero de copa en la cabeza. Sus ojos metálicos paralizaban a cualquier ser humano. En un momento comenzó su discurso:

- Estamos aquí hoy una vez más para reforzar nuestros planes. Siento que cada día la Tierra se vuelve más esclava nuestra. Quiero hablar con los jefes de cada una de nuestras áreas exclusivas y con algunas personas en particular que pronto sabrán de quién se trata. Primero, para los magnetizadores del *Sex Zone*, es necesario explorar más la sensualidad perversa, debemos hacer que ocurran cada vez más violaciones. Cíñanse a aquellos que tienen tendencia a carecer de control sexual y anímenlos a cometer delitos en este sector. También es necesario aumentar el índice de pedofilia, no se puede renunciar a invadir templos religiosos que solo tienen fachada, ya que es allí donde es más probable encontrar la tendencia hacia la pedofilia.

Las personas religiosas terrenales ignoran que prohibir estrictamente el sexo abre la puerta a serias obsesiones. El hombre común se encuentra bajo presión y esta presión explota en lo que nos gusta: la obsesión.

Ahora les digo a los empleados de la *Zona de Violencia* que las drogas son nuestro mayor aliado. Laércio, Vitor y Mathias deben encontrarse y prestar más atención a aquellas personas que están descubriendo nuevas drogas y haciéndolas explotar, especialmente en nuestra ciudad de acción, la metrópoli de São Paulo. Estamos seguros que la violencia nunca será superada, como lo son los propios policías, impulsados por nuestras sugerencias, en el mundo del crimen. Sigan acosándolos. En cuanto a los delitos privados, hablaremos más adelante. No sé si Dios castiga o no, no sé si el Cordero castiga o no, pero yo, Jorge, estoy aquí para castigar severamente a todos los que están perjudicando nuestros planes.

Quiero la atención de los productores de enfermedades. El egoísmo y el orgullo que tanto veneramos están dominando el orbe. Teófilo nos dio permiso para ir al abismo a buscar las formas degeneradas y colocarlas cerca de los encarnados. Sabemos de antemano que si una de estas formas se acerca a una persona encarnada, inevitablemente se volverá loco. Tomará medicamentos fuertes, pero no podrá curarse a sí mismo. Más tarde llamaré a estas personas en privado.

Jorge continuó la conferencia hablando de los frutos de las pasiones y adicciones, luego habló del trabajo de la magia negra y otros aspectos morbosos que no vale la pena mencionar aquí.

Cuando todo terminó, anunció que le gustaría hablar en particular con algunas personas, aclarando que no sería necesario decir sus nombres, ya que las propias personas sabrían quiénes son.

Ester le dijo a Érica que ella era una de esas personas. La sala iba quedando vacía, pero algunas personas aterrorizadas se dieron cuenta que no podían levantarse de sus sillas. Ellos estaban atrapados por una fuerza extraña. Érica concluyó que las personas que estaban aferradas a ellos eran las mismas con las que Jorge quería hablar.

Luego de iniciar una conversación con algunas personas, fue el turno de Érica. Para estas conversaciones, Jorge utilizaba una especie de confesionario instalado en una de las salas de aquel pabellón espantoso. Tímida, Érica se dirigió a él:

– ¿Qué quieres de mi? Antes que nada quiero ver a mi familia, no puedo hacer nada si no veo el estado en el que se encuentran.

Fue duro como siempre:

– ¿No te han dicho ya que aquí soy yo quien da las órdenes? Cállate y escucha lo que tengo que decir o será peor para ti. Sé que no quedaste embarazada tres veces. Tu último embarazo fue interrumpido por ti, que utilizó un aborto draconiano en esa clínica de las afueras. Nadie se enteró, ni siquiera tu marido. Ya no querías criar a otro hijo, así que decidiste gestionar tu vida como si fuera tuya. Pasaba el día en la iglesia, estudiando la Biblia, pero por dentro no había cambiado. Si volvieras a quedar embarazada no dudarías en hacerte otro aborto. ¿Dónde está tu religiosidad?

Érica palideció como la cera, todo lo que decía era verdad. Jorge continuó:

– Cuando moriste y fuiste llevada al lugar ideal según tu norma mental, este espíritu que fue abortado comenzó a perseguirte, está deformado: de cintura para arriba es un niño y de cintura para abajo es un adulto. Me interesé por tu espíritu y logré alejar a ese ser de ti. Fue allí donde Ester y Mina te encontraron. Aquí todo se hace a base de intercambio, si quieres ver a tu familia tendrás que trabajar duro.

– Haré lo que sea necesario para lograrlo, solo dilo.

Jorge sonrió satisfecho:

– Hay una amiga tuya en la Tierra que hizo muchas cosas mal y hay un espíritu aquí en Desterro interesado en vengarse de ella. Esta amiga se llama Élida Assunção Ferguson. Actuó con prejuicios, le practicó un aborto ignominioso a su hija, la separó de Rafael, quien acabó desencarnado. No aceptó la muerte, se rebeló contra sus asistentes espirituales y abandonó la Colonia en la que se refugiaba. Después de caminar durante días encontró nuestra ciudad y encontró refugio aquí. Desde que llegó ha demostrado un intenso deseo de ayudar y ya nos ha brindado un gran servicio, ahora es el momento de retribuir. Érica respondió:

– No soy tan cercana a Élida, nuestros hijos se conocieron en un accidente automovilístico y desde entonces nos visitamos regularmente. A veces también la veía en la iglesia, pero eso era todo. ¿Qué debo hacer contra ella?

Jorge explicó:

– Teófilo obtuvo permiso para bajar al abismo y buscar allí una forma degenerada.

–¿Qué es esto?

– Damos este nombre a los seres que han perdido su forma humana periespiritual y se encuentran en formas animales. Muchos están divididos: la mitad del cuerpo es humano y la otra mitad es animal. Sus pasiones, odios y rencores les llevan a perder poco a poco la forma del periespíritu. Estos seres degenerados traen consigo una energía muy negativa. No siempre van a la corteza, solo en casos especiales como el que vamos a hacer ahora.

– Tengo miedo, nunca pensé que esto podría existir aquí.

– Pero existe y descenderás al abismo para buscar una de estas formas.

– ¿Con qué propósito?

– Sabemos que la familia de Élida pronto sufrirá un doloroso golpe del destino. Ella se desequilibrará y en esta hora de debilidad colocaremos un ser del abismo cerca de su periespíritu. Si una de estas formas abismales permanece cerca de una persona encarnada, seguramente se volverá loca. El objetivo de Rafael es volverla loca, para que en el manicomio termine acabando con su propia vida, ¿lo entiendes?

Érica estaba horrorizada, nunca pensó que hubiera tanta maldad en el mundo. De repente sintió unas locas ganas de salir corriendo, de no hacer nada de lo que ese hombre horrible decía, pero ¿qué podía hacer?

– Veo que todavía estás pensando en huir, no hagas eso. En nuestra ciudad tenemos prisiones oscuras de las que nadie sale. Si quieres volver a ver a tu familia y quedarte como estás, debes obedecer.

En silencio, se doblegó ante el peso de su dolor y siguió el camino de regreso a la prisión y acompañada de un guardia, fue vigilada en todo momento. Tuvo que descender al abismo al día siguiente. Esther la acompañaría.

En la Tierra el clima era agradable. Cristiano todavía estaba en Brasil y su presencia llenó de más alegría la casa de la tía Francisca. Había advertido que necesitaba revisar algunos socios y aún tardaría un mes en regresar, llevándose a Flávio consigo.

La relación de Flávio y Camila iba muy bien si no fuera por los celos enfermizos de ella hacia él. Pasaban el día juntos, iban a fiestas, bares y discotecas, pero Camila siempre bebía demasiado.

Siempre fue comprensivo y creyó que esa etapa era pasajera y que con su llegada cambiaría, pero eso no sucedió. Camila bebía cada día más y cualquier mirada de una chica a Flávio era motivo de escándalo. No interfirió con su forma gótica de vestir, pero ya estaba molesto con el color negro de su ropa.

Flávio la amaba cada vez más y quería estar con ella. Tenía la intención de llevarla a Inglaterra con él para su iniciación, pero eso dependería mucho del dinero de sus padres.

Élida no le hizo la vida más fácil a su hija, empezó a criticar a Flávio y con eso aumentaron las discusiones en casa. Isabela, celosa de su relación, creó calumnias e inventó pretextos para estar con Camila en casa de la tía Francisca solo para ver a Cristiano.

Los celos de Camila se extendieron a todos. Estaba enamorada por segunda vez y tal vez por eso actuaba tan infantil. Para ella, Flávio debía ser exclusivo, solo pensar en ella, solo mirarla, vivir para ella. Influenciada por una entidad oscura, ella dijo:

– No hagas este curso. ¿Qué hará de bueno? La gente tiene prejuicios contra el Espiritismo y tu trabajo fracasará.

A lo que respondió:

– Confío mucho en mi hermano y sé que dijo la verdad. Hacía mucho que no podía encontrarme, no sabía cuál era mi vocación, ahora creo que con este trabajo me realizaré.

Camila, influenciada, habló de los prejuicios que enfrentaban los espíritas y que esa obra seguramente fracasaría. Flávio no se dejó involucrar y continuó con su intención irreductible de trabajar por la espiritualidad.

Así debe ser, los buenos trabajadores deben superar el desánimo, la falta de emprendimiento y la negatividad por encima de todo, porque actuando de esta manera, seguramente siempre estarán conectados con amigos espirituales de la luz.

11.– El destino tiene sus leyes

La casa de Francisca se convirtió en el lugar donde los amantes Flávio y Camila gustaban de quedarse cuando buscaban paz y tranquilidad.

El viaje de Cristiano, que se produciría próximamente, tuvo que posponerse, ya que los compromisos con sus socios en Brasil no se resolvieron rápidamente.

Él llevaba tres meses en el país y era la época en que Camila y Flávio salían.

Ella siguió exagerando sus celos, hasta el punto que Flávio evitaba estar con ella en lugares públicos. Poco a poco Camila cambió su forma de vestir y ya se notaba algo de color en algunas prendas.

Élida parecía feliz, esa relación poco a poco estaba cambiando la vida de Camila. No estaba preocupada por su hija sino por su reputación en la sociedad. No podía soportar ver a sus amigas criticándola, llamándola madre omisa y permisiva. Ahora ya no podían hablar como antes.

Camila se reveló sumamente enamorada de Flávio. Esa tarde estaban en la hamaca de casa de tía Francisca con uno de los gatos siameses en su regazo. En un momento ella dijo:

– Sabes, creo que si alguna vez te pierdo, seré capaz de hacer alguna locura. No podría soportar esta vida sin ti.

Flávio sintió una sensación desagradable al oír estas palabras y reaccionó:

– Cristiano dice que la vida enseña independencia y autosuficiencia, ¡entonces estás exagerando, aferrándote a mí con demasiada posesión!

– ¿No te gusto? Esta es mi forma de amar. Quizás por lo que me pasó en el pasado, ya no quiero perder a nadie a quien amo. Creo que si mi madre me hiciera hoy lo que hizo antes... ¡la mataría!

Flávio se quedó helado, sintió que Camila decía eso con sinceridad.

– ¡Camila, me sorprendes! ¿Cómo puedes decir algo así? Pídele perdón a Dios por lo que dijiste.

– No pido nada, porque eso es exactamente lo que haría. Ella me drogó, me llevó a una clínica abortista y me quitó lo más preciado que la vida me había dado. Hoy aprendí que el mal solo se puede vencer con el mal. Juré que sería una persona dura e inflexible y lo cumpliré en memoria de Rafael.

Flávio no estuvo de acuerdo:

– Cristiano siempre dice que uno de los peores errores que comete el ser humano es el asesinato. Dice que la vida humana es muy importante, porque si el espíritu se reencarna es porque tiene un programa que cumplir en la Tierra. Quien mata, corta esta programación y sufrirá mucho por ello.

– Tonterías de tu hermano que quiere venir con esta vibra santa.

– Mira, veo en ti una luz muy fuerte – dijo Flávio con pasión –. Detrás de ese cuerpo caliente, de ese cabello rubio y rizado hay un espíritu de maduración. Te quiero mucho y ya no deseo hablar del lado negativo de tu personalidad. Prefiero a la Camila bella, alegre, emprendedora y de carácter fuerte que conocí allá en ese hospital y no a la que sigue diciendo tonterías.

Ella, extasiada, lo besó repetidamente en los labios. Algo dentro de él le decía que si un día perdía a Flávio no podría sobrevivir. Su vida antes que él era solo discotecas, fiestas, orgías y escándalos. Todo lo que hizo con la intención de lastimar a Élida. Pero después de Flávio, apareció un nuevo brillo en su vida. Ahora se sentía feliz y completa. Cometería alguna locura, pero Flávio nunca se separaría de ella.

Siguieron besándose hasta llegar al dormitorio donde se entregaron una vez más al amor que sentían.

En la ciudad astral Campo de la Redención Noel, Carlota e Hilário estaban en una reunión seria. Dijo Hilário con expresión preocupada.

- Camila no ha cambiado y lamentablemente recibirá un ataque espiritual. Rafael en Desterro está celoso y planea atacar a Camila pronto.

Carlota preguntó:

- ¿Podemos hacer algo?

Hilário la miró seriamente:

- Sabes que no se puede interferir con el libre albedrío. Continúa cultivando adicciones materiales y sentimientos perversos. Seguramente Rafael podrá alcanzarlo. Jorge ya le advirtió que Flávio tiene protección y que no debe meterse con él. Solo ella será golpeada.

Noel preguntó:

- Y si cambia sus patrones de pensamiento, ¿podrá evitar el ataque?

- Sí, podrá evitarlo. Sin embargo, estudiando el caso según las leyes de la probabilidad, puedo garantizar que ella no querrá cambiar. Es un espíritu que aun ignora las leyes divinas y ni siquiera Flávio, a quien cree amar, no ha podido mejorarla. Recuerda siempre que el destino tiene sus leyes, hoy está escribiendo lo que te pasará mañana, aunque sea de forma inconsciente.

Carlota se puso seria:

- ¿Y Élida? Al parecer será golpeada por los hombres de Jorge. ¿Por qué Dios permite que una forma degenerada se acerque a una persona encarnada?

El instructor explicó:

– Todo lo que le sucede a una persona encarnada solo está permitido para su maduración y evolución. Es muy raro que ocurran casos como este, pero lamentablemente ocurren. Élida cultiva sentimientos tan negativos que tendrá derecho a una compañía del abismo. Seguro que se volverá loca. Al principio, los psiquiatras terrenales no encontrarán ninguna lesión en su cerebro. Sin embargo, con el tiempo estas lesiones irán apareciendo. Solo un grupo de desobsesión muy bien estructurado podrá liberarla de esta prueba.

La evolución es gradual y para que se produzca se utiliza el libre albedrío. Cuando una persona comete actos crueles y llenos de prejuicios, se conecta con los espíritus del bajo astral. Haciendo caso omiso de este hecho, muchos en la Tierra toman el camino del mal. Cuando sufren pérdidas, enferman y no pueden curarse, culpan al destino, a Dios y al mundo. Ahí es donde entra en juego el libre albedrío. Eligieron libremente su propio camino y están cosechando los resultados. Hay personas a las que todo les sale bien. Dicen que fue suerte, pero eso no existe. Eligieron mejor. Quienes tienen actitudes positivas siempre piensan en lo bueno y creen que tendrán días felices. Las personas amargadas, que ven lo malo en todo, tendrán días tumultuosos, donde todo les saldrá mal. Así es como funciona la vida. Ella responde según nuestras actitudes. Los acontecimientos que próximamente le sucederán a Flávio requerirán de nuestra parte mucha dedicación y perseverancia. Ahora tenemos que ir a la Tierra. Vamos.

Abrazados, regresaron juntos hacia la corteza terrestre.

En casa de tía Francisca eran las cinco de la tarde. Camila, Cristiano y Flávio le hicieron compañía. No se dieron cuenta, pero cinco figuras oscuras entraron a la habitación. Rafael y algunos otros compañeros con expresiones maquiavélicas comenzaron a dar vueltas alrededor de Camila.

Cristiano lo notó, pero no dijo nada, guardó silencio e interiormente comenzó a orar. De repente, Camila dejó escapar un grito aterrador y comenzó a luchar en el suelo. Todos se asustaron y trataron de ayudarla, pero sus convulsiones eran muy fuertes y nadie podía sujetarla. Francisca gritó:

– ¡Ayuda! ¡Está teniendo un ataque epiléptico!

Flávio no sabía qué hacer. Los espíritus atacaron el área de la corteza cerebral de Camila y ella conscientemente sintió que estaba luchando, pero no podía hacer nada. Una baba amarillenta empezó a salir de su boca. Flávio se puso a llorar:

– ¡Tía, se va a morir!

Cristiano intentó calmar a todos:

– Tranquilo, estos ataques pasan rápido y solos. No nos dejemos llevar por la situación, oremos con fe y pidamos ayuda a los espíritus de luz.

Cada uno a su manera dijo una oración, mientras Camila seguía luchando y babeando fuertemente.

Poco después de las oraciones, tres rayos de luz entraron a la casa, eran Hilário, Noel y Carlota. Inmediatamente los espíritus se alejaron de Camila. La luz que emanaban eclipsaba a los espíritus que dominaban su cerebro.

Rafael habló enojado:

– Chicos sucios, vámonos de aquí. Si alguno de ellos nos atrapa, estaremos en problemas.

Entonces sus figuras oscuras desaparecieron dirigiéndose hacia el umbral.

Cristiano y Francisca llevaron a Camila al dormitorio y la colocaron en la cama. Flávio, muy asustado, temblaba mucho.

Había dejado de luchar, pero estaba muy pálida y respiraba con dificultad.

Clara llamó a la familia de Camila y les informó de lo sucedido. Élida, para mostrar preocupación, fue allí con Isabela.

Todos estaban muy preocupados. Francisca dijo:

– Si sufre de epilepsia, debe haber tenido otros ataques durante su infancia. Fue horrible. Sé que personas así toman medicamentos fuertes y visitan psiquiatras por el resto de sus vidas. Cristiano aclaró:

– Tía, cada ataque epiléptico es en realidad un ataque espiritual de la oscuridad. Había un grupo de espíritus aquí en esta casa que querían algún tipo de venganza, así que atacaron a Camila.

Flávio gritó:

– ¿Entonces esto es en lo que quieres que me meta? ¿Con espíritus malignos, ataques oscuros y cosas así? Realmente preferí la vida que tenía como oficinista que la que me ofreces. Eres un fanático Cristiano, ¡todo para ti es espíritu!

– No digas eso. Conocer la espiritualidad solo nos ayuda. Necesitamos estudiar y comprender esta realidad para poder defendernos. En el caso de Camila, si estuviera en otro lugar y con gente materialista, inevitablemente la llevarían a un hospital donde le diagnosticarían epilepsia y le darían medicamentos muy fuertes. Los espíritus que la atacaron podrían permanecer cerca de ella, provocando que tenga nuevas crisis. Gracias a Dios ella estuvo con nosotros mientras orábamos y el grupo de obsesores se alejó.

El argumento fue fuerte y Flávio guardó silencio. Un auto se detuvo en la acera y Cristiano ordenó:

– Los padres de Camila llegaron junto con Isabela. No les vamos a contar completamente lo que pasó. Omitiremos las convulsiones, solo diremos que tuvo mareos y se desmayó.

– ¿Por qué vamos a mentir? – Quiso saber Francisca.

– Porque si sus padres se enteran de su "epilepsia" la llevarán al médico y se volverá dependiente de una medicación muy fuerte.

Sonó el timbre y Clara fue a abrir. Élida entró con expresión preocupada:

– ¿Cómo está mi pequeña? ¿Qué le ocurrió? Fernando e Isabela también preguntaron lo mismo. Fue Cristiano quien aclaró:

– Ella está bien ahora. Clara fue un poco exagerada al teléfono. Estaba hablando con nosotros cuando de repente se sintió mareada y se desmayó. Quizás sea el inmenso calor que hace aquí en este país. Élida no quedó satisfecha:

– Ella nunca tuvo esos problemas de desmayos cuando iba a la playa y nunca sintió nada, por muy fuerte que fuera el calor.

Fernando preocupado:

– Tiene que tener un problema grave, llevémosla al médico. Pero primero queremos verla, ¿dónde está?

Cristiano indicó la habitación donde se encontraba. Clara la había cuidado, cambiado de ropa y realizado la higiene necesaria. Camila ya se estaba despertando y llamando a Flávio.

– Estoy aquí, mi amor, a tu lado – respondió.

Al ver a sus padres, Camila comenzó a llorar. Abrazó a Fernando y le dijo:

– Ay, papá, fue horrible. De repente todo giró a mi alrededor y caí al suelo retorciéndose, sentí que iba a morir.

Cristiano intentó sortearlo:

– Está exagerando, probablemente porque está nerviosa. Ella acaba de desmayarse. El doctor Eduardo Medeiros vino a verla y descubrió que se trataba de un desmayo temporal, garantizando que no volverá a ocurrir.

– ¿Vino aquí el doctor Eduardo? ¿Quién pagó la consulta? – Preguntó Élida.

– ¡Yo! – Cristiano mintió aun más. Élida estaba feliz:

– Si ya ha sido examinada no hay nada que temer. Fue un mal repentino como dicen.

Camila siguió llorando sin parar:

– ¡Papá, lo vi! ¡Vi! Esos hombres horribles encima de mí. ¡Uno me sujetó por la cabeza y los otros me apretaron la garganta!

Francisca dijo:

– Aquí no había hombres Camila, pregúntale a Flávio, no me deja mentir.

– Así es amor, estábamos solos aquí.

Ella no pareció creerlo y continuó con los ojos bien abiertos y muy asustada:

– No sé por qué mienten, pero definitivamente hay un grupo de personas que quieren matarme y voy a ir a la policía.

Fernando notó que su hija estaba muy nerviosa y decidió llevarla a su casa:

– Cariño, vamos a descansar, mañana verás qué vas a hacer.

Ella rápidamente aceptó y en ese momento Cristiano llamó a Isabela al otro cuarto:

– Lamento que no te guste mucho tu hermana, pero te voy a pedir un favor: no dejes que tus padres la lleven al médico, porque realmente no es necesario.

Ella, interesada en tenerlo como marido, accedió de buena gana:

– Haré lo que me pides, pero quiero decirte que quiero mucho a mi hermana y que piensas mal en mí. Sé que no está enferma, es solo una escena teatral más que inventa para llamar la atención de mis padres.

– No digas eso, sufrió un desmayo, pero ya pasó. No queremos que vaya al médico porque le darán medicamentos innecesarios, al fin y al cabo el Dr. Eduardo nos aseguró que se encuentra bien.

Isabela asintió y aprovechó para invitarlo:

– No sé si las mujeres en Londres están tan tiradas como aquí, pero si me permites, me gustaría invitarte a salir un día de estos. Por favor no me lo niegues.

Él replicó:

– Puede ser. No niego que me atraes, pero el matrimonio no está en mis planes, al menos por ahora.

– ¡Caramba! ¡Qué serio eres! No te preocupes, nos iremos como buenos amigos.

Él estuvo de acuerdo y sus padres la llamaron y estaban a punto de irse. Camila no quería dejar a Flávio por nada, pero, sintiendo que necesitaba descansar, decidió volver a casa con sus padres.

En el auto, Élida se mostró aun más contenta con los comentarios de Isabela sobre su futura unión con Cristiano. Ahora sus hijas estaban en el camino correcto. Nunca permitiría que un negro o pobre se casara con una de ellas. En ese momento ella no lo vio, pero la figura de Rafael la miraba desde lo alto del vehículo. Él dijo:

– ¡Pronto obtendrás lo que te mereces!

Unos días después, cuando se reencontraron en casa de la tía Francisca a la hora del té de las cinco, Cristiano decidió contarle a Camila la información espiritual que recibió sobre su caso:

– Camila... – comenzó torpemente –. Ese día que te desmayaste, no te equivocaste. Había varios hombres ahorcándote. No eran seres encarnados sino espíritus inferiores.

Ella sonrió:

– Estás intentando justificar un intento de asesinato con esta pequeña historia sobre espíritus. Sinceramente, Cristiano, pensé que eras más inteligente. Hasta ahora no entiendo por qué quieren negar que fui atacado por bandidos y por qué los protegen. ¿Ellos también fueron amenazados?

Flávio se acercó:

– Créeme amor, realmente eran espíritus. ¿O crees que estaríamos encubriendo a los asesinos?

Ella, que confiaba mucho en su novio, miró seriamente a Cristiano y le preguntó:

– ¿Qué quieres decir con... espíritus?

Cristiano explicó:

– Eso mismo. Vivimos rodeados de una población de espíritus que alguna vez vivieron en este mundo, pero apegados a ilusiones materiales que dejaron atrás, se niegan a seguir adelante y vivir en el mundo que realmente les pertenece.

Camila escuchó atentamente, sabía que Cristiano era un hombre honesto y serio, por eso confiaba en lo que decía. Es en estos momentos cuando se ve cuán importante es la buena conducta de las personas que trabajan con la espiritualidad. Si Cristiano fuera una persona mentirosa, tramposa y orgullosa, ella nunca le daría crédito. Llegamos a la conclusión que un ejemplo lo es todo y vale más que mil palabras.

Él continuó:

– Hay un grupo espiritual oscuro que quiere perseguirte. No sé por qué, pero Cândido, mi mentor espiritual, dijo que era una falange muy bien organizada que vive en el bajo astral. Eres portadora de una valiosa mediumnidad de clarividencia. Tus crisis de epilepsia demuestran que tiene una mediumnidad que necesita ser estudiada y educada.

Ella pensó un poco y dijo:

– No quiero saber nada de mediumnidad, espíritus y cosas así. Lo que quiero es deshacerme de estos odiosos perseguidores que están cerca de mí y ustedes me ayudarán. Haz un trabajo, un pedido, algo y deshazte de ellos lo antes posible. Si estuvieran vivos sabría muy bien cómo actuar.

Cristiano palideció:

– Intenta no pensar así o los atraerás aun más hacia ti. Si quieres estar bien, debes cambiar tus pensamientos, intentando vivir en un rango mental superior al de ellos.

Parecía distante. De repente se levantó y dijo:

– Tengo cita con el dentista a las 6 de la tarde y no puedo llegar tarde.

Nadie entendió esta repentina decisión, pero Cristiano vio que una figura oscura la abrazaba. Camila y Flávio se dieron un largo beso y ella se fue.

Muy intuitivo Cristiano dijo:

– Ésta requerirá trabajo. Se resiste al bien y está dispuesta a huir de la espiritualidad. No sé a dónde va esto.

Todos se reunieron para rezar una oración por esa alma atribulada.

Conduciendo su descapotable, Camila pensaba:

– Si este grupo de espíritus idiotas cree que me van a derrotar, se equivocan. Sabré cómo deshacerme de ellos en poco tiempo.

Rafael y dos personas más estaban en el auto cuando Jorge los sorprendió:

– No intentes actuar ahora. Salgamos de aquí y dejemos que los hechos sucedan.

Por la actitud seria de Jorge vieron que algo serio estaba por suceder y pronto sus figuras desaparecieron hacia Desterro.

Camila andaba en el auto tratando de buscar la casa de un paisano que conocía y que ya había ido una vez allí con un amigo. De repente recordó que era hacia Cambuci. Al llegar allí se dio cuenta que el barrio había crecido mucho y con solo preguntar podría llegar hasta él.

En una calle sin asfaltar detuvo el coche y se apeó. Estaba vestida de negro y llevaba botas, además de gafas de sol, y su postura orgullosa impresionó a las personas que la vieron allí. Detuvo a un niño de 13 años y le preguntó:

– Chico, ¿puedes decirme dónde está la casa del padre Gildo? Sé que está por aquí.

El niño dijo que no lo sabía y ella siguió dando vueltas y haciendo la misma pregunta a varias personas. Hasta que una mujer delgada y desdentada dijo que estaba cerca del lugar:

– Pero solo te mostraré la casa si me das algo a cambio. Me muero de hambre y necesito comprar pan – dijo, mostrando su boca desdentada que se abrió en una sonrisa. Camila dio el dinero y la señora la llevó a casa de su padre Gildo.

Una vez allí, notó que había muchas personas frente a él esperando ser atendidas.

Le habló a la chica que le servía de secretaria:

– Mire, necesito hablar urgentemente con el padre Gildo y no estoy dispuesta a esperar. Pagaré el triple por la consulta si me dejas ser la siguiente.

Gislene entró por una puerta, se tomó unos minutos y salió diciendo que ya la podían atender.

El padre Gildo era un hombre delgado, de mediana edad, calvo y con los dientes amarillentos por el tabaco. Trabajó en un lugar lleno de incienso donde al fondo había una mesa con la imagen de Iemanjá y varios santos más. Había muchas velas encendidas, un tendedero del que colgaban varias plumas negras, muchas cruces y el ambiente era opresivo. Abriendo una sonrisa forzada preguntó:

– ¿Por qué la señorita tiene tanta prisa por verme?

Ella fue directa:

– Vine porque quiero que te deshagas de un grupo de espíritus infernales que decidieron hacerme daño. Tuve un ataque y un amigo me dijo que eran perseguidores espirituales. ¡Quiero deshacerme de ellos ahora, cueste lo que cueste!

Volvió a sonreír y pacientemente empezó a liar un cigarrillo, dio unas cuantas caladas y dijo:

– Las cosas no son como crees. Tengo que consultar mis guías y ver qué sugieren.

Comenzó a encender un candelabro con seis velas rojas y le dio la espalda. Murmuró algunas palabras en un idioma extraño y permaneció en silencio durante diez minutos. Luego se volvió hacia Camila con ojos enigmáticos:

– Mis guías me dicen que el trabajo no será fácil. El grupo que quiere hacerte daño tiene un líder fuerte, que es muy disciplinado.

Camila se llenó de ira:

– ¿Eso significa que no puedes lidiar con ellos? ¿Qué clase de mago eres?

– ¡Cállate muchacha! Eso no es lo que quise decir. Solo dije que el trabajo no es tan fácil como pensé al principio, pero mis guías dicen que pueden vencerlos.

Le lanzó una mirada maliciosa y continuó:

– Mi mayor guía dijo que estás saliendo con un chico, pero dice que no se quedará contigo a menos que pidas otro trabajo.

Camila se sonrojó, el mago tocó su punto más débil: su pasión por Flávio. Locamente ella dijo:

– Hago todo lo que es posible e imposible. ¿Ves a otra mujer en la parada?

– Por ahora no, pero veo que si no actúas pronto seguramente lo perderás.

Camila no podía creer lo que estaba escuchando. De repente habló:

– Entonces quiero encargar estos dos trabajos. ¿Cuál es el precio?

Se tomó un momento y respondió:

– Tres mil reales.

– ¿Todo eso? Lo siento, pero tendrás que bajar el precio. No tengo los medios para...

Él la interrumpió bruscamente:

– O eso o nada, la señorita es quien elegirá.

– Está bien, puedes empezar con el trabajo, yo iré a casa y recibiré la mitad de la cantidad de mi padre, el resto te daré cuando el trabajo se haga efectivo. Pero quiero estar segura de una cosa: ¿Flávio será mío para siempre? ¿Me desharé para siempre de estos malditos gusanos a los que llamas espíritus?

Él sonrió con aire de superioridad y respondió:

– ¿Qué no puede hacer el padre Gildo?

Salió de allí con un terrible dolor de cabeza. El desagradable olor de aquel ambiente era insoportable. Ya en el auto, estaba pensando en cómo iba a convencer a su padre para que le diera ese dinero.

Ella deseaba ardientemente hacer estos trabajos. El padre Gildo era poderoso y Flávio sería todo suyo.

En la Vía Dutra el tráfico estaba paralizado. Los autos estaban detenidos y Camila estaba cada vez más impaciente. Miró el reloj, eran las siete y media de la noche. De repente escuchó una conmoción y se dio cuenta que estaban robando el auto que tenía delante. Miró a su alrededor, buscando una forma de protegerse, pero no había salida. Luego tres hombres encapuchados se acercaron a ella:

– ¡Pásame el dinero, rubia, ya! Ella muy nerviosa dijo:

– ¡Ya no tengo nada! ¡Por favor, déjame en paz! Ellos no parecieron escuchar y continuaron:

– Pasa esa bolsa, muy despacio. Levántate para que pueda ver si estás armada.

Abrió la puerta del auto y decidió actuar. Al bandido más cercano lo encontró en la cara con su bolso y, al intentar abrir la guantera, recibió tres disparos: uno en el pulmón izquierdo, otro en el cuello y otro en la nuca. Ella sufrió muerte cerebral instantáneamente.

De hecho, el destino tiene sus leyes.

12.– Y la vida continúa

En el crematorio, todos tenían tristeza y dolor en sus rostros. Principalmente Flávio que en tan poco tiempo sufrió dos pérdidas importantes. Para el sentimiento afectivo el tiempo no tiene la más mínima importancia, nace y se intensifica espontáneamente en el corazón, y no todas las personas aceptan la pérdida de un ser querido. Flávio se sintió desolado. Para él el mundo se había acabado. Nunca en tan poco tiempo había sentido tanto cariño y amor por alguien.

Pero, en el panorama espiritual, la situación de Flávio era aun más profunda. El dolor de la pérdida se intensificó por el recuerdo de vidas pasadas que afloró en forma de intuición. Su espíritu recordaba inconscientemente la unión que ambos tuvieron en el pasado y el plan que hicieron para ayudar a la espiritualidad juntos en la implementación de la Nueva Era.

Cuando muere alguien a quien amamos, nuestra aura se llena de agujeros y así el vacío interior y la depresión aumentan considerablemente.

El sacerdote oró como de costumbre y la gente apenas prestó atención a lo que decía. Todos en su familia quedaron conmocionados, especialmente Élida, tal vez por remordimiento de conciencia por los malos actos cometidos con su hija.

Dentro del crematorio hubo un espectáculo que horrorizaría a cualquier criatura. El cuerpo de Camila fue destruido en medio del fuego y el calor, pero, a su alrededor, un grupo de cinco espíritus esperaban que ella abandonara el cuerpo.

Lo celebraron alrededor del trabajador, que estaba triste por tener que ver cómo cremaban los cuerpos todos los días. Jorge, el líder del grupo, les dio una señal para que detuvieran la celebración:

– ¡Atención a todos! Los hijos de Cordero ya desconectaron los lazos que unían a Camila a su cuerpo. Toda atención ahora es poca. Camila fue liberada, pero no puede salir de su cuerpo derretido, ¡mira su agonía!

De hecho, Camila estaba sufriendo mucho. Las llamas que quemaban su cuerpo de carne le daban la impresión que invadían su cuerpo periespiritual, que psicológicamente estaba muy conectado con la materia. Sintió que el fuego todavía la quemaba como si estuviera viva.

Sin embargo, algo increíble sucedió, sintió que ardía, pero su segundo cuerpo no se destruyó. El doble se encontraba a unos centímetros de distancia del cuerpo físico, ya en estado de cenizas.

Ester le preguntó a Jorge:

– ¿No la vamos a relevar? ¡Está sufriendo demasiado!

Jorge soltó una carcajada:

– Si los servidores de la luz no nos han relevado, no somos nosotros quienes vamos a hacer esta tarea. Esperaremos a que este hombre recoja las cenizas y luego veremos qué hacer con esta macabra criatura.

Y así fue. Cuando del cuerpo de Camila ya solo quedaban cenizas, el responsable del crematorio recogió con cuidado lo que quedaba de la joven y lo colocó en una urna de plata.

Camila se sintió aliviada, aunque no entendía lo que estaba pasando. Nunca había sentido tanto dolor en su vida. El crematorio aparentemente estaba vacío; sin embargo, el grupo de Jorge seguía allí esperando a Camila.

Cuando los vio, sonrió:

– ¡Alguien vino a salvarme del fuego! ¡Por favor sáquenme de aquí!

Jorge la miró profundamente:

– ¡Ponte de pie! ¡Puedes caminar ahora!

Ella obedeció y salió del horno dirigiéndose a la siguiente habitación. Preguntó:

– ¿Por qué me miran así? ¿Soy un poco inquietante?

– ¡Casi eso! – Exclamó Jorge.

De repente, Camila se sintió mareada y casi desmayada al reconocer frente a ella a Rafael, su antiguo amor adolescente:

– ¡Aléjate de mí, alma del otro mundo, déjame en paz!

Jorge le hizo una señal para que se alejara y le dijo:

– Será mejor que te calmes. En el exterior hay un coche a nuestra disposición.

A partir de hoy vivirás en la Ciudad del Destierro. Ya tenemos lista una casa que te servirá de hogar. Síguenos.

Camila iba a protestar, pero los ojos metálicos de Jorge la hicieron temblar de miedo. Lo mejor era seguir. Seguramente encontraría una manera de llegar a casa.

Camila pensó que lo que había pasado en el crematorio era un sueño. Se resistía a creer lo que le estaba pasando, solo pensaba en salir corriendo.

Había olvidado el asesinato del que fue víctima e ignoraba que sus últimos actos en la Tierra escribieron su destino, del que solo con un esfuerzo hercúleo podría escapar.

En la Tierra, Flávio estaba siendo consolado por su hermano. Parecía que todo era una irrealidad, que en cualquier momento despertaría y no solo tendría de regreso a su familia, sino también a su amada Camila.

Sintió que la vida había sido mala, que le estaba quitando todo lo bueno que tenía. Le presentó este pensamiento a Cristiano, quien lo consoló:

– Sé que las palabras sobran en este momento, pero puedo asegurarles que todo lo que sucede tiene detrás la bondad divina. Quizás Camila se comprometió con su propia conciencia, por eso falleció. Pero la muerte es una ilusión, en algún lugar de este Universo está tan viva como nosotros.

Flávio no supo qué decir. Caminó entre los árboles del Parque Ibirapuera tratando de desahogar su tristeza, su dolor.

Francisca y Cristiano lo dejaron solo para reflexionar. Sentada en una banca, Francisca preguntó:

– Cristiano, ¿cuál es la razón para que una persona muera violentamente? Siempre dices que Dios hace que todo esté bien, pero en mi opinión un delito está muy mal. Me gustaría entender...

– Mira, tía, Dios es infinitamente sabio y actúa en todas partes. Por supuesto, si quisiera evitar un crimen, ciertamente lo haría, ya que tiene mayor poder que cualquier asesino. Sin embargo, la inteligencia divina no interfiere con el libre albedrío que nos dio. Un asesino es un espíritu ignorante que cree en la violencia para defenderse y resolver sus desafíos, mientras que el asesinado es una persona que tiene más conocimientos, puede actuar mejor, pero se está violando internamente, actuando fuera de su nivel de evolución espiritual. *"Se pedirá mucho a aquellos a quienes se les ha dado mucho."* Las leyes cósmicas retrasan las consecuencias de las acciones del ignorante durante un tiempo determinado, esperando que madure y pueda aprovechar mejor los resultados. Sin embargo, cuando somos más conscientes del bien y elegimos el mal, la vida deja de protegernos y los resultados son inmediatos.

– ¿Crees que eso fue lo que le pasó a Camila?

– Sí. Debió tener una actitud infeliz cuando por su nivel espiritual pudo haber elegido mejor y así atraer lo que le pasó. No hay ninguna víctima. La vida hace que todo esté bien...

Francisca escuchó atentamente, reflexionando sobre aquellas enseñanzas. Flávio se acercó:

– ¡Vamos, estoy cansado!

Se dirigieron a su casa, mientras Noel y Carlota más atrás comentaban:

– Gracias a Dios todavía hay muchos "cristianos" en esta vida, ¿no, Noel?

– ¡Sí, la bondad de Dios distribuye buenos espíritus en todos los rincones de la Tierra, para garantizar la armonía, la fraternidad, la explicación y la paz!

La vida seguía con su pulso y había que llevarla adelante. El Universo reacciona con equilibrio, indiferente a los acontecimientos humanos. Por mucho que suframos, lloremos o sonriamos, todos los días sale el Sol y llega la noche. Por mucho que la gente sufra en los hospitales o por la violencia, la vida sigue cubriendo nuestro planeta de pájaros y flores, en un intento de mostrar que la misericordia divina se renueva cada día.

Imbuido de estos pensamientos, Cristiano llegó esa mañana a casa de la tía Francisca. La encontró con Flávio en la mesa del desayuno. Los gatos siameses fueron a alisar su pelaje en el pantalón de Cristiano.

– Siéntate y sírvete tú mismo – dijo Francisca dulcemente.

– Puedes terminar tu comida tranquilamente. Hoy tenemos mucho de qué hablar.

Francisca preguntó:

– Cris, dale un consejo a tu hermano, mira que no come nada. Y esto viene sucediendo desde hace quince días, desde que falleció Camila.

Cristiano no dijo nada, pero notó que Flávio estaba más delgado y demacrado.

El café continuó con solo el sonido de los gatos maullando. Después de terminar, todos se dirigieron a la sala. Cristiano comentó:

– Vengo a decir que el próximo fin de semana saldré para Londres. Mi asunto aquí está resuelto y ya no puedo posponer mi viaje de regreso. Me gustaría que tú, Flávio, te prepararas para ir conmigo. Tía, perderás dos sobrinos a la vez.

Francisca sonrió:

–¡Oh! No creas que estoy triste, porque nunca me siento sola. Por supuesto que los extrañaré, pero sé que en el futuro, cuando Flávio regrese, será un hombre diferente. Quizás traiga hijos y así llene mucho más de alegría mi hogar. Flávio no parecía contento con el viaje, pero Cristiano se dio cuenta y lo hizo reaccionar:

– Mira, no tiene sentido tener esa cara triste y de víctima. Veo espíritus negativos de tu lado sugiriendo que te quedes en Brasil. Quieren que otra buena obra sea derrotada. No lo harás porque no te lo permitiré. Llamé a la médium Margareth y le dije que llevaba conmigo a una persona que necesitaba estudiar la espiritualidad. Estoy seguro que este es el camino que te dará fuerzas para superar esta crisis.

Empezó a lamentarse:

– Es que me siento desanimado, débil...

– Esto es típico de las personas que están siendo absorbidas espiritualmente, reacciona, tú puedes. Nada de lo que hagas traerá de vuelta a Camila, ella necesita seguir un camino diferente y la vida las ha separado temporalmente.

Estas palabras tuvieron el don de animar a Flávio.

El viaje se realizó un domingo por la noche. Francisca y algunos amigos de Flávio fueron a despedirse. El ambiente era de anhelo y angustia. Cuando finalmente el avión despegó, Francisca hizo una oración de gracias a Dios por todo lo que había aprendido de Cristiano y le pidió que le diera un buen viaje a sus sobrinos.

En Londres, Flávio se adaptó con suma facilidad. Doña Margareth lo recibió con afecto y lo inició en el estudio de las leyes de las afinidades espirituales. Este curso con treinta estudiantes duró un año. Poco después, estudió durante dos años los procesos de la mediumnidad e investigó todo lo que pudo sobre su mediumnidad específica. Aprovechó la buena voluntad de su hermano y conoció todos los atractivos turísticos de la ciudad y del país en el que se encontraba. Al cabo de tres años hablaba inglés con fluidez.

El cuarto año de su estancia en Londres lo dedicó al proceso de educación mediúmnica. Ese año sintió que su campo vibratorio se hacía más visible. Comenzó a salir de su cuerpo con mucha facilidad y sin perder el conocimiento.

Habló con los espíritus como si estuviera hablando con amigos cotidianos. Asistió a conferencias en el mundo espiritual y regresó a su cuerpo recordando todo claramente. Una tarde, durante su entrenamiento, salió de su cuerpo y vio acercarse a él a un hombre de mediana edad, de cabello gris y ojos muy profundos, quien le dijo:

– Por último amigo, te voy a hablar en estado de conciencia. ¿Recuerdas al viejo Hilário?

Dudó un poco:

– ¿Ya lo conozco?

– ¡Mucho! De muchas épocas. Quizás ahora no lo recuerdes, pero lo importante es el mensaje que vengo a traerte.

Flávio lo miró a los ojos y se dio cuenta que realmente lo conocía, pero no sabía de dónde.

Se sentaron en un jardín, frente a un edificio, e Hilário comenzó:

– Tienes mediumnidad de desobsesión.

– Ya me han informado de ello, pero hasta la fecha no he realizado ningún trabajo de este tipo.

– Tu misión está en Brasil y no aquí. Con Margareth aprenderás todo el proceso de desobsesión y un método para aplicar en tu campo de servicio. Hay algo más que necesito recordarte: tú también naciste para sembrar la semilla de la espiritualidad en tu familia y este es el momento.

Respondió:

– No habrá más tiempo, mi familia falleció hace casi cuatro años, ya no hay nada más que hacer.

Hilário sonrió:

– Te equivocas, la misión con tu familia comenzó precisamente después que ella falleciera. Irás conmigo a visitar los lugares donde ella se encuentra en la espiritualidad. Usaremos tu ectoplasma para hacerte visible ante tu padre, tu madre y tu hermana. Prepara tu corazón, ninguno de los tres está en buen lugar. Es necesario hablar con cada uno en privado y ayudarlos a salir de donde están. A estas alturas ya todo el mundo sabe que ha fallecido. La visión de tu padre es peor: sin ambas manos lucha por escapar de los pájaros en el Umbral que insisten en pellizcar sus heridas.

Flávio estaba asustado:

– ¿Eso significa que fue atacado por pájaros de los hornos?

– ¡Eso mismo!

– ¿Y por qué perdió manos?

Hilário reflexivo explicó:

– Estos pájaros son como buitres terrestres. Huelen los lugares de putrefacción del cuerpo espiritual, así como el buitre terrestre huele la putrefacción de la carne. Ambos tienen la misma función: higienizar el ambiente. El cuerpo astral absorbe las energías de las actitudes de cada persona y cuando son negativas dañan sus órganos. Donde el espíritu ha fallado, está el punto neurálgico donde aparecen los miasmas. Cuando encontraron a tu padre, los pájaros sintieron que ese punto estaba en sus manos. Exageró en el robo, y las manos que roban en exceso se impregnan de densas energías, moretones y miasmas que salen a la superficie tan pronto como el espíritu se desencarna. Por eso el ataque del pájaro ocurrió en ese lugar específico.

– Esta explicación es lógica. ¿Crees que podré ayudarlo?

Hilário asintió y tomó a Flávio del brazo. Margareth se dio cuenta que el espíritu de Flávio estaba fuera de su cuerpo y, para que no fuera interrumpido, cerró la habitación.

Flávio e Hilário se dirigieron hacia una zona oscura parecida al valle de los suicidas. Aclaró:

– A este lugar lo llamamos hornos, por la cantidad de cuevas y agujeros que aquí se encuentran. Los pájaros temidos se esconden en las cuevas debajo de esa montaña – le señaló a Flávio una fea cadena montañosa con vegetación baja –. Ahora mismo están descansando.

Flávio tenía curiosidad:

– ¿De dónde vienen estos pájaros? En la Tierra no tenemos ninguna especie de este tipo. Sé que en el astral solo residen los animales que vivieron en la Tierra.

Hilario dijo:

– De hecho, en el astral solo quedan ejemplares de animales terrestres y con este grupo de aves hay una excepción. Migran desde el astral inferior de un planeta aun primitivo. Dios los envió para que pudieran limpiar el ambiente y aliviar los espíritus sufrientes.

Flávio se indignó:

– ¿Para aliviar? Pero les hacen sufrir mucho más.

– Te equivocas. Las heridas y contusiones, cuando son excesivas, limitan la acción de los espíritus en busca de mejoría íntima. Cuando son relevados por los pájaros, aunque sea de forma brusca, pueden vagar más libremente y tal vez encontrar la salvación. Además, estos excesos de energía negativa dañan aun más la atmósfera de los hornos, que de por sí ya es muy densa.

– ¿Tan malo era mi padre que sufrió tanto?

– No podemos etiquetar a nadie de esa manera. Pero lo que sí puedo garantizar es que tenía un corazón muy duro, insensible e irascible. Los hornos es un lugar que favorece el cambio interior a través del sufrimiento.

Siguieron caminando y, mientras caminaban, Flávio vio a muchos enfermos conocidos: políticos famosos en la Tierra, personalidades que influyeron en el comportamiento, adictos y muchos desconocidos, pero una sola mirada: la del sufrimiento.

En un estanque encontraron a Ângelo. Sin sus manos gemía mucho. Flávio lo miró y comprendió:

– Hijo, hijo mío, ¿viniste a salvarme? Ah, solo tú, esa alma hermosa, que tanto critiqué durante mi estancia en la Tierra. Cómo me arrepiento de no haber aprovechado el tiempo que viví contigo. ¡Mira cómo se sienten mis manos! ¡Sácame de aquí, te lo ruego!

La luz que Flávio emanaba en aquel lugar oscuro nubló un poco la visión de Ângelo.

Hilário, que no fue visto por él, le hizo una señal a Flávio para que tirara de su padre.

Flávio tomó los débiles brazos de su padre y no pudo contener las lágrimas. Se abrazaron y, de repente, llegaron enfermeras de la Colonia Campo de la Redención con camillas y material médico. Ângelo se desmayó en brazos de su hijo y luego fue trasladado en autobús al hospital Viña de Luz, que se encontraba en la propia Colonia.

Hilário llevó a Flávio al cuerpo de carne y advirtió:

– Tu tarea acaba de comenzar. Estate atento, nos vemos más seguido en Brasil.

Regresó y rápidamente llegó a la ciudad astral donde trabajaba.

Los años siguieron pasando y Flávio aprendió cada vez más. Hilário nunca volvió a mencionar a su familia cuando se le apareció. Confiado, Flávio comprendió que si eso sucedía era porque Érica y Marina aun no podían ser ayudadas. Sin embargo, de estudiante, rápidamente se convirtió en maestro e impartía clases junto con Margareth. Como resultado, Flávio también comenzó a impartir clases en el mundo astral, incluso a su propio padre, quien cada año se volvía más equilibrado.

Pero, incluso después de tanto tiempo, no había tenido noticias de Camila, ni de sus mentores ni de mentores de otros médiums. Sin embargo, la noticia del destino de su madre en el bajo astral lo perturbó mucho. También supo que Marina salió de la Colonia donde estaba refugiada, en Larvosa, ciudad en el Umbral comandada por Teófilo. Cuando se le preguntó sobre una posible ayuda para ambos, Hilário respondió:

—Aun no es tiempo. Cultiva la paciencia y sepa esperar. Aprendí de un emisario de un plan mayor que la ayuda se brindará a través de ti. Sin embargo, la vida tiene sus leyes que nunca se corrompen. Marina y Érica asumieron un compromiso enorme durante su paso por la Tierra y deben llevar la experiencia hasta el final, hasta donde realmente puedan aprender a ser mejores.

– Madre mía, hasta lo entiendo. Llevó una vida inútil y vacía, tenía muchos prejuicios y no amaba a nadie, excepto la buena vida que le proporcionaba el dinero. Sabía que papá me iba a dejar en Brasil solo por venganza y ni siquiera le importaba. Pero… ¿Por qué Marina está hoy en una ciudad inferior? ¿No fue ayudada?

– Ella está ahí por terquedad. Cuando despertó en la Colonia donde estaba refugiada, se resistía a creer que había muerto. Cuando se dio cuenta que estaba sola y entre personas que consideraba extrañas y locas, cayó en depresión. Por más que intentó salir de donde estaba, no pudo. Las puertas eran de hierro muy pesado y los muros eran muy altos. Abrumada por la tristeza, solo pensaba en su hogar en la Tierra. Llegó un momento en el que sus pensamientos eran tan fuertes que al abrir los ojos se encontró en su antiguo hogar. Encontró todo cerrado y sucio. Fácilmente se dio cuenta que podía atravesar paredes y esta sensación la volvió loca aun más. Darse cuenta que realmente estaba muerta fue un golpe muy duro y perdió el conocimiento. Al despertar encontró a su lado a Teófilo, quien con su melodiosa voz y fácil conversación terminó ganándola. Ahora vive allí, con la esperanza de volver a ver a su familia y a Ricardo Valadares, su pasión cuando estuvo encarnada.

Flávio sintió compasión. Esto venía sucediendo desde hacía cuatro años. Ese día ya no pudo trabajar con su mediumnidad, se retiró y pasó dos horas en profunda meditación. Cuando terminó, se sintió sereno, admitió que la vida es sabia y nunca comete errores. Si su madre y su hermana seguían en ese lugar era porque era lo mejor que podía pasar.

13.– La vida traza nuevas direcciones

Siempre que podía, Cristiano acompañaba a Flávio en sus estudios. El curso que estaba tomando era de un nivel más avanzado, pero Flávio rápidamente lo alcanzó y lo superó. Esto sucedió porque en su subconsciente estaban los clichés de todo lo que ya había aprendido, tanto en vidas pasadas como en sus pasajes por la erraticidad.

Flávio era un espíritu más evolucionado que su hermano, y habiendo alcanzado un mayor equilibrio espiritual, su ascendiente sobre él se manifestó de forma natural. Cristiano empezó a consultarle antes de tomar cualquier decisión y a aceptar sus opiniones. Todo lo que hizo pasó ahora bajo la mano de su hermano.

Los negocios de Cristiano prosperaron en Inglaterra y con ellos se pudieron cubrir todos los gastos de Flávio hasta que estuvo listo para iniciar su trabajo en Brasil.

Una tarde Cristiano, en compañía de dos hermosas jóvenes, fue a visitar a Flávio al Centro de Estudios Espirituales donde estudiaba. Una parecía mayor, de tez castaña oscura, cabello liso hasta los hombros y la otra más joven era morena claro, con labios finos y cabello rizado. Solo quienes las conocían sabían su relación: eran hermanas. Muy diferentes físicamente, mostraron la misma simpatía. Cristiano llamó a su hermano a una habitación discreta y los presentó:

– Ella es Laura, mi novia de la que te hablé, y ella es Anita, su hermana.

Al mirar a Anita a los ojos, Flávio sintió una sensación diferente y estuvo seguro que ya la conocía de otras vidas. Cristiano se dio cuenta, pero no comentó. Flávio los miró asombrado:

- ¡Mucho gusto! ¡Son diferentes, ni siquiera parecen hermanas! ¿Cómo aprendieron a hablar tan bien portugués?

Anita explicó:

- Somos brasileñas. Solo llevamos aquí dos años. Nuestro papá consiguió un gran trabajo y nos mudamos aquí. A Laura le hizo bien tener la oportunidad de conocer a Cristiano.

Ella parecía avergonzada:

- No me importa. Anita habla demasiado.

Cristiano intervino:

- Tienen personalidades diferentes; mientras Laura es tímida, Anita es todo lo contrario.

Flávio observó:

- Por el brillo que veo en tus ojos, creo que pronto tendremos una boda.

- ¡Realmente eres un mago! ¿Como adivinaste? Solo nos conocemos desde hace seis meses y siento que quiero vivir con ella por el resto de mi vida.

- Mirándolos a ustedes dos, siento que nacieron el uno para el otro.

Cristiano dijo:

- ¿Viste cómo puede leer lo que sucede dentro de cada uno de nosotros?

- Fuiste tú quien me ayudó a darme cuenta de mi sensibilidad.

- Pero el alumno de primer año superó al maestro.

- Deja de bromear, sabes que no me gusta que me llames así. A veces me preguntas y te doy mi opinión, pero nunca tuve la intención de guiar tu vida.

- Pero siguiendo tu opinión nunca salí lastimado.

Anita, muy interesada, preguntó:

– ¿Eres tú, Flávio, médium? ¿Qué ves en mi aura?

Vio claramente aparecer un brillo muy fuerte en el aura de Anita cuando ella lo miró, revelando cierto interés en él. Sin embargo, se limitó a decir:

– Tu aura es la de una persona muy alegre, que sabe disfrutar de la vida. Es muy brillante.

Anita se sonrojó. Dijo las últimas palabras mirándola profundamente a los ojos; ¿habría notado su interés? La conversación continuó hasta el anochecer, cuando todos se despidieron y se marcharon. Sin embargo, Flávio y Anita no pudieron olvidarse. Desde que llegó a Inglaterra, Flávio no había tenido ninguna relación con ninguna chica. Después de lo que sufrió con la muerte de Camila, cerró su corazón al amor por miedo a sufrir.

Sin embargo, cuando conoció a Anita, sintió una increíble sensación de familiaridad con ella, pero temía estar confundiendo las cosas. Decidió meditar y tratar de comprender mejor lo que le estaba pasando.

En el mundo espiritual, Camila siguió siendo esclava de Jorge. Al principio Teófilo quiso llevarla a Larvosa, pero un acuerdo hecho con su amigo hizo que ella permaneciera en Desterro.

Teófilo quería tener otro magnetizador, pero Jorge le aseguró que trabajando para él, Camila haría lo mismo. Extrañaba mucho a Flávio y cuando descubrió que estaba muerto intentó verlo, pero Ester le explicó:

– Flávio vive en una melodía superior a la nuestra, por eso no podemos verlo. Debes conformarte y permanecer nostálgica. Tampoco puedo ver a mi marido que ya ha reencarnado y está protegido por una familia espírita. Hacen el evangelio todas las semanas en casa y por eso no podemos acercarnos. ¡Esos malditos espiritistas!

Camila tenía curiosidad:

– ¿Flávio sigue en esto del Espiritismo?

– Me enteré que vive en Inglaterra con un grupo de espiritistas independientes en una zona elevada. Ni siquiera pudimos acercarnos. Jorge no suele involucrarse con la gente del Cordero, ya que siempre se mete en problemas.

Camila tuvo que conformarse. No extrañaba a su familia y mucho menos a Rafael, su antiguo novio. En la ciudad donde vivía lo conoció mejor y se dio cuenta que lo que había sentido por él era solo pasión.

Sin embargo, él nunca dejó de perseguirla y en ocasiones ella se dejaba involucrar y ambos se entregaban a su pasión, en uno de esos cuartos lúgubres y oscuros de la ciudad.

Después que esto sucediera, Camila pasaría horas en depresión e iría a la Tierra a chupar las libaciones de alcohol de las personas que se entregaban a esta adicción. Al hacer esto pude olvidarse un poco de la insatisfacción

Durante una de estas visitas al orbe, notó que algo muy extraño estaba sucediendo en su antiguo hogar. Aterrada, se dio cuenta que su madre Élida se había vuelto loca y estaba internada en el hospital. Su padre y su hermana no la visitaban y en cierto modo se sintieron aliviados de verse libres de los problemas que ella les traía.

En el hospital, Camila no pudo quedarse ni cinco minutos. Vio que había una gran cantidad de entidades en desequilibrio, que, como ella, querían vivir en el lado oscuro de la vida.

Vio un espíritu de aspecto horrible junto a su madre. Se sintió muy mal. Élida no se parecía en nada a la bella y elegante mujer de antaño. Tenía el pelo despeinado, estaba mal vestida y babeaba mucho.

Camila rápidamente se escapó, ya que no quería perder más el equilibrio. No estaba interesada en su madre ni en su destino. Incluso era bueno que se hubiera vuelto loca.

Con el tiempo, Érica pasó de ser prisionera a ser trabajadora de Jorge en la ciudad de Desterro. En todos los años que estuvo encarnada, nunca vio a su familia. Se enteró de la situación de su marido, pero se negó a verlo. Marina no le interesaba, en cuanto a Flávio y Cristiano, ni siquiera podía acercarse debido a su vibración.

Por eso se resignó a la situación que vivía. Comenzó a usar sus poderes para magnetizar a las personas en la Tierra y tratar de manipularlas a su conveniencia. Sin embargo, de todo lo que había visto tras su muerte, nunca olvidó el viaje que había realizado al abismo. Esas escenas quedaron vivas en su memoria.

Esa noche, cuando vio al grupo que Jorge había convocado junto con Rafael para ir al abismo, quedó asombrada:

- ¿Por qué tanta gente?

Ester explicó:

- Las formas degeneradas son muy pesadas, se necesitan hombres fuertes para moverlas. Estos hombres irán allí con esta función. Mira a Rafael lo feliz que está con la venganza. Habla y sonríe sin parar.

Érica miró a Rafael, que aun era muy pequeño, y exclamó:

- No entiendo cómo un tipo así puede comprometerse de esa manera. He estado ayudando en los esfuerzos de venganza, pero noto que nadie sale contento de algo así.

Ester respondió:

- Es que no sabes lo que hizo Élida. Al llegar al astral, Rafael descubrió que Camila perdió al bebé porque su madre le hizo tener un terrible aborto. Imagínense la ira que sintió. Además de separarlos por puro prejuicio, cometió este acto draconiano con su hijo por nacer. Es muy justa esta venganza, esa mujer merece la locura que le espera.

- Tengo mucho miedo, Ester - confesó Érica -. No estoy acostumbrada a ir a lugares como el abismo, creo que me negaré a ir.

- No desobedezcas a Jorge, es muy violento. Dijo que se propone llevarla con ella para que puedas ver de lo que es capaz.

Ella se estremeció:

– Entonces iré, pero tú me protegerás.

Esther sonrió:

– Aquí nadie protege a nadie, si hay algo malo esperándote allí, no soy yo quien te salvará.

Érica estaba aterrada, pero no había manera que dejara de obedecer.

Había recorrido un largo camino con el grupo. Cuando llegaron a cierto punto, ya en la sub corteza, todos se pusieron una especie de gafas protectoras.

En el Umbral del abismo, Érica sintió que se iba a desmayar. Las escenas que vio fueron suficientes para aterrorizar a cualquier criatura. Los hombres indiferentes llegaron al lugar y sacaron una figura que parecía ser la de una mujer. Estaba babeando sin parar y tenía los ojos vidriosos. Su cabello se convirtió en una melena y caminaba a cuatro patas. Desde la mitad de la cintura hasta debajo de su cuerpo estaba el de un caballo y relinchaba como si fuera un animal.

Jorge llevó a Érica aparte y le dijo:

– Ese fue una ex criminal que llegó a este estado por sugerencia de un espíritu vengativo. Lleva sobre sus espaldas más de cien crímenes y el tortuoso remordimiento, sin remedio, la ha llevado poco a poco a transformarse en lo que allí ves. Ahora está completamente loca.

Pegaremos este ejemplar en el cuerpo de Élida, que lo merece. Ella suplicó:

– No hagas eso Jorge, por Dios. Los hijos del Cordero no permitirán que esto suceda.

Jorge se rio:

– Élida no tiene protección de los hijos del Cordero. Es ambiciosa, mala, perversa, crítica y calumniosa. Vive en un mundo de fantasías e ilusiones. ¿Por qué crees que la alcanzaremos? Si fuera una persona centrada en el bien, nunca alcanzaríamos este objetivo.

Los hombres fuertes abrieron una jaula y atraparon a la forma oscura en su interior con gran violencia. El camino de regreso les pareció más rápido; sin embargo, no descansaron.[1]

Fueron directamente a la mansión Assunção Ferguson. Encontraron a Élida en el cambiador preparándose para irse. La habitación era lujosa y muy bien decorada. Los hombres rápidamente conectaron unos cables energéticos, que Érica no entendía de dónde venían, en el cerebelo de Élida. Luego abrieron la jaula y liberaron la forma mitad humana medio animal dentro del recinto.

Érica se dio cuenta que los cables provenían de la entidad y esperó ansiosa lo que sucedería.

De repente, Élida se sintió ligeramente mareada. Miró el reloj y se dio cuenta que ya eran las ocho de la noche. Sin saber por qué, empezó a sentirse nerviosa y angustiada. Una sensación de aprensión la invadió y empezó a sudar finamente en la frente. Podía ver claramente la forma degenerada al lado de su cuerpo y soltó un grito de horror. Gritó fuerte y muy fuerte, una y otra vez. Isabela y Fernando aparecieron en la habitación y ella preguntó llorando:

– Sáquenla de aquí, se lo ruego. Llévensela.

El marido protestó:

– ¡Aquí no hay nada Élida, la habitación está vacía!

Rafael se rio de felicidad. La mujer malvada y llena de prejuicios se convertirá en un desastre humano.

Ella insistió en que había un monstruo en la habitación, pero Fernando repitió que allí no había nada.

Isabela dijo lo mismo, pero nadie pudo contenerla. Sintiéndose perseguida, Élida comenzó a correr por la casona. Por mucho que lo intentara, no podía deshacerse del monstruoso ser que estaba adherido a su cuerpo. Dondequiera que fuera, el ser que aullaba y babeaba la acompañaba.

---

[1] Lea la novela *El abismo*, de R.A. Ranieri.

Finalmente la llevaron a un psiquiatra que le diagnosticó esquizofrenia paranoide. El doctor Francisco dijo que casos como este eran comunes y podían tratarse en casa. No tenía lesiones en el cerebro, pero el médico le explicó que todos los síntomas eran de esquizofrenia y que la lesión seguramente debía estar en una zona específica que las pruebas no podían identificar.

Fue una explicación confusa. En realidad, el doctor Francisco no entendía cómo una persona con estos síntomas no tenía ninguna lesión. Élida tomaba 16 pastillas al día. Pero no mejoró. Al contrario, los medicamentos empeoraron su estado. Comenzó a caminar desnuda por la casa y la calle. Fernando e Isabela optaron por la hospitalización, que se produjo con Élida en camisa de fuerza.

Érica no podía entender cómo podía haber tanta maldad en el mundo. No entendía cómo una mujer amable y religiosa como Élida podía acabar en ese estado. Con estos pensamientos decidió retirarse. Por la mañana trabajaría más.

14.– En Brasil

Flávio seguía teniendo pensamientos contradictorios respecto a Anita. Estaba completamente enamorada de él. Iba a visitarlo frecuentemente en compañía de Cristiano, quien siempre estuvo cerca de su hermano.

Al darse vuelta en la cama, se preguntó si lo que sentía era algo más profundo o simplemente una atracción pasajera. No quería mezclar las cosas, quería actuar con absoluta certeza sobre sus sentimientos. Se conocían desde hacía dos meses, pero no podían sacarse al otro de sus pensamientos.

De repente recordó una frase del Dalai Lama que decía: *Ama profunda y apasionadamente. Puede que te lastimes, pero es la única manera de vivir la vida plenamente.* Eso es lo que necesitaba hacer. Vivió predicando en sus conferencias que el amor hay que vivirlo plenamente y que nunca debemos dejar de mostrar un sentimiento.

En ese momento se dio cuenta que estaba haciendo todo lo contrario, huir cobardemente del amor. Tomó una decisión: inmediatamente después de la charla invitaría a Anita a caminar y se declararía.

Flávio entró en una sala llena de gente, donde escucharían una conferencia sobre el planeta Tierra. Fue un grupo de espiritistas interesados en saber un poco más sobre el panorama espiritual de nuestro planeta los que confiaron mucho en lo que decía Flávio.

Él empezó:

– Pidamos todos a Dios, Creador supremo del Universo, que tome la dirección de esta obra que se realizará hoy. Que Él nos envíe vibraciones de paz, amor y armonía, que podamos contar con la presencia de nuestros amigos espirituales y la complicidad del Universo.

Amigos míos, el gobierno espiritual del planeta Tierra está vigilado por un consejo muy numeroso de espíritus, que sigue su evolución. Son espíritus superiores designados por la fuente de la vida, para ayudar a la Humanidad a encontrar el camino del progreso, con menos sufrimiento. Las leyes cósmicas, perfectas e inmutables funcionan, respondiendo a las actitudes de cada uno y al mismo tiempo a las elecciones colectivas de las personas, cuya ignorancia ha llevado a guerras y juegos de poder, provocando todo el sufrimiento que ha crucificado en dolor a toda la Humanidad. En una cruzada de amor, estos espíritus iluminados intervienen, buscando por todos los medios aclarar la conciencia de los encarnados, para que puedan adaptarse a las leyes del progreso y poder evolucionar a través de la inteligencia, desterrando el sufrimiento de la faz del planeta.

Continuó hablando con suma soltura sobre la Tierra y sus mecanismos, inspirado como estaba por una entidad de alta jerarquía. Al final concluyó:

– En la Tierra, el bienestar de las personas depende exclusivamente de la energía que producen. Alimentan ideas que determinan sus actitudes. Estas actitudes forman el destino del planeta y dependiendo de la situación, los espíritus superiores no intervienen, solo lo hacen cuando las transformaciones provocadas por la cosecha de resultados hacen el momento propicio, favoreciendo el éxito de sus propósitos. Es bueno recordar que la vida no juega a perder y solo actúa cuando existe una alta probabilidad de conseguir lo que quiere. Cuando un desafío se presenta en nuestras vidas es porque somos capaces de afrontarlo y superarlo.

Pensemos mejor si estamos contribuyendo o no a la evolución del planeta y, de ahí en adelante, basemos nuestra vida en la ética, el optimismo y la fe.

Que Jesús nos bendiga en los caminos de la vida, hoy y siempre. ¡Que así sea!

El trabajo de la velada terminó y algunos de los presentes fueron a felicitar a Flávio por sus palabras de aliento. Anita estaba entre ellos, junto a su hermana y Cristiano. Después de un apretón de manos y un cálido abrazo, Flávio, un tanto torpemente, le habló al oído:

– Anita, realmente necesito hablar contigo, ¿puedes esperarme en el jardín?

Ella, pareciendo saber de qué se trataba, respondió con un muy expresivo sí.

Para aclarar la situación con Laura, Flávio comentó:

– Me gustaría mucho poder hablar en privado con Anita. Luego la dejaré en casa.

Laura respondió:

– Siéntete como en casa.

Despidiéndose de su hermana y de Cristiano, Anita salió al jardín a esperar a Flávio. Él fue el siguiente. Una vez juntos en el coche, Flávio dijo:

– Te voy a llevar a un lindo restaurante.

– No tengo hambre Flávio, no quiero comer nada.

Él responde:

– Te va a gustar. Hay música instrumental ambiental y si no quieres cenar, podemos quedarnos en el bar.

Durante el viaje a veces tomaba la mano de Anita y ella se sonrojaba de placer. ¿Se haría finalmente realidad su sueño? Sentía que amaba a Flávio más que a nada en su vida y salir con él sería el colmo de su felicidad. En un lugar del bar, en penumbra, Flávio le hizo su declaración a Anita. Fue objetivo y sincero. Habló de su vida, su trabajo con la mediumnidad, su pasión por Camila y la trágica muerte de sus padres y su hermana. Él confesó haber sentido algo diferente y especial por ella, no dijo que fuera amor, pero sí un buen sentimiento que se debe vivir con intensidad.

Flávio aprendió que no se deben ocultar sentimientos, especialmente los de amor. Y el amor que da alegría a la vida y cuando aparece hay que vivirlo.

Anita no estaba contenta consigo misma. Era un alma de mediana evolución y no estaba interesado en la obra mediúmnica de Flávio. Ella fingía estar interesada, hacía preguntas, pero lo que realmente le gustaba era estar con él.

En el fondo agradecía a Dios que su novio fuera así, un poco bendecido, solo así estaría tranquila ante las traiciones, que ciertamente nunca sucederían. Bendita mediumnidad, pensó con cierto egoísmo.

Ella trató de hacer todo lo posible para complacerlo a partir de ese día. Cristiano se mostró muy feliz con la relación de los dos, ya que todo quedaría en familia. Dondequiera que estuviera Flávio, allí estaría Anita.

Si no fuera por su egoísmo, ésta sería una relación perfecta. Flávio la amaba. Conocía sus defectos, pero no eran suficientes para poner fin al amor que sentía. Él entendió y nunca discutieron. Para ella, vivir junto a Flávio fue una oportunidad de progreso que la vida le ofrecía. Al estar unidos por compromisos pasados, el matrimonio ciertamente se llevaría a cabo, apuntando al progreso de ambos.

Anita, desde la época que vivía en la espiritualidad, aceptó tenerlo como marido. Al haberlo perdido trágicamente en un pasado remoto, cristalizó en su espíritu que solo sería feliz si estaba con él, por lo que hizo todo lo posible para permanecer a su lado.

Había pasado un año desde el inicio del idilio entre Flávio y Anita. Durante este período siempre estuvieron juntos. Aprovechaba cada oportunidad para estar con él y por eso era asidua a las reuniones espiritistas de doña Margareth.

El tiempo pasó y Flávio desarrolló más su conciencia y actuó con mayor sabiduría. Realizó distintos tipos de cursos, entre ellos autoayuda, psicología conductual, análisis, parapsicología, terapias, incluida la logoterapia, que se basa fundamentalmente en la búsqueda y expresión del yo. Pero fue en un viaje a California que Flávio tomó uno de los cursos que más le ayudarían, el curso de mentalismo y prosperidad.

Al regresar de ese viaje, durante un tiempo de meditación, Flávio vio acercarse a él el espíritu Hilário:

– Que la Paz de Dios esté contigo.

– Que así sea. ¿Qué quieres de mí, Hilário?

– Primero déjame saber que otra parte de tu misión será cumplida. Debes salir de Inglaterra lo antes posible y regresar a Brasil. Allí es donde reside el grupo de personas a las que enseñarás. Su iniciación y aprendizaje se completó con el curso que recibiste en California. Es hora de metodolizar el trabajo y trazar pautas para organizarlo bien. La gente está cada vez más perdida ante los desafíos que enfrenta en el mundo. Serás el agente transformador en la vida de cada uno de ellos, quienes ya están listos para recibir ayuda.

– ¿Y Anita? ¿Podrás seguirme?

– Sí. Ella también está necesitada. Incluso descubrirás que la amas más de lo que crees. Tendrás que atravesar un gran desafío, pero la vida nunca abandona a nadie y podrás superarlo. La sugerencia de la espiritualidad es que formalices tu unión, te cases con ella. Después de casarse, deberán residir en Brasil. Te buscaré allí para más aclaraciones. Que Dios te proteja.

Flávio agradeció a Dios por este contacto y decidió poner en práctica el consejo de Hilário, pidiéndole a Anita que se casara con él. Estaba inmensamente feliz con la propuesta de matrimonio de su novio. Sus padres, Rômulo y Alexandra, también estuvieron de acuerdo con el matrimonio, pues vieron en Flávio la personificación del yerno perfecto: guapo, inteligente, sano y rico. Simplemente no les gustaban sus ideas espirituales; Como católicos ortodoxos, nunca compartirían las ideas de la reencarnación, las comunicaciones espirituales y cosas similares. Pero terminaron dejando de lado sus puntos de vista en favor de la felicidad de su hija.

Una tarde, estaba Flávio en casa de los padres de Anita, con su novia presente, haciendo planes para la boda:

— Vine a decirle que tengo la intención de salir del país y regresar a Brasil. Hablé con Anita y aceptó casarse allí.

A Alexandra no le gustó:

— ¿Allí? Tenía tantas ganas que estuviera aquí. Había hecho tantos planes, después de todo, ella se casará antes que Laura, ¡es mi primera hija en casarse! — Dijo con un tono melancólico en su voz.

— Allí vive mi única tía viva y la quiero mucho. Todos somos brasileños y queremos oficializar en nuestra patria esta unión tan esperada. También puedes ir allí el día de la ceremonia...

Rómulo estuvo de acuerdo:

— No quería perder a mi hija, pero estoy de acuerdo en que ella siga a su futuro marido. Si quieres casarte allí tienes mi total aprobación.

Alejandra respondió:

— Pero quiero ir contigo. Quiero preparar todo para esta boda personalmente. Rômulo y Laura pueden ir ese día, pero yo no dejaría sola a mi pequeña por nada.

Flávio argumentó:

— Solo queremos una fiesta sencilla. La ceremonia será civilizada, sin más alardes, ¿no es lo que acordamos, Anita?

Anita, que permaneció en silencio, respondió:

— Sí, pero sabiendo lo testaruda que es doña Alexandra, creo que es mejor que hagamos lo que ella quiere o tendremos problemas.

Alexandra era una mujer estricta, pero bondadosa. Amaba mucho a su hija y soñaba con la boda más hermosa para ella. No dejaría pasar una oportunidad así, obviamente.

– Soy muy testaruda, voy a organizar la fiesta más bonita de São Paulo. Mi marido y yo vamos a darlo todo por la fiesta, así que tú, Flávio, no tienes de qué preocuparte.

– Insisto en cooperar, al fin y al cabo soy el novio.

Rómulo intervino:

– Déjanoslo a nosotros, ya tendrás que cubrir los gastos de la casa, muebles, entre otras cosas.

La discusión continuó acalorada, cada uno dando su opinión, al final concluyeron que Flávio se encargaría del ajuar, la casa y los muebles, mientras los padres harían una fiesta de lujo.

Una vez decidido todo, Flávio, Anita y Alexandra volaron de regreso a Brasil. Cristiano, Rômulo y Laura fueron a despedirse al aeropuerto.

Francisca les daría la bienvenida y estaba ansiosa por volver a ver a su querido sobrino después de seis largos años. Hizo arreglar tres habitaciones especialmente para ellos y preparó un delicioso refrigerio para el té de las cinco.

A las tres estaban en Brasil. Flávio estaba emocionado:

– ¡Ah, mi tierra! Este olor, este Sol, esta magia solo existe aquí.

Alexandra también se conmovió:

– Ya me había olvidado de lo bueno y hermoso que es este querido país. Se siente como si hubiera estado ausente durante cien años. Debo confesar que incluso con toda la organización que hay en Inglaterra, sigo prefiriendo estar aquí. Y yo soy muy ruidoso, desorganizado y la gente de Brasil es así, muy zen.

Flávio corrigió:

– Aquí efectivamente hay mucha libertad, pero el pueblo brasileño ya se ha adaptado más al ritmo organizado de los países del primer mundo. Hoy se ve que el país está bien cuidado, organizado y dirigido. Será maravilloso vivir aquí.

Anita acaba de decir:

– Para mí, dondequiera que estés, allí estará mi felicidad.

Flávio, recién llegado a Brasil, ya no se parecía a ese adolescente lleno de dramatismo y confundido consigo mismo. Ahora era un hombre adulto, en cuerpo y alma. Experimentado, centrado, maduro, Flávio fue un verdadero maestro. De repente, vino a su mente el recuerdo de sus padres, de Camila, de sus viejos amigos, pero fue interrumpido por la cálida bienvenida de Francisca que vino a recogerlos.

– Qué bueno verte Flávio. ¡Qué diferente es ella, hasta el color de su cabello ha cambiado! – Dijo sonriendo.

Flávio abrazó esa alma generosa y presentó a las mujeres.

– Anita es mucho más hermosa de lo que imaginaba, ¿y ésta es Laura, su hermana?

– No, ella es Alexandra, la madre de Anita.

Francisca señaló:

– Vaya, envidio tu juventud y belleza, parecen hermanas. Mira, estoy orgulloso de llevarte con mi propio coche. Muchas cosas han cambiado en mi vida en estos seis años, incluso me convertí en empresaria – dijo muy feliz.

Flávio se regocijó:

– ¡Vaya tía, qué progreso!

Ella dijo:

– Me di cuenta que la vida ociosa que llevaba no contribuía en nada a mi progreso, con el tiempo me cansé de la rutina que tenía y decidí invertir parte de mi herencia en un emprendimiento. Pero ya vamos, que tengo muchas ganas de instalarlos en mi casa.

La conversación continuó animada, pero Flávio viajaba a través de sus recuerdos. Brasil realmente lo conmovió mucho, principalmente por su pasado, su pasión por Camila, todo le recordaba la época en la que aun era un adolescente y vivía con sus padres, llevando una vida como tantas otras. Hasta que un día el destino cambió el curso de los acontecimientos, y ahí estaba él, prueba viva y consciente que Dios nunca se equivoca y solo hace lo mejor que puede.

Tan pronto como Flávio llegó a Brasil, Ester intentó informar a Camila. Durante esos seis años continuó trabajando en los planes de venganza de la Ciudad del Desterro. Vivía con miedo, pero como no creía que fuera posible salir de allí, siguió haciendo todo lo que Jorge le decía.

Últimamente fue uno de los productores de ropa para los vecinos de la ciudad. Ester la encontró en una especie de telar, pero los hilos eran magnéticos y salieron de la mente de Camila; así aprendió a dar forma a los tejidos.

– ¿Qué pasó, Ester?

– Tengo noticias de Flávio. Jorge lo vio en el monitor cuando llegó a Brasil. Parece que su trabajo con sus hijos del otro lado comenzará en São Paulo.

Camila dejó el trabajo, interesada en esa conversación. Durante todos esos años, lo que más deseaba era acercarse al gran amor de su vida, pero sus compañeros decían que no era posible, pues Flávio vivía en un estado mental elevado. Aun así, Jorge lo espiaba siempre que podía a través de los monitores y ella siempre estaba informada. Preguntó:

– ¿Aún la tiene, la trajo a Brasil?

Ester permaneció en silencio por unos segundos y dijo:

– Lamento decirte que además de traerla tiene intención de casarse con ella. Intenta calmarte.

Camila se enfureció, sus ojos expulsaron chispas y todo su cuerpo tembló:

– ¡Esto no puede suceder, lo evitaré a toda costa!

Ester respondió:

– No sé si será posible, tendrás que pedirle permiso a Jorge. Durante esos años, nadie de esa ciudad logró acercarse siquiera a Flávio. ¿Crees que será posible ahora?

– No lo sé, pero tengo que encontrar una manera de evitar que esa maldita mujer se case con él, debe haber alguna manera, Ester.

– No siempre es posible inmiscuirse así a voluntad en la vida de los encarnados. Si ese fuera el caso, la Tierra ya se habría convertido en un manicomio más loco de lo que es. Si muchas veces triunfamos, en otras fracasamos. Si la persona está protegida por la luz no podremos hacer nada.

Camila gruñó enojada y decidió:

– Flávio es solo mío y nunca será de nadie, de nadie más. Ester, pide cita con Jorge, necesito verlo hoy.

Ester, de mal humor, respondió:

– No sé si será posible, hoy está muy ocupado, pero si lo hago, tal vez pueda hacerlo –. Dijo estas últimas palabras con malicia. Camila preguntó:

– Hace tiempo que sospecho que estás en una relación con Jorge, dime, ¿es cierto?

Ella sonrió y respondió:

– Jorge tiene muchas amantes, pero dudo que las demás le den todo como yo.

– ¡Lo sabía! – Exultó Camila –. Te da muchas facilidades. Solo podría ser eso.

Ester se lamentó:

– Desde que mi marido reencarnó ya no tuve vida sexual, ya sabes, estaba necesitada, entonces terminé entregándome a Jorge.

Camila dijo:

– ¡Tienes razón! Hago lo mismo. A mí me encanta Flávio, pero para asuntos íntimos siempre uso a Rafael –. Continuaron con la sensual conversación, rodeados de energías oscuras, pero en cierto momento Camila dijo:

– Ya basta de esta charla, ve a programar mi audiencia con Jorge. Separaré a esta pareja o mi nombre no es Camila Assunção Ferguson.

Ester buscó a Jorge, quien se mostraba un poco reacio a recibir a Camila, pero terminó cediendo.

A la hora señalada, con el rostro lleno de odio, allí estaba ella:

– Jorge, necesito encontrar una manera de separar a Flávio de Anita, que se quede solo conmigo.

Jorge se sacó de la boca una especie de pipa y sonrió:

– De verdad, tienes mucha suerte. Hoy, precisamente hoy, descubrí que se puede interferir en la relación.

Sus ojos brillaron.

– ¿Cómo así?

Jorge fue metódico al responder:

– Primero quiero decirte que todavía no puedes acercarte a tu amor. No podrás alcanzarlo. Pero Anita tiene poca energía y puedes trabajar negativamente con ella.

– Gracias a Dios podré vengarme de esa desgraciada que intenta robarme el amor a Flávio, pero... ¿Cómo lo haré, podemos volverla loca?

– Eso sería perfecto, pero no tenemos autorización para hacerlo. Según información de Teófilo, Anita no tiene ningún tipo de enfermedad en su periespíritu, pero podemos sembrar discordia entre la pareja, desconfianza y celos en su mente, además de depresión y si cede más, suicidio en el futuro. Luego podremos capturarla en el valle y traerla aquí. Ella será solo tuya, puedes abusar de ella a tu antojo.

Camila estaba radiante, el orgullo y la maldad eran sentimientos que la excitaban.

– ¿Será esto pronto? Ester me dijo que la boda será corta, tenemos que actuar rápido.

– Lo siento, pero no podemos evitar la boda.

Camila abrió inmensamente los ojos.

– ¿Por qué? ¿Me estás diciendo que eres débil y no puedes hacer nada? ¿Dónde está tu fuerza, Jorge?

Él la miró enojado:

– No me provoques o te arrepentirás. Este matrimonio está en la programación de reencarnación de Flávio y solo puede ser evitado por ambos, en este sentido nuestra acción es nula. Frente a ciertos determinismos de la vida, somos completamente impotentes.

Camila se puso a llorar:

– ¡Esa sonsa! Conseguirá el mayor deseo de mi vida: ser la esposa de Flávio. Pero... Si no podemos detener la boda, ¿qué podemos hacer realmente?

Jorge explicó:

– Su matrimonio está protegido, pero luego empezaremos a actuar poco a poco en su vida matrimonial y empezarán los problemas. Recuerda que Flávio tiene una vibración muy alta, pero Anita no, actuaremos sobre ella, sobre sus debilidades. ¿Qué puedo hacer? Ya lo estoy haciendo.

Envié un servidor a la corteza para vigilar las debilidades de Anita las 24 horas del día. Cuando los descubramos todos atacaremos.

Camila tenía dudas:

– ¿Flávio ya no tiene debilidades? ¿Se convirtió en santo? ¿Nada puede alcanzarlo?

– No es así. Los hijos del Cordero no exigen perfección a sus trabajadores. Como observé, Flávio tiene muchos defectos, es un hombre común y corriente, pero se esfuerza por mejorar, hace lo mejor que puede en su nivel de evolución, busca una alta espiritualidad. Cualquiera que actúe así está automáticamente protegido por la ley. Solo podemos atacar a aquellos que no dan lo mejor de sí, como es el caso de Anita.

Camila, pareciendo entender, preguntó:

– ¿Podré separarlos?

– Eso dependerá mucho de ella. Flávio está protegido, pero Anita no. Veamos qué podemos hacer. Todo a su debido tiempo.

Ella se despidió de él y se fue un poco triste. En medio de una plaza fea y maloliente, Ester salió a su encuentro.

– ¿Qué pasa amiga? ¿Qué te dijo Jorge?

– Desafortunadamente, no puedo hacer nada con respecto a este maldito matrimonio, pero puedo interferir más tarde. Quizás podamos separarlos.

Esther vibró:

– ¡Eres una de las nuestras! He visto que mereces vivir aquí con nosotros.

– Desde que fui traicionada por mi propia madre, no he podido ver ningún sentimiento frente a mí más que el odio. Antes de eso yo era una adolescente feliz y alegre, era una persona común y corriente, ¡desafortunadamente ella me convirtió en un monstruo!

– Así es, los demás son los culpables de nuestros problemas. Por eso, aquí en Desterro nos tomamos la justicia por nuestra mano. Esta historia del perdón solo funciona para las personas débiles.

Camila estuvo de acuerdo:

– Me encantó que doña Élida se volviera loca. Quiero que muera y venga a nuestro lado, entonces podré hacer con ella lo que quiera.

– Mi vida fue destrozada por Solano Carbajaua y hoy él también recibió la paga que merecía. Está ahí sin que ambas manos deambulen sin rumbo. Nadie, ni siquiera Jorge, ha logrado todavía dar con su paradero, desapareció. Debe estar escondido en una de esas cuevas.

Camila dijo:

– Siempre has tenido este odio, pero nunca nos dijiste el motivo, me gustaría mucho saberlo.

– ¡Así que ha llegado el momento, prepárate para descubrir qué me hizo ese bastardo!

Y empezó a narrar todo el drama de su vida.

15.– Regreso al pasado

Era 1896, poco tiempo después de la abolición de la esclavitud en Brasil. Yo, Ester, y mi esposo, Adolfo Cruz, vivíamos en un pueblo llamado Guadalupe, en el interior de una pequeña ciudad de México, que ahora es parte de la capital. Cultivábamos hierbas y teníamos una pequeña plantación que vendíamos en los mercados de fin de semana. Nuestra vida era buena, tranquila y teníamos dos hijos llamados Malaquías y Roque. Solano y Zuleika Carbajaua eran nuestros vecinos más cercanos y formábamos una estrecha amistad. Tuvieron un par de hijos que fueron Julieta y Eduardo. Al parecer vivían bien y eran más prósperos que nosotros.

Además de las plantaciones, mantenían un gran almacén en Arraial de Guadalupe del cual todos éramos clientes. Pasó el tiempo y comenzó la época seca. Nuestras plantaciones no crecían y necesitábamos seguir manteniéndonos. Realmente adoraba a mis hijos, la idea de verlos morir de hambre me enloquecía, por lo que Adolfo contrajo una gran deuda, no solo en el almacén de Solano, sino también en otros establecimientos comerciales de la región.

Eduardo, el hijo mayor de Solano, se hacía cargo de la tienda y siempre aumentaba el número de facturas de los clientes. Solano era temido en los alrededores y por eso nadie se atrevía a desafiarlo. Con el tiempo, Eduardo robó cada vez más y así hizo una pequeña fortuna. Teníamos una factura enorme y no hubiéramos podido pagarla. Le dije a mi esposo que no habíamos hecho muchas compras, a lo que él dijo:

– Eduardo me presentó esta suma y no podemos hacer nada contra ella, de hecho, se están acabando los suministros y necesitamos reabastecernos en el almacén de Solano.

Y así fue, la sequía continuó durante el resto de este año y se mantuvo igual durante los siguientes tres años. La única solución era seguir debiéndole a la familia Carbajaua. Un día, mientras estábamos tomando un café, Eduardo llegó a nuestra humilde casa acompañado de su padre. Sus rostros se entristecieron y Solano comenzó:

– Venimos a informarle que su situación con nuestro comercio no es buena. Deben mucho dinero y creo que no tienen nada con qué pagar.

Adolfo, recordando la vieja amistad entre las familias, todavía intentó llegar a un acuerdo:

– Lo sé amigo, pero llegará el momento en que saldaremos todas nuestras deudas contigo. Deja que pase esta sequía y te devolveré todo lo que nos proporciones en forma de dinero. Nuestras tierras siempre han sido buenas para sembrar y cosecharemos el doble.

Solano, con una sonrisa cínica en los ojos, respondió:

– Sabemos que tus tierras son geniales, por eso vinimos aquí. Deseamos intercambiar todos estos pagarés por tu casa y tu terreno.

Me estremecí de horror cuando vi el montón de pagarés en la mesa de mi cocina y me di cuenta que eran todos los demás que teníamos en la ciudad. Solano, interesado en nuestras tierras, saldó todas nuestras deudas y sumado a la cantidad que Eduardo aumentó al comprar en el almacén, fue una cantidad enorme. Desesperadamente grité:

– ¡No puede ser! Más de la mitad de lo que hay aquí no lo compramos nosotros en su almacén.

Eduardo, con el rostro marcado por la codicia, gritó:

– ¿Estás dudando de mi conducta, llamándome mentiroso?

Respondí:

– No es eso lo que quise decir, es solo que soy consciente que no compramos ni la mitad de lo que hay.

Empecé a llorar. Solitario, Adolfo preguntó:

– Déjame examinarlo.

Cuando recogió los pagarés, se sintió helado. La suma era el valor exacto de todas nuestras tierras y propiedades.

Gritó fuerte:

– ¡No puedes hacernos esto, pagaremos!

Solano no quiso polémicas y afirmó:

– Debes mucho. Por eso dejan esta propiedad y el terreno mañana temprano. A partir de ahora son nuestros.

Empecé a llorar abrazando a Malaquías y Roque, que en ese momento eran adolescentes. Se marcharon con las botas puestas, dejando atrás a una familia destruida. Adolfo intentó consolarnos diciendo que irse era la única alternativa. La ira y el odio dominaron nuestros corazones y a las seis de la mañana un grupo de peones armados vino a expulsarnos de lo que había sido nuestro hogar durante tantos años. Unidos tomamos el camino hacia la capital jurando venganza. Pero nunca pudimos vengarnos. Sufrimos mucho en la capital y las primeras noches dormimos en la calle. Fue con desilusión y amargura que recibimos en nuestros rostros la fuerte lluvia que acababa de llegar a esos lados de México. Desnutridos, Malaquías y Roque acabaron muriendo. Nunca en mi vida había sentido un dolor tan inmenso. Adolfo, por disgusto, tampoco pudo resistirse y acabó marchándose. Yo estaba sol en esa gran ciudad, porque vivíamos como harapos, haciendo trabajos aquí y allá, en las mansiones, a cambio de algo de comida.

En una de estas casas conocí a Malvina, una prostituta que tenía un castillo en las afueras y que se interesaba por mis formas. No era una mujer fea, simplemente la vida me golpeaba. Malvina me llevó a salones y me cuidó, colocándome en la vida del comercio sexual. Cuando me hice mayor y los clientes me rechazaron, terminé volviendo a la calle, porque el dinero como prostituta no valía, parecía maldito. Un día enfermé y un grupo católico me llevó a un asilo, donde morí sola.

Llegué al astral en 1956, fallecí a los 80 años. La muerte quitó el velo que ocultaba mi visión y me encontré en un lugar sucio, frío y húmedo. Los mismos hombres que me utilizaron sexualmente cuando estaba en la Tierra, ahora en mi sueño físico, me persiguieron implacablemente. Terminaron encontrándome y continuaron abusando de mí. Me quedé así durante seis años, hasta el día en que apareció una hermosa mujer pidiéndome que dejara esa vida, diciendo que ya no merecía vivir así. Me dijo que había un hermoso lugar esperándome y que para entrar en él solo necesitaba una cosa: perdonar. En su docilidad dijo:

– Acuérdate del sufrimiento de Jesús, él sufrió por la injusticia de los hombres y aun así perdonó. Ahora es tu turno.

Dijo esto porque sabía que yo no había perdonado a Solano, era este odio el que me mantuvo y me mantiene con vida hasta el día de hoy. Me negué rotundamente, ella volvió un par de veces y luego desapareció. Entonces pasó lo mejor: Jorge vino a mi encuentro y me dijo que tenía razón en no seguir a esta mujer, que me llevaría con él a ver a mis hijos y entonces me puse muy feliz.

Llegué a Desterro, nuestra ciudad, donde ya vivían mis hijos. Fue un encuentro fabuloso. Lo único que faltaba para que mi felicidad fuera completa era mi esposo, pero Jorge me informó que había seguido adelante con esa mujer y nunca más lo volvería a ver. Eso es lo que pasó. Poco después supe que había reencarnado en Brasil. Malaquías y Roque, ya maduros y con pinta de otra encarnación donde eran sanguinarios, me ayudaron a buscar a Solano. Me alegré muchísimo al escuchar de boca de Jorge el trágico final de toda la familia Carbajaua. Solano prosperó unos años más, pero poco después cometió un grave error que lo llevó a la quiebra. Sus fraudes fueron descubiertos y fue arrestado. En prisión se suicidó. Julieta se fue a vivir al mismo castillo donde yo trabajé y se prostituyó. Eduardo huyó y Zuleika murió vieja y muy bendecida, a pesar de estar sola.

Perseguimos a todos hasta cruzar el Umbral, pero había un alma muy hermosa llamada Henrique que quería ayudarlos. A través de muchas oraciones de este espíritu, Dios concedió una nueva oportunidad para toda la familia. Reencarnaron. Usamos un médium aquí, de Desterro, llamaron a Mina y logramos ubicarlos en Brasil. Pero cuando esto sucedió ya estaban en una situación acomodada. Luego, influenciado por Jorge, tracé un plan minucioso. Me quedé con Solano y una vez más lo induje a robar. Recogió fácilmente mis mensajes y comenzó a robar dinero ilícitamente de las empresas donde trabajaba. Mi venganza había comenzado. Malaquías y Roque indujeron a Cristiano, que era Eduardo, a sumarse también al engaño de su padre y ambos me siguieron la pista. Jorge me apoyó en mi odiosa venganza y también empezó a obsesionar a la familia. Al no tener protección terminaron siendo golpeados. Henrique, el alma noble, también renació con ellos y se llama Flávio, el gran amor de su vida, Camila. Pero logró hacer poco. Viste que todos murieron y están sufriendo todo lo que nos hicieron sufrir. En el Umbral, Solano, hoy Ângelo, sufrió privaciones, perdió las manos y Zuleika, que es Érica, es esclava. Marina está en Valle del Amor Libre y lamentablemente perdimos la pista a Eduardo. Él es verdaderamente cambiado y se impregna cada día de las propuestas del Cordero. No puedo vengarme de él. Jorge dice que si intento esto estaré en problemas.

Este es mi drama, mi vida terminó ese día en que me quitaron todo. ¿No crees que hago bien en vengarme?

Camila, que escuchó todo con asombro, confirmó:

– Por supuesto amiga, aprecio tu lucha. De tu historia, y de la mía también, veo que solo a través del mal podemos volvernos más fuertes. Si fueras mala, ciertamente les habrías causado una vergüenza y habrías estado mucho mejor. Quizás ni siquiera habrías perdido su tierra.

– Así es, antes de ser estúpida, aceptaba todo con la cabeza gacha. Hoy nadie se mete conmigo.

Aquellas criaturas perdidas en una moral falsa e estacionaria seguían hablando. Ignoraron que solo el perdón libera y que la venganza es un arma de doble filo: afecta principalmente a quien la practica.

16.– La boda

Alexandra se despertó emocionada, era el día de la boda de su hija. Aquella temporada en Brasil le había hecho mucho bien a su espíritu. La casa de Francisca tenía un ambiente mágico, agradable y llevaba a todos a una sensación de paz interior. Ese día en particular, el bullicio era general, finalmente Flávio y Anita se unirían. En la mesa de café la conversación giró en torno al tema:

– Qué bueno cuando dos personas que se gustan deciden vivir bajo el mismo techo, es una pena que no me haya pasado a mí – dijo Francisca metiéndose una tostada en la boca.

– Lo bueno es que la gente intenta vivir bien y felizmente de todos modos. Un ser humano no es feliz solo porque se casa, ni tampoco es infeliz porque está solo. Tú misma, tía, te quejas por nada. Vives sola, pero no te sientes sola, siempre estás feliz y contenta con la vida. Para muchos, el matrimonio ha sido sinónimo de angustia e infelicidad – explicó Flávio.

– Rômulo y yo vivimos muy bien, gracias a Dios. Nos entendemos y sabemos aceptar los defectos de cada uno. Creo que el respeto es fundamental en una relación, más aun que amar, porque quien dice amar y no respeta la individualidad de la persona que ama, en realidad no ama plenamente – dijo Alexandra.

– Vaya, mamá, hoy eres una auténtica filósofa – bromeó Anita.

– Así es hija, todos tenemos un poco de médico y de loco.

La conversación continuó animada y luego todos se dedicaron a sus asuntos. Francisca había invertido gran parte de la herencia que le dejó su padre y que administraba con esmero en una tienda de ropa. Para ella ser empresaria era divertido, una forma de ser útil.

Durante estos tres meses en Brasil, Flávio compró una gran propiedad en una agradable calle del centro de São Paulo y la fue renovando según sus necesidades laborales. Hilário siempre lo orientaba sobre qué hacer para que su trabajo con la espiritualidad saliera lo mejor posible. Había una sala específica donde se realizaría el trabajo de desobsesión, otra donde se realizarían cursos y conferencias, y otra dedicada a pases y terapias alternativas. Quería crear un centro de estudios donde las personas pudieran recibir asesoramiento individual y para ello contrató expertos y los capacitó en los conceptos de metafísica y mentalismo. Todo estaba programado por la espiritualidad y Flávio confiaba en el futuro.

Anita partió con su madre para ultimar la decoración del amplio salón donde se llevaría a cabo la unión civil. No podía contener su felicidad, tener al hombre amado, fiel, religioso, era todo lo que más anhelaba. Alexandra tenía prisa porque todavía recibiría a su marido, Laura y Cristiano que llegaban de Inglaterra.

El club estaba impecable, ella y Flávio habían gastado mucho, pero el resultado fue muy bueno. El lujo excesivo resultaba incómodo. Flávio; sin embargo, decidió cumplir todos los deseos de su futura esposa.

Tenía la intención de iniciarla en tareas espirituales y con ello le enseñaría sobre las leyes cósmicas.

Anita era de espíritu un poco madura y estaba lejos de saber lo que era la verdadera sencillez. La prueba de riqueza que aceptó cuando estaba en la espiritualidad fue precisamente para que pudiera aprender a vivir con sencillez, aunque tuviera mucho dinero.

Sin embargo, las leyes de la probabilidad indicaban que estaba al borde de la quiebra ante la prueba elegida. Ella siempre se excedía en la limpieza y su madre contribuía. Todo tenía que ser lo más caro y lo mejor.

A mediodía en punto, el avión procedente de Londres llegó al famoso aeropuerto de São Paulo. Con alegría Rômulo, Cristiano y Laura pisaron suelo brasileño. Cada uno lanzó tantas exclamaciones como pudo, mientras abrazaban a Flávio, Anita y Alexandra.

De camino a casa, ya en el lujoso coche de Flávio, Cristiano bromeó:

– Mira lo irónica que es la vida. Flávio dijo que Laura y yo nos casaríamos pronto y ¿quiénes eran los acosadores? ¿Quién fijó la fecha de la boda después de apenas seis meses de noviazgo?

Flávio, respondiendo dijo:

– Así es, ¿por qué retrasar la felicidad? Anita es la mujer de mi vida, de eso estoy seguro, así que ¿por qué esperar?

Rómulo dijo:

– Estoy muy feliz de dejar a mi hija en tus manos, sé que será muy feliz, tu alma es muy noble.

– Solo Jesús fue un noble en plenitud, todos estamos todavía lejos de la nobleza. Cualquier cualidad que tengamos en este mundo sigue siendo muy problemática. ¡Me aterroriza la reputación de santidad!

– Lo siento Flávio, no quería causarte ningún problema, pero soy sincero, digo lo que siento y sé que tu alma está muy elevada.

– Tu amabilidad amigo, debes ser muy bueno al verme así.

Llegaron a casa. Con cada palabra dicha por Flávio, Anita se sentía una privilegiada. ¡Qué hombre tan sabio! ¡Qué hombre tan perfecto! Pensó, perdida en fantasías. Ignoraba que por mucho que una persona tenga cierto magnetismo que nos impresione, nunca es perfecta ni maravillosa. Es solo un ser humano con cualidades y defectos.

La adoración excesiva, la adoración y la deificación revelan una falta de discernimiento espiritual. Cuando esa persona se equivoca, nuestra ilusión se desmorona y nos damos cuenta si realmente la amábamos o si simplemente estábamos viviendo una proyección hecha por nuestra mente casi siempre vigilante. La boda se desarrolló con mucha pompa, del agrado de Anita. Fue invitada la mejor sociedad, ya que los padres de la novia, ya conocidos en São Paulo, gozaban de fama de ser millonarios en el extranjero. Hubo mucha abundancia, música, belleza y la fiesta fue muy elogiada.

Los novios recibieron felicitaciones y luego se fueron de luna de miel a un chalet en Angra dos Reis, a pesar de los deseos de Anita, que quería visitar algunos países europeos. Después de los primeros días, Anita llamó a Flávio y le dijo:

– Me gustaría que me explicaras por qué ese paso en falso en nuestra fiesta de bodas.

Se asustó y preguntó:

– ¿Qué paso en falso?

– Bueno, interrumpiste los saludos de los invitados para anunciar este curso que vas a tomar con los espíritus. ¡Me quedé asombrada!

Flávio, que nunca esperó esto de ella, dijo:

– Bueno, amor, no fue ningún error. Recién aproveché para anunciar el inicio de mi trabajo, había mucha gente y sentí que era una gran oportunidad.

– ¿Muchas personas católicas, quieres decir? A esa gente nunca le interesará nada que tenga que ver con espíritus, almas de otro mundo, cosas así, porque tendrás todo el tiempo del mundo para hacer eso.

Flávio la miró serio y dijo:

– No quiero que nuestro matrimonio empiece así. Te quiero mucho y pensé que estabas de acuerdo con mis ideas, de hecho, te las expliqué todas tan pronto como nos conocimos. Tengo una misión delicada que cumplir en São Paulo y sé que hay un grupo de evolución esperándome, esperando que la espiritualidad se manifieste a través de mí. Estoy seguro que la gente está interesada.

De hecho, en nuestra fiesta no mencioné nada sobre espíritus, solo hablé de ciencia mentalista y metafísica. Hay algo malo con eso?

Ella contemporizó:

– No, querido, simplemente no pensé que era el momento adecuado...

Él captó su energía fácilmente y respondió:

– Mira Anita, sé que piensas que con el tiempo me controlarás, gobernarás mi vida y cosas así, pero quiero que sepas que conmigo no podrás. Soy un espíritu libre e independiente. El matrimonio es solo el deseo de dos personas que se aman y quieren vivir juntas y formar una familia. El matrimonio, los anillos, pueden ser emotivos, hacerte llorar, pero no es una prisión, una esposa. Quien ama libera y no aprisiona.

Ella guardó silencio unos segundos y luego lo abrazó:

– Lo siento amor, te prometo que te aceptaré tal como eres. ¡Nunca podría vivir sin ti!

– Ojo con esto, la dependencia esclaviza y debilita. Nada en este mundo es tan seguro como imaginamos. La vida es sorprendente y las cosas pueden cambiar en cualquier momento. Todo el mundo tiene un camino para evolucionar. De hecho, lo único seguro en este mundo es el cambio que renueva.

– ¿Estás tratando de dejarme? ¿Solo una semana de matrimonio y ya estás hablando de separación?

– No me malinterpretes. No estoy diciendo que vayamos a romper, no quiero eso. Sin embargo, el futuro tiene sus leyes y puede trazar otros caminos, nuevos rumbos para las personas. Lo mejor es vivir el presente sin perspectivas del mañana, haz de hoy el único momento de felicidad. Solo puedes ser feliz ahora, nunca en el pasado ni en el futuro, porque el futuro siempre está presente y el pasado ya está muerto.

Anita estaba absorta. Había creado en Flávio un halo de santidad que le hacía tejer los sueños más apasionados. Si un día lo perdiera no sabría vivir. Luego de escuchar las últimas palabras de su esposo, lo colmó de besos y lo arrastró hasta el dormitorio donde continuaron disfrutando de los buenos momentos de su luna de miel.

— Tenemos que irnos — advirtió Alexandra a Francisca durante el té de las cinco.

— Ah, ¿tan temprano?

— Así es, ni siquiera vamos a esperar a que Anita regrese de su luna de miel. Cristiano y Laura ya se han ido y tenemos nuestros negocios en Inglaterra. Lamentablemente Francisca, nuestra temporada navideña ya terminó.

El marido, tomando té y galletas, asintió:

— Así es, ya llevo una semana fuera del negocio y, ya sabes, los empresarios no siempre pueden darse el lujo de tomar vacaciones en cualquier época del año.

Francisca estuvo de acuerdo:

— Entiendo. Mi negocio de ropa es relativamente pequeño y ya se me está acabando el tiempo, imagínate tener una empresa tan grande. De hecho, me gustaría tener más de ellos en mi empresa.

— ¡Imagina! Nosotros somos los que estamos encantados contigo, con su deliciosa casa... Hoy sé lo feliz que estuvo Flávio aquí — dijo Alexandra alegremente.

— Sufrió mucho, después de todo acababa de perder a sus padres y a su hermana. Pero este chico es muy fuerte, lo ganó todo, supo hacerlo ahí fuera, creo que tendrá mucha suerte aquí.

En ese momento Rômulo preguntó:

— ¿De verdad crees que esta historia sobre los espíritus, la mediumnidad, el mundo espiritual, puede dar algún beneficio? Sé que mi yerno tiene mucho dinero, pero un día se le acaba ese dinero y entonces ¿cómo vivirá con mi hija?

Francisca aclaró:

— ¡Usted está equivocada! El trabajo con la espiritualidad es muy serio y nunca puede ser acusado. Flávio es un médium de incorporación muy ostentoso, vino programado para trabajar en desobsesión y por eso no cobrará ni un centavo. El dinero que ganará provendrá de cursos de mentalismo y metafísica, ciencias que aprendió en Estados Unidos.

Rómulo se mostró incrédulo:

– Nunca interferí en las ideas de Flávio, pero personalmente creo que no habrá retorno de él. Está invirtiendo mucho, en un gran edificio... La gente no le da mucha importancia a estas cosas, estas modas solo funcionan allí para los estadounidenses, los brasileños no las valoran – dijo con mucha confianza.

– ¡No digas eso! – Intervino Francisca –. La gente está cansada de sufrir y busca formas alternativas de alcanzar la felicidad. Y en un mundo donde todos somos diferentes y no hay dos personas iguales, en lugar de buscar su propia esencia y seguir su vocación, la mayoría de las personas intentan encajar en modelos sociales por miedo a no ser aceptadas. Y fingen felicidad cuando están amargados por dentro, aparentan sabiduría, inteligencia, intelectualidad cuando no saben comprenderse ni a ellos mismos. Ahí es donde Flávio, ayudado por los espíritus de la luz, tiene mucho que enseñar. El mundo espiritual ha hecho todo lo posible para iluminar a la gente enviando profetas, médiums conscientes, que inspiran la práctica del bien. Creo que mi sobrino tendrá todo el éxito que se merece.

Rômulo sonrió y dijo:

– Veo que ya fuiste catequizada por Flávio.

– Por supuesto. Todo lo que dice mi sobrino se puede comprobar con la vida, con la práctica diaria.

El viaje de la pareja tuvo lugar al día siguiente. Una vez más en el aeropuerto, al despedirse, Francisca rezó para que tuvieran un buen viaje.

Después de un mes de luna de miel, Anita y Flávio regresaron a São Paulo. Francisca, a pesar de estar ocupada, se hizo cargo de la hermosa casa que ambos adquirieron en un barrio cercano al lugar elegido por Flávio, para ser el centro donde desarrollaría su trabajo.

Anita eligió todo con mucho cuidado y dedicación, su casa sería un verdadero santuario, con Flávio como su ídolo. Intentó complacer a su marido en casa para que se sintiera feliz. Al hacer esto ella se anuló por completo, renunciando a sus preferencias para complacerlo.

Las obras en el Centro aun estaban en marcha, pero Flávio se esforzó en seguir todo de cerca. La fachada del edificio era grande y tenía escritas las palabras "Centro de Estudios Espirituales Luz en el Camino."

Esa tarde, después de examinar el trabajo de los trabajadores del Centro, Flávio llegó cansado a su casa. Cuando abrió el portón, volvió a admirar la belleza del jardín que rodeaba la casa. Siempre fue así, no podía penetrar la sala si no admirara los rosales, las dalias, los claveles y todas las flores y plantas de su jardín. Cruzó la puerta central de la casa y no vio a nadie. En la lujosa y ricamente amueblada habitación, solo estaba Rosália quitando el poco polvo que había en el timbre.

– Ya te dije que no hace falta que tengas tanto cuidado, apuesto a que ya has quitado el polvo de esta habitación cuatro veces – dijo Flávio, dirigiéndose a ella.

Asustada, Rosália respondió:

– Es que doña Anita lo exige, dice que hay que quitar el polvo cinco veces al día.

Besó a la señora un poco mayor y respondió:

– Bueno, dígale a la señora Anita que no necesita tanto, por hoy está bien, ya puede descansar, ¿dónde está su jefe?

– Llegó toda misteriosa desde la calle, llamó mucho y luego se fue a su habitación, diciendo que en cuanto llegara, la encontraría allí.

– ¡Caramba! ¿De qué es tan importante que mi señora me hable? – Dijo en broma.

– No lo sé, pero parece que es algo serio.

Subió las escaleras que conducían al gran pasillo. Era una casa grande y pensó en poblarla con sus hijos y los de Anita; quería seis. Cuando le dijo esto a su esposa, a ella no le gustó, pensó que era demasiado. Sin embargo, en el fondo sentía que por Flávio haría cualquier cosa, incluso sacrificarse en el tormento que serían tantos embarazos. El dormitorio de la pareja era el más grande de la mansión. Todas las habitaciones tenían un balcón con vistas al jardín. Al entrar a la habitación encontró a Anita recostada en la cama posando, vestida con un hermoso vestido azul. Le pareció extraño, su esposa no solía vestirse tanto sin ir a una fiesta importante. Él la miró y quedó conmovido por lo que vio. Un fino hilo plateado estaba conectado al vientre de Anita, él comenzó a llorar, corrió y abrazó a su esposa. Se dio cuenta que su marido, con su mediumnidad, ya se había dado cuenta, le susurró al oído:

– Así es mi amor, estoy embarazada. Es la primera criatura que viene a través de nosotros.

– Sé que, querida, nuestro hogar se llenó de la bendición de la maternidad. Que Dios te proteja en esta hermosa etapa.

Comenzaron a besarse repetidamente y poco después cedieron al amor que sentían el uno por el otro.

En la ciudad astral Campo de la Redención Carlota, Noel e Hilário junto con un grupo de técnicos se encontraban en una seria reunión. Carlota preguntó:

– ¿No es arriesgada una intervención como ésta?

Hilario explicó:

– Toda reencarnación es predicha y aprobada por el Creador, por lo tanto siempre es capaz de funcionar. Sin embargo, cada uno tiene libre albedrío. Lo que la gente haga, comprometiendo su propia reencarnación, es responsabilidad exclusiva de ellos. Anita tiene seis semanas de embarazo, por ahora el feto está siendo mantenido por espíritus superiores, pero pronto el espíritu de Camila se conectará con ella, renaciendo en casa de Flávio. Esta será la oportunidad para Camila de santificar la antigua pasión que siente por él. Verlo como padre y aprender a amarlo con respeto tendrá la oportunidad de sublimar este sentimiento.

Noel intervino:

– Entiendo la preocupación de Carlota, yo también la tengo. Temo que Camila, una vez reencarnada, vuelva a sentir la misma pasión por el ser que luego será su padre. Si no sabe gestionar este sentimiento, puede cometer errores muy graves.

Uno de los técnicos llamado Aramis respondió:

– Las reencarnaciones solo ocurren cuando son aprobadas por un plan superior. Aprendimos de un mentor más avanzado que este es el momento. De ser así, Camila ya tiene la oportunidad de ganar su carrera. Si quiebra es por elección propia y por no hacer lo mejor que pudo.

Se hizo el silencio, Hilário interrumpió:

– Creo que nuestra reunión ha terminado. El equipo de Aramis seguirá cuidando del feto que recibirá a Camila. Noel y Carlota deben apoyar a la familia y apoyar una vez más a Anita. Está muy feliz, pero su embarazo será complicado. Cuando el espíritu de su rival entre en contacto con su campo vibratorio, ella entrará en depresión y comenzará a evitar a Flávio, en un intento inconsciente de mantener a Camila alejada de su gran amor. Tendremos mucho trabajo, pero las bendiciones de Dios nunca nos abandonarán. Vayan con Jesús y que él esté siempre a su lado.

La reunión terminó. Noel y Carlota salieron por la plaza principal, todavía pensativos por todo lo que escucharon. Se unieron a un grupo de personas que se encontraban en una banca y comenzaron una amena charla.

17.– Preludio al regreso

Al día siguiente, Hilário volvió a llamar a Noel y Carlota a su oficina. Al llegar, los invitó a observar a Camila en sus últimos momentos en la Ciudad del Destierro. Se encendió un monitor y pronto pudieron ver el entorno donde se encontraba Camila. En el cuarto de Jorge ella dijo:

– Así es Jorge, llevo unos días sintiendo una sensación extraña, me siento inquieta, no puedo trabajar en la confección de ropa, ni siquiera charlar con mi amiga Ester.

Jorge pareció observarla en lo más profundo de sus sentimientos y dijo:

– ¿Tus viajes a la corteza no han solucionado este problema? Generalmente, cuando chupamos la energía de personas invigilantes y adictas nos sentimos mucho mejor.

Ella, muy melancólica, respondió:

– Ya ni eso me anima. Hace quince días que no voy a la corteza. Me siento sin energía, siento que me va a pasar algo muy grave.

Jorge ya conocía esos síntomas. Siempre fue así, sus sujetos muchas veces se sentían deprimidos, con un vacío interior, mostraban arrepentimiento por las acciones que habían cometido y deseos de mejorar.

A veces los enviaba a prisión y los castigaba "físicamente" haciéndoles daño, lo que resolvía el asunto. Una buena paliza y un sermón sobre los males del mundo bastaron para disuadir algunas de las buenas intenciones.

Sin embargo, a otros eso ni siquiera ayudó, se sintieron raros, diciendo que algo muy grave estaba por pasar y que no sabían qué decir. Poco después desaparecieron misteriosamente. Nadie los encontró por ningún lado. Teófilo, su amigo, explicó:

– Todo esto es culpa de los seres de luz. Cuando se dan cuenta que alguien de nuestro lado necesita reencarnar, hacen todo bien, invaden nuestras ciudades y se las llevan. De nada sirve hacer guardia, entran imperceptiblemente a nuestros ojos, pasan por alto a nuestros mejores guardias y se llevan a quien quieren. Lamentablemente amigo mío, aun tenemos estas limitaciones que iremos superando con el tiempo. Llegará el momento en que ningún servidor del bien entrará aquí o allá en el Desterro sin nuestra autorización. Mira qué audaces son los hijos del Cordero, hacen con nosotros lo que quieren y aun así salen victoriosos. Pero tengo la esperanza que algún día el mal definitivamente vencerá al bien.

Al recordar este diálogo, Jorge pensó que Camila estaba a punto de reencarnar. No quería que la castigaran, solo dijo:

– Te aconsejo que te distraigas en la corteza. Llama a Ester y sal a caminar, beber las libaciones de alcohol, cigarrillos y otros vicios siempre es bueno. He observado que nunca has vuelto a hacer nada malo. Tras convertirte en productora de ropa, dejaste de lado las prácticas de nuestro magnetismo. Creo que cometí un error al alejarte del trabajo durante tanto tiempo.

Ella preguntó:

– ¿De verdad crees que si vuelvo a trabajar en la producción de magnetismo estaré bien?

– Por ahora ve con Ester a la Tierra y diviértete un poco, si no mejoras tendrás que volver a hacer el mal.

Camila fue en busca de Ester y la encontró en su casa. Era una casa fea y de aspecto sucio. Las paredes estaban pintadas de un rosa lúgubre. Ester abrió la puerta y se alegró de ver que era su amiga:

- Me alegro que hayas venido, ya estaba aburrida aquí sin mis hijos.

- ¿A dónde fueron Malaquías y Roque?

Ella, pasando un peine sucio por su cabello rubio y rizado, respondió:

- Están en una misión en la Tierra. En el Tribunal de Justicia Jorge decidió que un hombre en la Tierra debía morir en una pelea de bar. Mis hijos fueron a este bar para inspirar al verdugo del hombre a asesinarlo fríamente.

Camila, con cara de quien escucha algo común, dijo:

- ¡Oh, pensé que era algo serio! Vine aquí para hablar de mí. Ya sabes, amiga mío, ya no me siento feliz como antes, de hecho, nunca he sentido alegría o felicidad aquí.

Ester respondió:

- ¡Sabes que la felicidad no existe, nacimos para sufrir! ¿Qué esperas de la vida? ¡Cuánta ilusión tienen ustedes, jóvenes! Hay que agradecerle a Jorge la oportunidad de estar aquí y de convivir con él, que es tan inteligente.

- ¿Sabes que comencé a dudar de su inteligencia?

La otra se quedó estupefacta:

- ¿Cómo así?

- Fui a contarle mi condición, pero parece que no sabe lo que tengo. Sus palabras fueron cortas y parecía estar escondiéndome algo serio. Luego me dijo que fuera a la Tierra y disfrutara de los placeres contigo y eso fue todo.

Ester defendió a Jorge:

- Nunca digas que Jorge no es inteligente. He vivido con él durante más de 80 años y nunca lo vi cometer un error. Quizás no deberías saber algo, debería ser eso.

- Pero, ¿qué? Siento que me va a pasar algo terrible, siento que la Tierra me está jalando. Siento que pronto pasaré mucho tiempo allí.

- No digas tonterías, esto solo puede pasar si desobedeces a Jorge y te echa de aquí.

Ella pareció estar de acuerdo:

- Sí, tal vez sea una impresión tonta. ¿Ahora vamos a la Tierra?

- Vamos, allí nos divertiremos y ahuyentarás a todos esos fantasmas.

Se dirigieron hacia la corteza y pronto llegaron a una calle de las afueras de São Paulo. Era una calle pobre, pero tenía un bar pequeño y concurrido. Se acercaron y allí encontraron varias entidades similares a ellas. Era de mañana, pero ya había jóvenes y adultos adictos al alcohol. Uno de los jóvenes dijo:

- Chicos, hoy el *reggae* aquí estará pesado. Viene la pandilla de la calle 15 y les vamos a disparar.

Los demás jóvenes se emocionaron y empezaron a gritar. Era un grupo de un máximo de ocho adolescentes y cuatro adultos. Se referían a otro grupo que llegaría a tomar algo con ellos y al fondo del bar a montarse una orgía. Alquilaron esta habitación contigua para practicar la sexualidad irresponsable y el consumo de drogas.

Camila y Ester permanecieron allí hasta la noche en que llegó el grupo antes mencionado. Ester, locamente se aferró a una joven y comenzó a disfrutar de una deliciosa bebida. Camila hizo lo mismo. Cuando salieron de allí estaban cansados por todo lo vivido. Era temprano en la mañana y cada uno se fue a su casa.

Camila, aun borracha, se disponía a dormir cuando de repente vio una fuerte luz invadir su habitación. Intentó abrir los ojos, lo que logró tras mucho esfuerzo. La luz era brillante y oscureció su visión. Vio a un hombre de unos 60 años que la miraba profundamente. Preguntó:

-¿Qué deseas? ¿Qué quieres de mí? Nunca te había visto aquí en Desterro, ¿eres un residente nuevo?

Él no pareció escuchar y dijo:

– Ha llegado tu hora, hija mía. El tiempo de plantar y el tiempo de cosechar. Sígueme.

Ella, asustada, pero confiada en aquel hombre, dijo:

– ¿Me vas a sacar de aquí? Pero yo no... no puedo irme, Jorge me encontraría dondequiera que fuera. No debes saberlo, pero aquí vivimos como esclavos, hay un Tribunal donde juzga a la gente. Temo el sufrimiento; ¿A dónde quieres llevarme?

Él, muy tranquilamente, explicó:

– Somos esclavos solo de nuestras actitudes y pensamientos. Hasta que los cambiemos para siempre, seguiremos sufriendo. Eres una esclava de tus ilusiones, crees que puedes poseer la vida y las personas. Crees que puedes mandar y piensas que solo el mal tiene poder. ¡Cuánta ilusión! Solo el bien es verdadero, el mal solo existe para quienes creen en él.

De ahora en adelante debes ceder y venir conmigo. El tiempo apremia y reencarnarás en cuestión de unos meses.

Ella abrió los ojos luciendo aterrorizada y dijo:

– ¿Reencarnar? ¿Eso significa que esto es real, existe realmente?

– Este es uno de los procesos más naturales de la vida y lo has pasado innumerables veces. Ahora sígueme.

Ella se mostró reacia:

– No podemos salir de aquí. Hay guardias por toda la ciudad. Por cierto, ¿cómo llegaste aquí sin que te vieran? Si alguien descubre que estás en mi casa, seremos severamente castigados.

Sin inmutarse, reveló:

– Mi nombre es Hilário y vivo en una ciudad arriba de esta franja llamada Campo de la Redención. Allí vivirá hasta renacer en la Tierra. Si aceptas, podremos salir de aquí sin que nadie nos vea. Manipulando ciertos fluidos podemos pasar desapercibidos a los ojos de cualquiera que viva aquí.

Se detuvo, pensó un poco y dijo:

– ¡No, no puedo! Aquí soy libre, hago lo que quiero. He oído que en estas otras ciudades todo es limitado, no puedes hacer lo que quieras. De hecho, querrás meterme en la cabeza que el bien es bueno, que practicar la caridad da alegría y yo no creo en estas cosas. Además, estoy interesada en separar una pareja en la Tierra. Solo te seguiré si prometes separar a Flávio de Anita. Jorge dijo que no tiene el poder de interferir en esta relación, pero si lo tienes, iré contigo.

Hilario dijo:

– Flávio y Anita están unidos por los lazos del amor. Parejas así no se separan fácilmente, nadie interfiere en un hogar donde hay amor verdadero. Solo la propia pareja en su intimidad puede optar por la separación, lo que en estos casos se produce sin mayores inconvenientes.

Quien ama libera y da plenitud a la persona que ama para que pueda expresarse y ser tal como es. ¿No crees que lo que llamas amor es solo pasión?

Ella pensó un poco y respondió:

– ¡No, amo a Flávio más que a nada! No soporto saber que me engañó y se casó con otra persona.

Hilário jugó su última carta:

– No podemos ayudarte con este plan, pero te puedo garantizar que si sigues conmigo te pondré cara a cara con tu amor. Te garantizo que aquí con Jorge esto nunca sucederá.

Se llenó los ojos de lágrimas y preguntó, un tanto suspicaz:

– ¿Realmente lo prometes? ¿Juras que veré a Flávio, lo besaré, lo abrazaré?

– Sí, ¿y nosotros también?

Él abrió los brazos y ella lo abrazó. Una energía blanca lechosa los rodeó y caminaron por la ciudad oscura. Los guardias parecían distraídos y no notaron nada, algunas personas también caminaban en las primeras horas de la mañana, pero no vieron a

Hilário ni a Camila. Luego de caminar unos metros le rodeó la cintura con sus brazos y regresaron a la mencionada ciudad.

Se detuvieron frente a un inmenso muro y una pesada verja de hierro. A su izquierda estaban las palabras Colonia de Recuperación Campo de la Redención. Hilário insertó una especie de tarjeta magnética, esperó unos segundos y se abrió un panel en un compartimento en la pared. Puso su mano abierta sobre el compartimento y el panel se iluminó. Camila notó que el panel registró todas las huellas dactilares de Hilário. Poco después, la puerta se abrió y entraron. Camila quedó atónita por lo que vio. Inmensos jardines floridos y verdes, bancas de madera donde la gente, a pesar de la madrugada, seguía conversando. Caminaron un poco más. Ahora llegaron a una calle pavimentada. Desde donde estaba, vio grupos de miles de casas desapareciendo de la vista. Todo era muy bonito, limpio y organizado. Carlota llegó con su sonrisa, la abrazó y ocurrió un fenómeno curioso: la ropa que vestía Camila cambió de apariencia. Apareció un exótico vestido amarillo pálido, suave y vaporoso.

- No te asustes, amiga mía, aquí la mayor parte de la ropa se moldea en el acto por la fuerza de nuestros pensamientos. ¿Vamos? El autobús nos espera.

Camila miró a Hilário:

- ¿No vas conmigo? ¿Me vas a dejar aquí con esta extraña

Hilário sonrió:

- El edificio donde vivo está cerca de tu casa, duerme, mañana te paso a visitar y hablamos mejor.

Un poco desconfiada, Camila siguió a Carlota. Cuanto más caminaba, más admiraba la belleza de la ciudad, su organización y limpieza. Llegaron en un autobús un poco diferente a los que se ven en la Tierra. Entraron. Carlota se sentó al lado de su nueva amiga y le preguntó:

- ¿A dónde vamos? Estoy asustada y confundida.

Carlota dijo:

– Este autobús nos llevará al Conjunto Harmonía, donde nos espera una elegante casa. Yo mismo, junto con Jane y Noel, lo preparé para ti. Espero que sea de tu agrado.

– Mira, a decir verdad, sospecho mucho de ti. No sé si lo sabes, pero nunca fueron amables conmigo, incluso mi madre era falsa. Entonces sé que querrás algo a cambio. No sé, una casa ya hecha, ropa bonita... ¿Qué quieres de mí?

Carlota sonrió:

– No seas injusta, recibiste mucha amabilidad cuando estuviste en la Tierra, simplemente preferiste mirar todo desde el lado negativo. Tenías un padre que te amaba profundamente, una vida buena y cómoda, Flávio que te amaba y Rafael también. ¿Por qué eres tan desagradecida?

Ella estaba sorprendida, nunca se había detenido a pensar así.

– ¿Y las injusticias que recibí?

– Cada uno recibe según lo que irradia. Tus creencias y pensamientos fueron responsables de todo lo que experimentaste. La vida es maravillosa, los seres encarnados son quienes lo invierten todo.

– ¿Quieres decir que el aborto que me hizo mi madre, el hecho que perdiera a Rafael y muriera joven fue culpa mía? No consigo entender.

– Pronto sabrás cómo atrajiste todo esto a tu vida. Ahora estate atenta, hemos llegado a nuestro destino.

El viaje no duró ni diez minutos. Bajaron las escaleras y Camila quedó encantada con la hermosa casita que le tenían reservada. Era pequeña, pero elegante. Un recibidor a la entrada y pequeño jardín. Por dentro era luminoso y contaba con salón, dormitorio, baño y comedor. Ella estaba encantada.

Carlota se despidió y entró a la habitación. Era muy sencilla con ventana, armario, mesita de noche y espejo. Se miró asombrada: su rostro estaba libre del pesado maquillaje que solía usar. ¿Dónde estaba su cartuchera? Abrió el armario y no lo encontró, pero había mucha ropa de diferentes estilos. Sobre la mesilla de noche había una bandeja con zumo y pan. Comió y al poco tiempo la invadió la somnolencia. En la cama, rápidamente se quedó dormida.

Hilário vio todo en el monitor, junto con Carlota, y dijo:

– Mañana seguramente será un día de desafíos para ella. Descubrirá su pasado, sabrá cómo atrajo todo lo vivido en la Tierra y tal vez se rebelará. Pero la comprensión y el amor divino la apoyarán.

– Tendrá que afrontar su propia realidad para poder salir sana y salva, intentando superar la pasión que aun siente por Henrique; ya ha sufrido mucho por este amor desenfrenado.

– No solo ella sino también Anita, que la última vez quedó muy dañada.

– Oremos, pidiéndole a Dios por todos, solo con Su fuerza podrán vencer.

El gran salón estaba iluminado y listo para la primera conferencia. La reforma duró el tiempo necesario y no hubo retrasos, todo salió como quería Flávio. Delante del gran escenario había 300 sillas, todas numeradas. La noche fue agradable y Flávio comprobó felizmente que la mayoría de los invitados estaban presentes.

Francisca, con muchas ganas de empezar a aprender, estaba en la silla número 1 junto a Anita, que ahora más que nunca consideraba a su marido una estrella.

Flávio, muy organizado, había enviado invitaciones a todos los Centros Espíritas, casas comerciales, escuelas, personas conocidas de la familia y muchos otros que pudieran estar interesados en el evento. Fue escrito:

"El Centro de Estudios Espirituales Luz en el Camino te invita a una conferencia donde se tratarán temas como la autoayuda, la espiritualidad, el amor propio y el cambio interior. A partir de hoy, tendrás un lugar para buscar una vida mejor con la guía espiritual de médiums y terapeutas capacitados.

No te pierdas nuestra charla inaugural.
Mucha paz, de parte de mi amigo Flávio de Menezes."

Todo fue hecho con mucho mimo y el resultado fue el esperado. El espacio reservado estaba lleno.

Se abrió el telón y apareció Flávio. Muy feliz y concentrado comenzó:

– Queridos amigos, hoy es el día más feliz de mi vida. Juntos en esta casa estudiaremos los valores eternos del espíritu, trabajando por nuestro progreso espiritual. Veo la luz que irradia cada uno y siento el deseo y la necesidad de aprender a construir una vida mejor y alcanzar la felicidad. Comencemos preguntando:

– ¿Cómo están sus mentes? ¿Cuáles son sus pensamientos habituales? ¿Como está su vida? ¿Es feliz? La respuesta de la mayoría será negativa, y no es difícil entenderlo. Basta con detenerse, mirar a su alrededor y ver la cantidad de amigos, familiares, vecinos, con los más variados problemas: es la queja que su salud no es buena, que su vida emocional es un fracaso, que el dinero escasea, que la gente es falsa, etc. Ustedes mismos, que ahora escuchan estas palabras, no están contentos. Si es así, felicidades, supiste presionar los botones correctos y tus vidas avanzan hacia el logro. Sin embargo, lo que más vemos es gente con problemas. Los consultorios psiquiátricos y psicológicos están llenos de criaturas que desean salir del horrible círculo de negatividad en el que se han metido.

¡Por supuesto que fueron ellos! Somos responsables de todo lo que nos pasa. No hay nada en nuestras vidas que no haya estado primero en nuestra mente y en nuestro corazón, de una forma u otra.

El sabio Juvenal decía: *"Una mente sana es un cuerpo sano, una mente enferma es un cuerpo enfermo."* Esta sabiduría ciertamente demuestra su verdad. No hay nada peor que una cabeza vacía y ociosa. Vacío de buenas ideas, vacío de alegría, vacío de aventura, vacío de diversión, vacío de sabiduría. Nuestro demonio interior y los demonios exteriores empiezan a trabajar de forma furtiva y perdemos la alegría de vivir día tras día. Cuando veas a una persona desanimada, frustrada, sin vida o cometiendo cosas absurdas, puedes estar seguro: está con la cabeza vacía de buenos pensamientos, pero ocupada con ideas negativas.

Puedes protestar y decir: "¡Es mentira! Trabajo, estudio, corro como un preso, mi mente está muy ocupada, pero estoy tan deprimido..." Por supuesto que lo estás y seguirás estándolo, cada vez peor, cada día.. Simplemente la gente cultiva la ilusión que el trabajo, el estudio, una vida ocupada y ocupada llenan el vacío interior.

Tarde o temprano se darán cuenta que están equivocados. Por supuesto, estas cosas son importantes, pero el alimento que llena el alma es diferente y no se encuentra en las cosas externas. Las estadísticas revelan que el suicidio, la depresión y el vacío interior ocurren en todas las clases sociales, lo que muestra claramente que la situación financiera es el factor menos importante. Le ocurre tanto a personas ocupadas como a desempleadas, demostrando también que la falta de empleo externo no es la causa.

Tratemos de entender: no intento decir que el trabajo no vale nada, está claro que es importante. Cuando estás bien, contento y feliz, el trabajo vale la pena y es maravilloso, nuestra producción aumenta, atraemos energías astrales que intensifican nuestro entusiasmo y ni siquiera esperamos a que pase el tiempo. Sucede lo contrario cuando no estamos contentos con la vida. Si no podíamos ni levantarnos de la cama, ¿trabajar entonces? ¡De ninguna manera! ¿Alguna vez has notado cuando un empleado trabaja con problemas? Hay irritación, nerviosismo, pereza... Lo mismo ocurre con el estudio. Si estamos contentos con la vida, estudiaremos felices y aprenderemos de verdad. Si lo estamos haciendo mal, el estudio no tendrá ningún valor. Que no te engañen buscando fuera de ti mismo soluciones a tus problemas. Todo lo que necesitas para ser feliz está dentro de tu alma.

Llenen sus cabezas de verdad y nunca se sentirán vacíos. Pero ¿qué es la verdadera realización? Es vivir según su naturaleza más profunda, valorando tus sentimientos, manteniéndote en lo bueno. ¿Tienes la vida íntima que te gustaría tener? ¿Tu vida amorosa, familiar y sexual es como tu corazón te pide? ¿Se conocen lo suficiente como para saber lo que realmente quieren en la vida? ¿Son tus amistades las que llenan tu espíritu? ¿Tu sí eres siempre sí y tu no siempre eres no? ¿Ya has descubierto tu verdadera vocación? ¿Se aceptan plenamente tal como son? ¿Aceptan sus defectos con naturalidad, buscando mejorar y reconocer sus cualidades? ¿Has aprendido a aceptar al ser humano en cada persona con la que convives? ¿Han dejado de criticar, de tener complejos de superioridad e inferioridad? ¿Aceptas que la vida es libre e incontrolable y sabes adaptarte a sus ciclos? ¿Has desterrado por completo la envidia de tu corazón? ¿Dejaron de desear el mal a los demás? ¿Te has dado cuenta que no eres ni mejor ni peor que nadie?

Si responden no a solo uno de estos ítems, está claro que es necesario realizar un cambio. Ocupa tu mente con cosas positivas. Descubre tu mundo interior donde Dios ha colocado todas las respuestas mostrando el camino hacia tu progreso espiritual. Cumplir tu rol en la Tierra, trabajar, estudiar, cuidar de tu familia y el progreso del planeta es un deber hacia la vida, lo que nos brinda la oportunidad de aprender aquí.

El deber cumplido nos ayuda a encontrar la paz. Pero la realización de nuestro espíritu, el logro de la felicidad, está en nosotros, en el desarrollo de nuestras potencialidades y en la madurez de nuestro espíritu.

Si quieres la felicidad tendrás que conquistarla paso a paso, aprendiendo a afrontar adecuadamente todas las situaciones de la vida. En este proceso, cada uno es diferente y lo que funciona para mí puede no funcionar para ti. Ve dentro de ti e intenta descubrir cómo alcanzar tu felicidad y en esta casa, juntos, ayudados por amigos espirituales, intentaremos encontrar nuestro propio camino.

Apenas terminada la conferencia, Flávio hizo importantes advertencias. Dijo que el Centro estaría abierto todos los días de la semana, siendo los lunes para el tratamiento de desobsesión, los martes para charlas educativas y de autoayuda gratuitas y los miércoles para el curso de educación mediúmnica.

Los jueves habría un curso pago titulado "Prosperidad", los viernes y sábados otro curso "Poder de la Mente y Metafísica" y un domingo al mes habría un curso pago sobre "Salud y Enfermedad."

También advirtió que todos los interesados deberán pasar por la entrada, dar su nombre y dirección, confirmando los precios de cada curso.

Los nombres de las personas en estado de obsesión serían anotados por una secretaria en un diario, y Flávio sometería cada nombre a consulta con guías espirituales, para saber si el tratamiento se haría a distancia o con el paciente en el propio Centro. También explicó que cada caso es diferente y que solo los mentores de alto rango tendrían la última palabra sobre el tratamiento.

Finalizó diciendo que el servicio de desobsesión de los lunes estaría cerrado y comenzaría a las ocho en punto, aun así el equipo capacitado y disciplinado atendería casos especiales que requirieran asistencia urgente. Estas personas deben llegar al Centro quince minutos antes del cierre de puertas. Agradeciendo a todos su presencia, Flávio cerró la reunión. Luego, se vio rodeado de mucha gente que, satisfecha, fue a saludarlo.

Ese día, Flávio sintió que por fin estaba cumpliendo su vocación, realizando un trabajo que le daba una inmensa plenitud interior.

18.– Ayudando al cielo

El Centro de Estudios que Flávio dirigía con esmero y amor, realmente prosperó. Al principio, poca gente asistía a sus cursos, pero con el paso del tiempo la asistencia aumentó para su felicidad. Poder transmitir todo lo que había aprendido de los maestros fue un placer indescriptible. Ahora entendía por qué no le iba bien en el trabajo que hacía, era porque su verdadera vocación, su verdadero deseo aun no le había quedado claro.

Los ingresos de sus cursos fueron mínimos al principio, pero no se desanimó. Sin embargo, el trabajo que más placer le produjo fue la desobsesión. A pesar de no estar en un Centro Espírita propiamente dicho, este trabajo estaba dando frutos, especialmente en su propia casa, donde tuvo lugar un terrible proceso.

En el tercer mes de embarazo, Anita empezó a sentirse muy mal. Se desmayaba y tardaba un rato en despertar. Los médicos tranquilizaron a Flávio, diciéndole que se trataba de un síntoma pasajero, ya que no tenía ningún problema físico.

Realmente pasó. Anita ya no se desmayaba, pero una extraña sensación la invadió. Ella comenzó a rechazar a su marido y a sentirse enojada con él. Ella, que siempre había sido cariñosa, se transformó, evitando cualquier contacto con él, por pequeño que fuera.

Todo sucedió muy rápido. Camila se adaptó fácilmente a su nueva vida con sus amigos Noel, Carlota e Hilário. Todos los días cumplió la promesa que le hicieron: vería a Flávio y hasta podría abrazarlo. Así se hizo. Al salir del cuerpo vio a Hilário frente a él.

– Flávio, hay alguien que te quiere mucho y necesita verte. Aunque no tiene permitido decir muchas cosas, se contenta con solo un tierno y cariñoso abrazo tuyo.

Flávio pensó unos instantes y dijo:

– ¿Es en quién estoy pensando? ¿Será Camila? En estos seis años de estar desencarnada, nunca logré obtener ninguna información sobre ella. ¿Por qué?

– Sabes que no toda la información del plano espiritual puede transmitirse a las personas encarnadas. Aquí hay control sobre cierta información y solo se transmite en el momento adecuado. Es imperativo que el hombre ignore ciertas verdades para poder vivir en equilibrio.

– Lo sé, pero la amaba tanto que quería saber si estaba bien.

En ese momento apareció una figura frente a él y tomó forma. Era Camila. Una extraña emoción se apoderó de él cuando la miró a los ojos. Ella no pudo contener las lágrimas. Ella corrió y lo abrazó, lo besó repetidamente en el rostro, transmitiéndole todo lo que sentía. Estaba estático, no sabía cómo actuar. Preguntó:

– ¿Estás bien?

– Ahora más que nunca, porque estoy cerca de ti. Aunque sé que ya estás casado, no puedo dejar de amarte.

Él responde:

– Aparte del matrimonio, estamos separados por una banda enérgica, pero me alegra saber que estás bien.

Ella dijo:

– Muchas cosas sucederán en mi destino. Dicen que todo es para bien, pero tengo miedo, quiero quedarme a tu lado para siempre. Me das paz y seguridad.

– Nunca estaremos verdaderamente separados, el pensamiento es energía viva y donde quiera que esté también estaré pensando en ti.

Ella sonrió:

– Extraño. Ni siquiera la muerte puede acabar con un amor cuando es verdadero. Me pregunto si Anita algún día te entregará a mí.

– No pienses en el futuro. Cuídate, aprende a vivir mejor, sigue el destino que Dios ahora tiene reservado para ti. Algún día, quién sabe, tal vez podamos unirnos en mejores circunstancias. En ese momento yo era un adolescente inexperto, con miedo a la vida, huérfano. Estabas enojada, te atacaste a ti mismo, por eso moriste de esa manera. Quien se trata mal a sí misma, se ataca a sí misma o a sus semejantes y siempre está propenso a morir también violentamente. Cámbiate a ti mismo para que puedas vivir mejor en la próxima existencia.

Ella no se contuvo:

– Voy a renacer en...

Hilary rápidamente liberó una energía gris, que paralizó su voz. Miró a Flávio y dijo:

– Lamentablemente hijo, tendrás que olvidar lo que escuchaste aquí. Aun no se le puede revelar que Camila será tu hija.

Diciendo esto, liberó en Flávio una energía violeta que lo hizo quedarse dormido y lo llevó de regreso a su cuerpo.

Cuando despertó lo recordaba todo con claridad, excepto la parte final que no estaba clara en su cerebro. ¿Qué había dicho realmente Camila? No lo recordaba. Interiormente agradeció a Dios por ese encuentro y por saber que se encontraba bien. Sin embargo, Camila no quedó satisfecha. Cada día que pasaba, unida a Anita por los lazos de la reencarnación, sentía un odio sordo crecer en su pecho. No merecía estar con el amor de su vida. Acabaría con su vida. Hilário fue a su encuentro:

– Hija mía, si continúas así te verás obligada a abandonar este lugar de paz y renovación. Tus energías negativas te llevarán a la Tierra y tu reencarnación se producirá en circunstancias que no son muy buenas para ti. Con tu libre albedrío ahora puedes elegir la felicidad de una nueva vida o entrar en ella, llena de odio, y sufrir las consecuencias.

– ¿Por qué solo están de acuerdo con ella? ¿No ves que Anita es el único obstáculo para que yo ame a Flávio? Él puede dejar el cuerpo y si ella muere puede venir a verme todos los días para que podamos ser felices.

– No seas tan ingenua, hija. Las leyes que rigen los diferentes planes son estrictas. Aunque Anita falleciera, Flávio no podría venir aquí para estar contigo, tiene una misión sagrada en la Tierra y la ha cumplido bien. Dios no permitiría que eso sucediera.

– ¿Qué Dios es éste que me deja lejos de mi amor?

Pensó y decidió:

– Te voy a contar todo para que puedas razonar mejor y decidir. Solo después de algún tiempo tendrás acceso a cierta información, antes de tu total inconsciencia por la reencarnación. Sin embargo, tus energías exigen una solución a tu conflicto antes que acabe comprometiendo el embarazo.

Ella se enojó:

– ¿Qué verdad es ésta de la que siguen hablando en secreto? Eres tú, es Carlota, son todos los que se les ocurren estos misterios y no dicen nada, ya me estoy irritando.

– Lo que llamas misterio es todo el drama que rodea tu vida pasada con Flávio y Anita. Ha llegado el momento de revisar.

Ella, medio incrédula, siguió a Hilário, quien la llevó al Parque de los Lagos. Se sentaron en el borde de uno de ellos y una imagen empezó a surgir de sus aguas.

Corría el año 1756, una época en la que ciertas enfermedades no tenían cura, la lepra era una de ellas. Una antigua mansión en el este de Minas Gerais sirvió como Colonia de leprosos. En medio de todos aquellos enfermos había un joven de rara belleza que estaba allí como voluntario atendiendo heridas. Mientras hacía este trabajo, un negro entró en la habitación y lo llamó:

– Siñóziño Henrique, la señorita Helena te llama afuera.

Pareció enfadarse diciendo:

— ¿Qué vino a hacer aquí? Sabes que estoy trabajando y no me gusta que me interrumpan.

— No lo sé señor, pero dijo que le habla urgentemente.

Henrique dejó al paciente y se fue. Fue a recibirla en un rico carruaje, ya en camino, un poco lejos del leprosario.

—¿Qué quieres aquí? Sabes que no me gusta que me interrumpan cuando trabajo.

Helena fingió no darse cuenta del disgusto y dijo:

— Vine a traer un mensaje urgente de tu padre. Te ordena que regreses a la granja lo antes posible, diciendo que un muchacho como tú no debería quedarse aquí cuidando a los enfermos. Si no obedeces, te enviará de regreso a Francia.

Enrique estaba molesto:

— ¿Qué más hay para un chico como yo? Solo porque soy hijo de un granjero y estudio en el extranjero no soy mejor que nadie.

Ella respondió:

— ¿No te miras al espejo? ¿No ves las formas en tu cara, en tu cuerpo? ¿No vislumbras tu magnífico origen? No puedes ni debes quedarte aquí con estos malditos leprosos.

Se dejó vencer por la indignación:

— ¿Y tú qué tienes que ver con esto? ¿Por qué viniste a ser el mensajero de mi padre? Antônio podría venir solo, pero una vez más intenta guiar mi vida. Cuando empezamos a salir, no te conocía bien, no sabía que eras tan mezquina. Por eso todo se acabó y no hay vuelta atrás.

Abrió su elegante abanico y dijo entre dientes:

— Vine porque quiero ver qué te mantiene aquí. Sé que no son esos pacientes miserables. Debe haber una mujer en medio de esto. Ella debe estar tomando una decisión. Si me entero...

Él se enojó:

– Déjame en paz, vete y dile a mi padre que solo saldré de aquí cuando termine el trabajo.

Derrotada y con mirada vengativa, se disponía a marcharse cuando de la casa salió una joven de particular belleza. Llevaba una especie de delantal y un pañuelo en la cabeza. Ella se acercó ingenuamente al carruaje y se dirigió a él:

– Henrique, hoy terminé mi trabajo, saldré inmediatamente a casa antes del atardecer. Vine a avisarte que esa familia ha empeorado mucho. Después que te fuiste, la madre empezó a delirar y los niños lloraban mucho. Pero el padre... Eso no es más que hoy.

Henrique se puso triste y dijo:

– Gracias Anete, sé que te has esforzado mucho, pero cuando llega el momento, solo la fe en Dios puede sostenernos. Deja que te lleve a casa. El Sol ha desaparecido por completo bajo el horizonte.

Un atisbo de odio cruzó por el rostro de Helena. Entonces fue ella, ella fue la mujercita que se atrevió a robarle a Henrique. Porque ella sentiría el peso de su odio.

Henrique se volvió hacia el esclavo y le dijo:

– Antônio, llévate a Helena de aquí, podría contagiarse y no quiero sentirme culpable por eso – Se volvió hacia ella –. Y piensa en todo lo que dije. Olvídame, intenta casarte y ser feliz con otra persona, es lo mejor que puedes hacer por ti.

Ella estaba enojada:

– ¿Qué? ¿Y todavía tienes el coraje de decir eso delante de esta mujercita? Ya veremos. ¡Serás mío, cueste lo que cueste!

El carruaje se alejó a toda velocidad y pronto desapareció en la curva de la carretera.

Anete, siempre respetuosa y temerosa, preguntó:

– ¿De qué me culpa? Siento que ella me miró con desdén y odio a pesar que no le había hecho nada. Tengo miedo de involucrarme con gente así. Soy hija única, no tengo padre, quiero estar libre de cualquier confusión.

Henrique, que ya la amaba sinceramente, intentó llegar a un acuerdo:

– Esta mujer fue mi prometida durante dos años, a pesar de la presión de mi familia, nunca me casé, porque no estaba seguro de amarla. Al principio nuestra relación era muy buena, éramos muy cercanos, pero luego ella empezó a tener celos exagerados de mí, tratándome como si fuera una posesión. A partir de ese día comencé a sospechar que realmente no la amaba. Esta idea se apoderó de mí y comencé a sentirme indigno de estar con alguien a quien no amaba realmente. Rompí la relación, pero ella siguió obstinada en recuperarme. Esto se ha convertido en una auténtica obsesión para Helena, y te digo: no te preocupes, no te pasará nada malo, yo te protegeré.

Dicho esto, Henrique la tomó del brazo y juntos iniciaron una caminata. Feliz, una vez más se llevaría esa hermosa enfermera que con tanto amor se dedicó al cuidado de los leprosos. Ciertamente, el amor vivía en su pecho.

Las imágenes en las aguas del lago se apagaron. Camila lloraba sin parar. Hilário la consoló:

– Sé, hija, que la conciencia culpable suele cobrar un precio muy caro a quien aun no ha aprendido a evolucionar según la ley del amor. Sin embargo, todo esto pasó hace siglos, es hora de seguir adelante.

Ella comentó entre lágrimas:

– Lo recordé, lo recordé todo. A partir de ese momento, Helena ya fue inútil, vanidosa y egoísta. No sabía perder y por eso cometí muchos errores. Henrique ahora es Flávio y continúa con su obra de amor a las personas. Anete es Anita, la enemiga que tanto odié. La familia que Flávio trataba con tanto cariño en aquel leprosario eran los Carbajaua, que actualmente son Ângelo, Érica, Marina y Cristiano. Pero quiero verlo todo hasta el final, necesito saber qué hice después, ya no puedo esconderme detrás del velo del olvido.

– ¿Estás segura que estás lista?

– Sí, necesito saber quién soy y la causa de todo lo que he vivido en esta vida presente.

El lago volvió a iluminarse y empezaron a surgir nuevas imágenes:

El carruaje iba rápido, mientras Helena pensaba:

– "Necesito destruirla. Sé que es ella. Vi la forma en que ambos se miraban. Él me cambiará por cualquiera, pero no quedará así."

En ese momento, dos sombras oscuras se aferraron a ella con placer. Cuando Helena llegó a la Hacienda Florencia, intentó hacer una mala imagen de Henrique para su padre. Sembró en la mente del coronel Epifânio que su hijo estaba a punto de contagiarse de la horrible enfermedad y que se estaba involucrando con alguna mujer cualquiera, sin nombre ni moral. El coronel se enojó y decidió que al día siguiente buscaría a su hijo y lo traería de regreso, cueste lo que cueste.

A la mañana siguiente fue a buscarlo. Tan pronto como estuvo frente a frente con su hijo, lejos del lugar del enfermo, le dijo:

– ¡Mi hijo loco! Volverás a casa hoy y conmigo, lo exijo.

– No volveré, tengo un trabajo, una misión que cumplir aquí con estos pacientes y no iré, aunque me repudies.

– ¡Hijo! ¡Escucha a tu padre! Tu madre llora día y noche recordando que estás aquí expuesto al contagio de una mala enfermedad, si es que no estás ya enfermo. La Hacienda Florencia ya no es la misma sin ti, sin tu brillo, tu inteligencia...

– Necesito quedarme aquí, no lo entiendes... ¡Quiero, me siento bien dando servicio a los que sufren!

El padre se conmovió, pero se mostró firme:

– No tiene sentido que intentes engañarme, puede que incluso te guste lo que haces aquí, pero lo que realmente te frena es una mujer, enfermera de la casa.

Enrique objetó:

– Como siempre, Helena interfiriendo en el destino de los demás y queriendo incluirte en la conversación. ¿No te das cuenta del juego que está jugando? Anete es solo una más de las enfermeras de aquí, le tengo mucho respeto y cariño, pero eso es todo.

– Eso espero. Ya veo que no podré llevarte conmigo. Pero te advierto una cosa: no empañarás el honor de una familia noble como la nuestra casándote con cualquiera. Decir esto se acabó.

Henrique, triste y decepcionado de su padre, se puso a llorar. Anete se acercó:

– Vaya, tu familia empezó a buscarte ayer. ¿No crees que es mejor rendirte aquí y volver a lo tuyo? Están estudiando en otro país y ningún padre puede estar de acuerdo con eso: un hijo deja de estudiar para cuidar a los enfermos.

Se secó una lágrima rebelde y respondió:

– Estoy de vacaciones, puedo quedarme aquí tranquilamente. No hay razones justas para que nos desviemos de la obra del bien, ¡me quedaré!

Anete se sonrojó de placer:

– Eres decidido, me gusta la gente así.

Él respondió:

– También eres decidida y valiente. No cualquiera se hace enfermera en un lugar como este, corremos grave peligro de contagio.

Ella se sonrojó y dijo:

– Gracias a ti pierdo el miedo.

Henrique sintió la declaración de amor y la aprovechó:

– Me siento muy bien a tu lado, me gustaría tenerte como esposa, me gustas mucho.

Ella, que no esperaba que las cosas avanzaran tan rápido, se sintió victoriosa:

– Es todo lo que más deseaba: ser tu esposa, cuidarte, estar a tu lado…

Se besaron apasionadamente. De repente, apareció en la puerta una señora arrugada y gritó:

– ¡Henrique! ¡Una red! Corre, Paulo está en agonía.

Interrumpieron la manifestación afectuosa y corrieron hacia la leprosería.

En una sencilla cama, un hombre llegó al final de su viaje terrenal, víctima del bacilo de Hansen. Al trabajar con él durante semanas, Henrique se compadeció de su propia impotencia. Ver morir a un ser humano envuelto en harapos, sin dedos, orejas y nariz fue muy doloroso. En ese momento no entendía la bondad de Dios e incluso se preguntaba si realmente existía.

El anciano miró el hermoso rostro del chico y lo miró a los ojos, comenzó en agonía:

– Hijo, no sé cómo podría algún día agradecerte todo lo que has hecho por mí, si no fuera por tu amabilidad no tendría el alivio que tuve. Que Dios te bendiga. Dejo este mundo, pero lo hago confiado en que mi familia quedará en manos de un ángel.

En tres camas de una misma habitación lloraban tres personas en estado cadavérico. Eran parte de la familia de Paulo. Era su esposa, su hija y su hijo. Todos vivían juntos y la vida era buena, hasta que contrajeron la enfermedad y sus vecinos los echaron de la casa. Siempre que Henrique estaba de vacaciones, buscaba una de esas residencias de enfermos que eran tan comunes en la época, para brindarles ayuda. Cuando vio llegar a la familia de los leprosos, los acogió y los curó. Sin embargo, sentía que en lo que respecta a la vida era completamente impotente. Comenzó a llorar. La monja Veridiana rezó una especie de extremaunción, y poco después tiró del brazo a Henrique, quien, llorando, abrazó el cadáver.

Muy tranquila Veridiana dijo:

– Este no es el primero, ni será el último, que morirá así, debemos entender que es necesario, Dios muchas veces sublima al hombre a través del sufrimiento, créeme, Él solo hace lo mejor que puede.

Henrique, secándose las lágrimas, no estuvo de acuerdo:

– ¡No puedo admitir algo así, si fuera Dios, habría sanado a todos!

– ¡No blasfemes! Querer ser Dios es el peor sacrilegio. Él cuida de todos nosotros a su manera y ciertamente es la más correcta.

– Sor Veridiana, ¿cree usted que esta enfermedad algún día podrá tener cura?

– ¡Sí! Un día, cuando la vanidad sea exterminada de la Tierra, todos se curarán no solo de éste sino de muchos otros males. La vanidad cobra un alto precio a quienes la cultivan.

Henrique tenía curiosidad:

– ¿Crees que una enfermedad puede venir por vanidad? Entonces, ¿Dios está dando el ejemplo que la vanidad es mala?

– Hijo mío, todavía tenemos mucho que aprender, pero he observado cómo actúa la naturaleza y descubrí hace mucho tiempo que la causa de las enfermedades está en el patrón espiritual de la persona afectada. Si es elevado lealmente, nada les alcanza, pero si es un estándar bajo cultivado por vanidades, crímenes, soberbia, soberbia, egoísmo y tantos vicios horribles que cultiva la Humanidad, ciertamente enfermará. No es de extrañar que se vean tantas personas enfermas en todo el mundo.

Henrique calmó su corazón. Esa monja tenía algo diferente a las demás. Cuando habló, su rostro cambió de expresión, parecía como si su mirada se perdiera en la distancia e incluso su voz cambió un poco. Aunque estudió mucho las ciencias terrenales, nunca logró comprender ciertas razones de la vida.

El cuerpo fue arrojado a una zanja donde yacían otros cadáveres. Henrique siguió cuidando al resto de la familia con esmero y amor, pero vio cómo uno a uno eran llamados a la muerte. Lloró con cada evento como este. Poco después de su padre, le llegó el turno a Matilde, una niña aun joven, y luego a José, el menor. Finalmente fue doña Eulália, la que más sufrió.

Hilário detuvo las imágenes para dar algunas explicaciones necesarias. Se volvió hacia Camila y le dijo:

– Esa familia a la que tanto se encariñó Henrique fue después Solano, Zuleika, Marina y Eduardo Carbajaua. Incapaces de superar los impulsos negativos, continuaron en la delincuencia y los prejuicios, hasta que desencarnados y bajo la guía de Henrique, lograron reencarnar. A Brasil fueron Ângelo, Érica, Marina y Cristiano. Henrique renació para cumplir una misión y ayudarlos. Se llamaba Flávio.

Camila interrumpió:

– ¡Me acordé de todo! ¡Qué egoísta fui! Cuando Henrique regresó a sus estudios, su padre fue contactado por la madre de Anete, diciéndole que estaba embarazada y que el niño sería su nieto. Yo, que vivía en una hacienda vecina y siempre estaba cerca, terminé presenciando la escena y le dije al viejo Epifânio que era una estafa de aquella mujer, que Henrique nunca tendría un hijo con nadie. Sin embargo, él no lo creyó y fue a buscar a Anete.

Al llegar allí, mostró las cartas que recibió de Henrique y la última en la que mostraba toda su felicidad por ser padre, también aconsejó a Anete y a su madre que buscaran a Epifânio, pues seguramente no las dejaría desamparadas.

Y eso fue lo que hizo el viejo, además de creer todo lo que decían, por el embarazo les dio dinero para cubrir los primeros gastos. Yo estaba furiosa y planeé la muerte de Anete. Contraté a un secuaz que la mató a ella y al niño de tres tiros. Henrique casi se vuelve loco, pero la monja Veridiana, ahora médium Margareth de

Inglaterra, lo consoló y acabó sus días como sacerdote, entregado al sacerdocio religioso. El hombre de confianza que ahora sé que es Rafael se enamoró de mí y terminamos teniendo un romance. Para todos yo era una solterona virtuosa, pero teníamos una relación secreta, hasta que terminé engañándolo con un capataz de finca y terminé siendo asesinada por él que me pilló en el acto. ¡Cómo me equivoqué, cómo me he equivocado!

Hizo una pausa, miró a Hilário y continuó:

– Ahora entiendo todo lo que pasé en esta última encarnación. Así como tenía prejuicios contra Anete, que era pobre, sentí el peso del prejuicio cuando me enamoré de un negro. Maté a una persona embarazada y sentí que me sacaban a mi hijo de una manera horrible de mi vientre, y para colmo morí a balazos, tal como maté a alguien antes. Esta fue la venganza divina.

Hilário corrigió:

– Te equivocas, Dios no castiga a nadie y mucho menos se venga ni se alegra del sufrimiento humano. Atrajiste todo lo que experimentaste al continuar con el mismo patrón de pensamiento que en el pasado. La ley de Talión solo se utiliza como último recurso.

Antes, Dios busca advertir a las personas de diversas maneras para que aprendan por la ley del amor. La ley del karma no se utiliza para castigar, sino para proporcionar aprendizaje y evolución. La mayor razón de la vida humana es tu camino hacia la perfección y lamentablemente has elegido caminos tortuosos para llegar allí.

No pudo seguir el razonamiento de Hilário.

– Estoy confundida. Si no fui castigado, ¿por qué viví todo este drama? Después de todo, ya estoy mucho mejor espiritualmente.

Él sonrió mientras decía:

– No hay ninguna buena persona que sufra, puedes estar segura. Si la persona realmente se arrepiente del mal que ha hecho, reconoce que es la única responsable de lo que le pasó y trata de mantenerse con buena salud, podrá cambiar su destino y tener una vida mejor.

Al parecer habías mejorado, pero un golpe de la vida fue suficiente para comprobar que seguías igual. Al poco tiempo empezaste a volverte vengativa, vistiéndote agresivamente para provocar a tu madre, sin mencionar los vicios en los que te involucrabas. Cuando conociste a Flávio, volviste a dejarte llevar por la pasión. Cuando te advirtieron que él no se quedaría contigo, pronto hiciste un pacto con un santo para retenerlo a toda costa. Querías violar más la vida.

Una vez y tú fuiste la violada. Como puedes ver, no hay castigo, solo aprendizaje.

Hilário hizo una pausa y continuó:

– Antes de renacer, prometiste que cambiarías. Para ello se te concedió una poderosa mediumnidad y junto a Flávio haría una hermosa obra en favor del bien. Vuestro encuentro romántico sería inevitable, pero con el tiempo Flávio se daría cuenta que no te amaba y el vínculo afectivo que ambos tenían se acabaría. Deberías aceptarlo y tratar de ser su amigo. Con el tiempo llegarían nuevos amores y tendrías la oportunidad de elegir. Anita aparecería en el momento exacto, completando la boda que tú interrumpiste antes.

Como amiga de la pareja, la vida te daría posibilidades de redimir tus errores, y junto a Flávio en el trabajo de mediumnidad fraterna tendrías la posibilidad de conocer cómo funciona la vida espiritual y con ello alcanzarías el equilibrio. Sin embargo, preferiste seguir intuiciones perversas, como sensible captaste fácilmente las energías de los espíritus alcohólicos y adictos y te perdiste cada vez más. Ni siquiera el encuentro con Flávio logró cambiarte. Tú creaste todo tu destino.

Camila lloró mucho, recién ahora comprendiendo que ella era la única responsable de todo lo que pasaba en su vida. No tenía sentido desesperarse, más que nunca se dio cuenta que Dios actuaba para lo mejor y que todo era por un objetivo elevado. En ese momento renunció a magnetizar a Anita con vibraciones de odio, le debía la oportunidad de una nueva vida. Aceptaría ser su hija, intentaría amarla y demostrarse a sí misma que se había convertido en un espíritu mejor.

Hilário la abrazó por la cintura y juntos se dirigieron al gran salón de oración de la Colonia.

Anita, que siempre fue cariñosa y dedicada a Flávio, empezó a rechazarlo sin motivo alguno. Ella se encerró en su habitación y evitó recibirlo. Pronto se dio cuenta que se trataba de una influencia espiritual; si la llevaba al médico sospecharía de una enfermedad nerviosa, cosa que Flávio sabía que era poco probable en ese caso.

Al principio, Anita sintió las ondas negativas provenientes de Camila, pero después de revisar su pasado junto a Hilário, dejaron de perturbarla, pero otros espíritus aprovecharon la fragilidad emocional de la embarazada y continuaron haciendo el trabajo perverso que antes hacía Camila.

Esa tarde, Flávio volvió a llamar a la puerta del dormitorio de su esposa, decidido a llevarla al Centro para tratamiento espiritual. En trance, se comunicó con Hilário, quien dijo que realmente era una obsesión, indicándole el tratamiento para esa misma noche, solicitando urgencia.

Flávio siguió llamando insistentemente a la puerta y Anita gritó:

– ¡Déjame en paz! Vuelve a ese lugar, de hecho, lo que más amas en la vida.

Intentó pacientemente convencerla:

– Abre, necesito hablar contigo, te prometo que no haré nada que no quieras.

La criada estaba a su lado y le dijo:

– Como puede ver, todavía está muy rara, hoy ni siquiera almorzó. Fui a llevar la bandeja a su habitación y casi me ataca, tiró todo, fue un lío.

Flávio insistió:

– Abre Anita, el asunto es serio, te hablo y luego te dejo en paz.

Dentro de la habitación gritó:

– Dime desde ahí que no puedo ver tu cara. Lo que realmente quiero es echarte a ti y a ese niño de mi vida. ¡Cuando salga de aquí sabré qué hacer!

Flávio se quedó helado, entonces ¿estaba pensando en abortar? Algo dentro de él se rebeló, sintió una fuerza agresiva muy fuerte y abrió la puerta de patadas varias veces. Cuando logró entrar, encontró a Anita pálida, tendida en posición defensiva. Ella gritó:

– Monstruo, ¿crees que me vas a asustar así? ¡Fuera o no responderé por mí misma!

La criada que entró con el patrón dijo angustiada:

– Será mejor que te vayas de aquí, ella está desequilibrada y podría hacer alguna locura, de hecho, creo que una persona en este estado está completamente loca, ¿quieres que llame al Dr. Eduardo?

– ¡No! Puedes irte, déjame solo con ella.

– ¡Pero ella puede atacarlo, mira!

En ese momento Anita tomó un gran jarrón de cristal que decoraba la habitación y quiso tirárselo a su marido.

Rápidamente la atacó, la desarmó y la arrojó sobre la cama. Ella comenzó a gritar y morder a su marido mientras el jarrón de cristal se hacía añicos en el suelo. Flávio la dominó y por dentro comenzó a orar. Un olor fétido dominó toda la habitación y en cuestión de segundos Anita se desmayó. La criada asustada lloraba sin parar. Flávio la tranquilizó:

– Quédate tranquila, lo peor ya pasó, ella está bien otra vez.

Entre lágrimas, ella dijo:

– Aunque me advirtieron que no viniera a trabajar a casas de personas que tratan con espíritus, veo que aquí pasan cosas raras. Lo que le pasó definitivamente fue algo de seres oscuros, estaba poseída.

Flávio explicó:

— Es cierto, ella es víctima de un oscuro ataque. Pero esto no ocurre solo en los hogares de las personas que tratan con espíritus. En cada hogar de la Tierra hay seres espirituales que, cuando encuentran una apertura, interfieren y causan discordia. La ventaja de las personas espirituales es que saben actuar con precisión y dependen de energías superiores. Si este evento ocurriera en el hogar de una persona materialista, sería llevada a un hospital y recibiría un tratamiento completamente innecesario, que no sería adecuado para su caso.

Ella pareció entender y preguntó:

— ¿Y ahora? Parece desmayada, ¿qué pasará con ella?

— La voy a llevar dormida a la cámara de pases y luego a la sala de desobsesión. Allí, junto con mis amigos médiums, sabré qué hacer para ayudarla.

Anita durmió el resto de la tarde hasta la noche. Fue un sueño pesado y angustioso. A veces sudaba mucho, otras veces llamaba nombres que nadie entendía. A las siete y media llegaron Ernesto y Marilda a casa de Flávio. Marilda mirándola, dijo:

— Esta es una subyugación poderosa. No sé si podremos liberarla en esta sesión.

Flávio reconoció que era verdad. Sin embargo, según su experiencia, dijo que darse por vencido era peor. Los tres oraron y colocaron sus manos sobre el cuerpo de Anita, que temblaba de vez en cuando. La criada asustada también intentó orar. A la hora señalada todos partieron hacia el Centro.

Cuando llegaron con Anita aun dormida, encontraron a Walter y a otros tres médiums que serían parte de la sesión íntima. Le dieron pases y oraron llamando a amigos espirituales. Todos formaron un círculo y colocaron a Anita acostada en el medio. Flávio pronunció la oración inicial y entró en comunicación con Félix, el asesor e instructor del trabajo de desobsesión. Ya en marcha, Flávio escuchó lo que Félix le decía:

– Está rodeada de entidades que drenan su energía. Hemos llegado a intuir a los médiums para que den pase a estos espíritus para que podamos iniciar el trabajo de adoctrinamiento.

Flávio preguntó:

– ¿No serviré hoy de instrumento?

– Sí, funcionará, usaré tus cuerdas vocales para intentar convencer a las entidades que dejen a Anita.

Volviendo al cuerpo, Flávio aclaró:

– Félix nos dice que los espíritus obsesivos serán traídos aquí esta noche. El médium que esté en condiciones de cederles el paso a la comunicación debe hacerlo con mucho amor y respeto.

Minutos después, una mujer comenzó a temblar y a sonreír con picardía, y de repente dijo:

–¿Qué quieres de mí? ¿Con quién crees que estás tratando? Soy poderosa, puedo hacer que este techo se derrumbe y todos mueran enterrados.

Flávio, libre de su cuerpo, dejó completo espacio para que Félix utilizara sus facultades. Él dijo:

– No hay necesidad de enojarse, solo queremos hablar y saber por qué te acercaste a Anita.

Ella, riendo burlonamente, dijo:

– Ésta está muy débil, nos sirve de comida, le estamos quitando energías y haciendo que se aleje de su marido. Ahora que hemos obtenido un alimento vivo, no lo dejaremos por nada, les exijo que no interfieran, o no responderemos por nosotros mismos.

Félix, a través de Flávio, siguió hablando con mucha calma:

– Estás haciendo algo que no es bueno ni para ti ni para nadie, ¿te sientes feliz después de usarla? ¿No te has dado cuenta que este proceso solo aumenta tu grado de responsabilidad ante la ley?

– ¡Cállate, muchacho débil! Nunca abandonaré a tu esposa, ella me lo permite, me da espacio, tiene celos de ti. Ella intuitivamente sabe que el espíritu que nacerá a través de ella podría separarlos en el futuro; por eso, inconscientemente, se aleja de ti, no permitiendo que este espíritu esté a tu lado. Si no fuera por los celos, no la trataríamos como nuestra comida energética.

– Sabes, Dios da a cada uno la posibilidad de elegir y formarse a través de la libertad, pero llegará el día en que tú y tus compañeros tendrán que dejarla, para que puedan responsabilizarse de sus actitudes.

En ese momento, una médium se rio a carcajadas:

– ¿Crees que van a hacer daño a mi pupila? No saben con quién están tratando, saben que si no se dan por vencidos enviaremos a Anita al asilo. Será mejor que paren ahora antes que sea demasiado tarde.

Félix continuó imperturbable:

– No queremos molestar a nadie, cada uno es libre de pensar. La libertad más grande que tiene el ser humano es la del pensamiento, solo nos gustaría que la dejes en el nombre de Jesús. Hay un espíritu unido a Anita y necesita renacer en paz; lo que están haciendo no puede durar para siempre. Quien hace el mal se embriaga con él y esta misma energía hará que la persona se sienta mal, atrayendo sufrimiento y tristeza. ¿Es esto lo que quieres para tu vida?

– No acepto que me hablen así, sé lo que hago y les doy una última advertencia: desistan de este intento o no sabremos a dónde nos llevará esta historia.

Diciendo estas palabras los espíritus se retiraron y todo el equipo permaneció en oración. Félix, todavía usando el cuerpo de Flávio, brindó algunas aclaraciones:

– Anita mejorará un poco, aquí hay un equipo de espíritus amigos que están bañando su aura con energías buenas y fortalecedoras, pero el grupo que se presentó hoy aquí no se rendirá fácilmente; son antiguos vampiros del bajo astral que quieren succionarle lo más que puedan. No se dejen impresionar por sus palabras, el bien es más fuerte que el mal y siempre vence. No podrán volverla loca, ni llevarla al manicomio, pero para eso es necesario que Anita asista frecuentemente a las reuniones de desobsesión, como solo aquí tenemos suficiente equipo para desmagnetizar gradualmente su aura de los bloques de energía negativa a los que se ha magnetizado debido a los celos.

El encuentro terminó con una oración de Cáritas y Flávio llevó a su esposa, ya despierta, pero silenciosa, a casa, consciente que ayudar al cielo muchas veces es difícil, pero con amor y perseverancia siempre es posible.

19.– La lucha continúa

Durante el camino de regreso, Anita permaneció silenciosa y pensativa. La sesión logró desbloquear algunas energías negativas, pero todavía estaba bajo la influencia de espíritus inferiores. Flávio intentó mantener una conversación:

– ¿Te sientes mejor?

Ella, pareciendo salir de un gran aturdimiento, respondió con aire desagradable:

– Un poco, pero no creas que voy a dejar que hoy me prives de mi intimidad, me haces sentir náuseas.

Flávio, sin perder la paciencia, dijo:

– No quiero nada que tú no quieras, todos necesitamos dormir y descansar bien por la noche.

El auto llegó a su destino y subieron a sus habitaciones. La criada ya se había retirado y la casa estaba en silencio. Como en los últimos días, Flávio fue a la habitación de invitados cuando escuchó sonar el teléfono. Bajó a responder:

– ¡Hola!

– ¡Hola mano! ¡Qué difícil es hablar contigo!

Flávio se alegró al reconocer la voz de Cristiano:

– Llamaste en un buen momento, realmente necesitaba desahogarme...

– ¿Qué tienes?

– Anita está gravemente enferma, está obsesionada por un grupo de espíritus, que drenan su vitalidad y la hacen alejarse de mí. ¡Está siendo muy duro!

Cristiano guardó silencio unos segundos y luego dijo:

- ¿Cómo pudo pasar esto en tu casa, Flávio? ¿Cómo dejaste que ella se dejara influenciar?

- Sabes que cada uno es responsable solo de sí mismo. Yo hago mi parte, llevo a Anita a cursos y conferencias, pero ella solo finge estar interesada para complacerme, las cosas que escucha realmente no penetran en su espíritu. Cada uno debe hacer su parte, si ella fue influenciada fue porque bajó el estándar energético con alguna actitud.

Preocupado, Cristiano preguntó:

- ¿Es seria su obsesión? ¿Has podido tratarlo allí mismo, en tu espacio?

- Está subyugada por mentes infelices que han descubierto sus debilidades. Cualquiera que la haya visto últimamente dirá que está en una crisis psicótica. En cuanto al tratamiento, hoy se ha iniciado, pero creemos que queda un largo camino por recorrer.

- ¡Vaya hermano, hasta me da vergüenza, porque llamé solo para hablar de un evento que me hizo muy feliz! Laura está embarazada, ¡nos vamos a casar!

Flávio exultó de alegría:

- ¡Nuestras felicitaciones! Coincidencia o no, ¡ambas están embarazadas! Doña Alexandra tendrá mucho que hacer, ¡dos nietos a la vez!

Cristiano recordó:

- ¿Crees que debería contarle sobre el estado de Anita?

- No, bajo ninguna circunstancia. Seguramente se curará y no hay necesidad de preocupar a sus padres por eso.

Cristiano respondió:

- ¡Como siempre, acepto tus decisiones, mi gurú! Pero aquí viene otra noticia: a finales de este mes estaré de vacaciones y tengo intención de pasar un par de meses en Brasil con ustedes, ¿alguna objeción?

– Por supuesto que no, será un placer recibirte.

Hablaron unos minutos más y poco después Cristiano colgó. Flávio se fue a la cama y después de orar se durmió profundamente. Él no lo vio, pero las entidades que obsesionaban a Anita llegaron a su habitación. Una de ellas de apariencia femenina dijo:

– Teófilo dijo que éste nos podía dar problemas, ¿viste lo que nos hicieron él y ese grupo de médiums? ¡Nos atraparon en sus cuerpos y nos obligaron a hablar!

Otro replicó:

– Si pudiéramos neutralizarlo, creo que sería bueno. Pero mira esa energía azul que lo rodea, no podemos cruzar esa barrera.

– Eso me da un poco de miedo. Intentamos impresionar a esos médiums locos con gritos de terror y amenazas, pero parece que están muy seguros de sí mismos.

La entidad femenina continuó:

– Por ahora debemos parar e ir a Larvosa para comunicarle personalmente nuestras dudas a Teófilo. Dejaremos que Inácio la cuide, no deberíamos tardar mucho.

Diciendo esto, sus figuras negras desaparecieron en un rincón de la habitación.

Por la mañana, Flávio comunicó a Anita la noticia de su hermano:

– Así es, Laura está embarazada y Cristiano viene con ella a pasar las vacaciones aquí a Brasil. Mi hermano realmente necesita descansar, después de todo él da su vida por esa empresa.

Anita, que apenas había probado aquel rico desayuno, respondió cortés y desinteresadamente:

– No importa si vienen o no, simplemente estoy feliz que mi hermana esté embarazada. En cuanto a Cristiano, no se le puede criticar, él también abandonó todo por ese maldito Centro Espírita.

Anita estaba angustiada y sufría mucho. Su personalidad no fue aniquilada del todo, sentía todo lo que pasaba por su mente y sufría por estar alejada del hombre que tanto amaba. Pero una fuerza mayor que ella le inculcó que estar con Flávio era peligroso. Las entidades le sugirieron y ella creyó ciegamente que ese niño que iba a nacer la separaría de su marido. Pensó en el aborto, pero por todo lo que escuchó de Flávio, supo que ese era un camino de sufrimiento terrible. Debería actuar después que naciera el niño, entonces sabría cómo liberarse de esta carga. Sin embargo, dentro de ella el sufrimiento era grande, luchaba, intentaba reaccionar, pero los celos eran mayores. Luego se sintió completamente dominada, arrojó objetos a su marido, gritó, blasfemó. Los celos provienen del complejo de inferioridad y son una puerta abierta a obsesiones graves.

Flávio iba a discutir con su mujer, pero decidió quedarse callado, tenía un curso que empezar esa tarde y no podía mezclar su energía con discusiones negativas. Se fue en silencio sin besarla. Un espíritu sopló en su oído:

– ¿Así te trata? ¿Crees que es justo? Los hombres son todos iguales, solo porque estás embarazada él te rechaza, en unos días tomará a alguien como amante.

Anita sintió una oleada de resentimiento cuando vio a Flávio irse sin siquiera besarla.

–¡Ese idiota! – Pensó – ¡Recházame solo porque estoy embarazada! Incluso es capaz de encontrar una amante que satisfaga sus básicos instintos. Si eso sucede, ¡juro que los mataré!

Al ver que Anita estaba de acuerdo con sus pensamientos, el ente deforme la abrazó con gran placer.

Flávio se fue, dejando órdenes a la criada para que estuviera atenta a cualquier paso que diera su esposa. Cualquier noticia extraña debía comunicárselo inmediatamente.

La lucha contra los obsesores continuó. Otras sesiones se realizaron sin que Anita fuera llevada al Centro, fue atendida remotamente y mostró poca mejoría.

A finales de mes Cristiano y Laura llegaron a Brasil y se alojaron en casa de Flávio. Al llegar fueron recibidos amablemente por Anita, pero pronto notaron su cambio. Laura se sorprendió: su hermana estaba delgada y ojeras cubrían su rostro. Después de una reconfortante ducha se dirigieron al salón.

– Qué bueno estar nuevamente en Brasil, siento que este tiempo aquí será bueno para mi embarazo, ¿estás de acuerdo Anita?

– Quizás, cuando tengas un buen marido como el tuyo, en mi caso…

Flávio y Cristiano se miraron pero no dijeron una palabra.

– ¿Por qué dices eso de Flávio? En lo que a mí respecta, ¡es un gran marido!

– Es porque no ves cómo me trata últimamente, me rechaza, actúa con indiferencia, es como si ya no fuera mi marido.

Flávio interrumpió:

– Ella es la que me rechaza, no quiere que me acerque. Si te evito es porque no quiero más confusión.

Cristiano cambió el rumbo de la conversación, pasando a diferentes temas, hasta que el humor de Anita mejoró. Pasaron el resto de la mañana conversando y conociendo la mansión donde vivía Flávio.

20.– Cosas del destino

Flávio inició el encuentro con una oración pidiendo ayuda a los espíritus superiores. Los médiums dispuestos en semicírculo, concentrados, con mediumnidad educada y con pensamientos de Dios, esperaban que entrara el primer paciente de la noche que había llegado en busca de ayuda.

Entre el público, además de algunas personas más, estaban Cristiano y Laura. Cuando se cerraron las puertas, entró el primer paciente. Una joven, que parecía tener 25 años, fue introducida en la gran sala y colocada en el medio del círculo, sentada en un taburete. La asistente le dio su nombre a Flávio quien pidió buena onda para el urgente caso.

De repente, una mujer en el círculo se estremeció levemente y dijo con voz alterada:

–¿Qué quieres de mí? Libérame o no responderé de mis acciones.

Ernesto, el adoctrinador, con voz suave inició un diálogo:

– No queremos nada de ti que no puedas cumplir, primera respuesta: ¿por qué persigues a esta muchacha?

– No quiero y no tengo nada que decir, me dijeron que eres muy peligroso y podrías arrestarme para siempre si no me largo de aquí rápido. Además, no puedo hablar porque mis jefes me castigarían severamente.

– ¿De verdad crees que tienen poder? ¿Dónde están ahora mismo tus jefes que no vienen a salvarte?

La médium resopló un poco y luego dijo:

– Si prometes liberarme pronto, podré decir algunas cosas.

Ernesto preguntó:

– ¿Cuál es el motivo de perseguir a esta chica, qué daño te hizo?

– A mí ninguno, pero en la organización donde vivo vive una mujer que fue gravemente herida por ella en una vida anterior y quiere venganza, pretendemos llevarla al suicidio.

Ernesto tranquilamente y ya hablando por Félix dijo:

– La venganza es un sentimiento morboso que te aleja de Dios, se vuelve contra ti. ¿Por qué no intentas analizar mejor los hechos y ver los otros lados de la cuestión? Si haces esto te sorprenderás. Las cosas no son como te parecen.

– No necesito hacer eso. Yo sé la verdad. Sandra sufre mucho. En su última existencia, ella y Mônica fueron grandes amigas, pero Mônica se enamoró de Vivaldo, el marido de Sandra, y lo quería para ella. Llamado a tener relaciones, Vivaldo la rechazó con entusiasmo, amaba a su esposa y no quería hacerle daño con tal traición. Cegado por la pasión, Constância, ahora Mônica, buscó un hechicero y ordenó la muerte de su amiga mediante magia negra, lo que ocurrió tres semanas después. Desde entonces, Sandra ha jurado venganza y nosotros en la comunidad nos hemos unido para ayudarla. No tiene sentido intentarlo, descubrimos sus debilidades y la dominamos con una profunda depresión; cuanto más ella toma medicación, pero pierde la cabeza y así podemos volverla loca.

En ese momento sucedió algo inesperado: Mônica se levantó valientemente de su silla y se acercó a la médium diciéndole:

– ¿Por qué me odian tanto? Siento que cada día muere una parte de mí. Lloro sin parar, no tengo alegría, me siento muy sola y vacía. ¡Si no paras esto siento que voy a morir! – Dijo bañada en lágrimas.

La entidad pareció conmovida:

– Mira niña, solo estoy haciendo mi trabajo, es tu enojo y no el mío. Resulta que Sandra ya me ayudó a destruir a un viejo rival aquí en la Tierra y ahora es el momento de devolverle el favor. ¡Tú tampoco cooperas, vives de ilusiones! En casa siempre quieres que te sirvan, no ayudas a nadie, eres inútil y vanidosa, crees que el mundo gira en torno a ti. Cuando conociste a Ronaldo y te enamoraste, pensaste que él debería ser como tu madre, cumplir todos tus deseos. Cuando te cambiaron por Ana caíste en la desesperación y lo que habría sido una etapa pasajera se convirtió en una obsesión. En ese momento tomamos contacto con tu mente y sembramos depresión. Tus ilusiones y vanidades nos dejan a tus órdenes.

Era cierto, Mônica sentía que lo que la entidad le decía era compatible con su vida. De repente se arrepintió amargamente de la vida que llevaba y soltó:

– ¿Y si me arrepiento de todo lo que hice, puedo quedar libre?

La médium soltó una carcajada y dijo:

– ¿Crees que es así de fácil? Nosotros, en la organización, disponemos de dispositivos de seguimiento, con los que observamos tu vida cada día absolutamente, sepa que siempre encontraremos debilidades para involucrarte.

Mônica continuó:

– Dile al espíritu que me odia cuánto he cambiado y lo siento, quiero ser feliz, descubrir nuevas formas de vivir, lo sé.

La médium se estremeció y bajó la cabeza.

Mônica volvió al taburete y Flávio empezó a hablar:

– Mónica, hoy diste un paso importante hacia tu progreso. El perdón nos libera de las cadenas que atan nuestro espíritu y nos permite alcanzar días mejores. ¡Empezaste a perdonarte a ti misma! Fuiste informada sobre tu pasado y la organización que te persigue; sin embargo, el mal nunca ha vencido al bien, el mal solo triunfa por un tiempo, un momento, pero como una noche oscura siempre pasa.

Estás teniendo la oportunidad de cambiar verdaderamente tu forma de ver la vida y así liberarte de estos perseguidores. Sin embargo, cada cambio lleva tiempo, es como una larga escalera, hay que empezar desde el primer paso sin rendirse nunca. Vete en paz y que Dios te acompañe.

Fue a la sala de pases mientras un hombre de mediana edad era conducido al círculo. Gordo, de baja estatura, mostraba en su rostro el gran dolor que había en su alma. Flávio continuó:

– Sigamos con el pensamiento elevado a Dios y celebremos a Elías de Souza, que aquí está presente.

Todos comenzaron a orar y Flávio dio paso a una entidad femenina, de apariencia deforme, que comenzó a hablar con admiración.

– ¡Dios mío! ¿Qué fenómeno es éste? ¡Puedo ver! ¡Qué alegría!

Ernesto se acercó:

– Esto se debe a que el choque con las energías de este mundo ha revivido tu visión tan desgastada.

– ¡Qué infeliz soy! Lo perdí todo, hasta mis ojos, hasta Elías me dejó... ¡Este es mi drama más grande, nunca dejaré que sea de otra persona!

Ernesto respondió:

– Moriste hace mucho tiempo, víctima de un tumor cerebral que te nubló la visión. ¿No crees que es hora de encontrar la felicidad? Tu marido es un ser humano, necesita una pareja para vivir su vida. Sin embargo, una fuerza extraña hace que nada salga bien en su vida emocional. Con el tiempo, comenzó a tener convulsiones extrañas cada vez que estaba en compañía femenina; poco sabes que eres tú quien, con tu energía, provoca estas crisis. ¿No es hora de rendirse y seguir otro camino?

Ella se puso a llorar profusamente:

– ¡No! Elías es solo mío, nunca será de nadie más. Aunque estoy ciega, puedo encontrarlo, al igual que sus amantes. Cuando me di cuenta que mi energía enfermiza los estaba afectando, me sentí feliz, sabía que podía manejarlo fácilmente, solo tenía que arrojarle todo mi odio y estaría satisfecha.

Ernesto intentó llegar a un acuerdo:

– Pero tú mismo sabes que nada podrá traerte de regreso al mundo. Hoy vives en diferentes bandas energéticas, si la vida te ha enfrentado es porque ese es el mejor camino. Tu caso ha alcanzado el límite permitido por nuestros mayores y tendrás que estar lejos de él indefinidamente. Si haces esto ahora por tu propia voluntad, serás llevada a un lugar donde recibirás atención fraterna, volverás a ver y podrás reconstruir tu vida. Si no aceptas, te sacarán de la misma manera y te llevarán a este lugar, mira.

Flávio pareció calmarse por unos segundos, luego habló desesperadamente:

– ¡No, por favor no! Ese lugar es horrible, todo menos ir a un lugar así.

Ernesto continuó:

– ¡Genial, pero tendrás que eliminar toda la energía nociva que le pones ahora!

– ¿Cómo puedo hacer esto si yo misma estoy enferma? ¡No lo lograré!

– Sí puedes, solo acércate a él, piensa en Dios y el amor que sientes en tu corazón, visualiza a tu exmarido bien y sano, nosotros hacemos el resto.

Flávio se levantó y se acercó a Elías, que lloraba de emoción, luego volvió a su asiento y le dijo:

– Está bien, he hecho lo que pude, ¿ahora puedo irme? Ernesto dijo:

– Así es, sigue a este grupo que está a tu lado y aprovecha el tiempo que pasas con ellos para aprender a ser feliz. ¡Irás a una sala de emergencias para que te rehagan y tengas paz!

Hubo algunos momentos de silencio, Elías se retiró a la cámara de pases y minutos después Flávio, acompañado por Félix, comenzó a hablar:

– Amigos, en este último caso salimos victoriosos. Esta hermana llamada Florence se acostumbró a pensar que podía ser dueña de personas. Ignora que solo nos poseemos a nosotros mismos y que nadie pertenece a nadie. Desde que vivió en la Tierra, atormentó el hogar que Dios le dio con excesivos celos y posesión. Se hizo innumerables abortos para no tener que compartir a su marido con sus hijos. Insegura, comenzó a rodear a su marido de preguntas y cedió a pensamientos de traición que entidades abismales depositaban en su mente, incluso lo "vio" en brazos de otra.

Llamada a la madurez y al reciclaje por un terrible cáncer cerebral, se enojó aun más, y la proximidad de la muerte la hizo pensar más en que su marido recibía cariño de otra. Llegó enojada e infeliz. Ella permaneció en el hogar donde vivía y a pesar de estar ciega, sentía a su marido dondequiera que estuviera. Debido a su falta de visión, comenzó a aguzar el oído en un intento desesperado por saber cómo se comportaba su marido. Desde que escuchó todo sobre las relaciones que él pretendía mantener, comenzó a aferrarse a él, dándole energía negativa. Las mujeres huyeron de él como el diablo de una cruz, y con el tiempo empezó a sufrir ataques epilépticos y finalmente encontró nuestra ayuda.

Hubo unos minutos de silencio en los que todos meditaron, luego Félix continuó:

– El siguiente caso también tiene su origen en los celos; esperemos las vibraciones y pasividades de los médiums.

Flávio y sus compañeros aplaudieron a Anita. Ella, con su estado, no podía acudir al Centro. Y es importante que ciertos tratamientos de desobsesión se realicen con el paciente presente. El lugar para este trabajo está impregnado de vibraciones esenciales para el tratamiento y delicados dispositivos de captura y curación de energía.

Los pacientes remotos no siempre reciben una buena atención, por lo que el proceso casi siempre es muy lento. Espíritus de diferentes niveles de evolución, encarnados y desencarnados, viven en el hogar del encarnado y las energías que emiten al ambiente doméstico casi siempre interfieren negativamente en los casos tratados a distancia. En el propio Centro, además de la limpieza energética del ambiente, solo entran aquellos espíritus que los guardianes de la casa permiten. Al igual que los pacientes terrenales, los obsesionados necesitan a menudo tratamiento en el propio hospital, y el Centro donde se produce la desobsesión es como un hospital terrenal.

Pronto se manifestó un espíritu sabio:

– ¡Buenas noches! ¡Que Jesús esté con nosotros! Anita, abrumada por mentes infelices, siente que el pequeño ser que llegará podría alterar su vida con Flávio. Antes era el propio espíritu reencarnante el que la fascinaba, hoy se ha iluminado y sigue el camino del bien. Sin embargo, un grupo de espíritus del bajo astral, al notar sus puntos débiles, los utilizaron para someterla. Querido Flávio, creemos que esta obsesión durará hasta que nazca el bebé. La ayuda es difícil, ya que Anita comparte los mismos pensamientos con ellos, pero cuando tenga en sus brazos al pequeño e indefenso ser, sentirá que lo ama más que a nada, superando así los celos y el miedo. En este momento, se cortará la conexión con los obsesores. No dejes que los psiquiatras la examinen, ya que podrán considerarlo erróneamente una locura. Cree en Dios y en los amigos espirituales, siempre estaremos a tu lado. Sigan animando a Anita y orando a Dios por ella.

Flávio, conmovido, no pudo contener las lágrimas.

Se atendieron dos casos más y la oración final de agradecimiento cerró la sesión.

Al salir, Flávio propuso a Cristiano y a Laura tomar un refrigerio en una panadería cercana. Ellos estuvieron de acuerdo.

Durante el refrigerio, Cristiano habló asombrado:

– Vaya, hermano, aquí tienes un grupo de desobsesión muy bien estructurado. Veo que sigues las instrucciones de la Sra. Margareth al pie de la letra.

Laura también comentó:

– ¡Me impresionó, al señor Elías lo soltaron en la primera sesión!

Flávio explicó:

– Esto sucedió precisamente porque él hizo su parte. Ciertamente aprendió lo que la vida quería enseñarle y de ahora en adelante debe continuar en paz. Otra clave importante es la elevación del espíritu. Al hacer esto, los espíritus inferiores ya no podrán atacarlo.

Cambiaron de tema, comentando los puntos positivos para lograr el equilibrio interior.

Una vez en casa, Cristiano y Laura se fueron a la cama y Flávio, como siempre, se dirigió a la habitación de invitados. Anita cerró la habitación con llave, pero él tenía otra llave y ella ni siquiera lo sospechó. Antes de acostarse fue a verla, ella dormía profundamente. Flávio también se acostó y después de una sentida oración se quedó dormido.

Era pasada la medianoche cuando una luz gris oscura apareció en la habitación de Anita. Se condensó y tomó forma humana: era Rafael, el antiguo novio de Camila. Mirando hacia todos lados empezó a gritar:

– ¡Camila! ¡Camila! ¡Aparece!

No pasó nada, volvió a gritar, y finalmente llegaron dos entidades iluminadas cargando a Camila por la cintura. Ella, después de mirarlo profundamente, dijo:

– ¿Qué quieres Rafael? Estoy a punto de reencarnar y ha sido un camino muy difícil. ¿Por qué me estas llamando? Ya no tenemos nada que ver el uno con el otro, ¡basta las dificultades que estoy teniendo para renacer!

Él, feliz de haberla encontrado, corrió a abrazarla.

– ¡Qué feliz estoy de verte! ¡Parece que estos meses han sido siglos! ¡Yo también renaceré! También me llamaron mentores elevados que me dijeron que había llegado mi momento. Cuando desapareciste de Desterro, todos se sorprendieron, después de todo, no es fácil escapar de una organización como esa. Ester me explicó que su caso puede ser una reencarnación involuntaria. No lo entendí hasta que me pasó lo mismo. Me quedé dormido y cuando desperté estaba en otra habitación cerca de un amable señor que me explicó todo. Dijo que si aceptaba reencarnar espontáneamente sería más fácil para mí; si me negaba, reencarnaría de la misma manera, solo que con más sufrimiento. Ante ese argumento decidí ceder. Dijeron que me comprometí demasiado con la ley cuando ayudé a volver loca a tu madre. Ahora tendré que regresar a la Tierra y compensar mi error.

Camila lloró abrazándolo. Sorprendida, vio un tenue hilo de color plateado que se perdía por la mansión. Rafael, mirándola enigmáticamente, preguntó:

– ¿Quieres saber dónde está conectado este cable?

– Sí, quiero.

La llevó de la mano a la habitación de Cristiano y se sorprendió cuando Camila se dio cuenta que el cordón energético estaba conectado al útero de Laura.

Aturdida, Camila preguntó:

– ¿Entonces seremos primos?

– Eso mismo. Los mentores dicen que nos comprometemos unos con otros y que, como miembros de la misma familia, esta vez podemos hacerlo bien.

Noel y Carlota aparecieron en la habitación y dijeron:

– Así es, esta vez pueden vencer. Muchos hemos sufrido en este mundo por no entender que no debemos hacerle daño a nadie. Como primos, deben sublimar la vieja pasión que aun arde entre ustedes y convertirla en un sentimiento de superioridad.

Rafael mencionó:

– Hilário me informó que yo viviré en Inglaterra, mientras que Camila vivirá aquí en Brasil, entonces, ¿cómo nos llevaremos?

Noel con los ojos perdidos en el infinito respondió:

– La vida tiene sus medios y cuando quiere algo seguro que lo consigue. La vida es Dios en acción, ¿dudas del poder de Dios?

Se quedaron en silencio y Camila dijo:

– Ven Rafael, quiero mostrarte el porqué de mis dificultades de reencarnación.

Regresaron a la habitación donde Anita dormía a ratos.

Camila le mostró la frente y con horror Rafael preguntó:

– ¿Qué son esos puntos negros que rodean el cerebro de Anita?

Carlota respondió:

– Son masas de energías negativas que los espíritus sembraron en su cuerpo astral, es a través de estas masas que la controlan a distancia. Ten en cuenta que no hay otros espíritus además de nosotros en esta sala. Es que a distancia también envían pensamientos y logran desequilibrarla.

Rafael se asustó:

– ¿Pueden vernos ahora?

– No – dijo Noel –. Estamos en un rango energético que no pueden captar. Ni siquiera saben que serás su hija.

Camila estaba triste:

– Estoy triste y confundida, pronto entraré inconsciente a la cámara para sufrir la restricción del cuerpo periespiritual y sin embargo el miedo me domina. Siento que amo a Flávio con todas las fuerzas de mi corazón. Temo volver a equivocarme. Quizás esto contribuya a que Anita sienta celos injustificados de su marido. Si hoy no quiero hacerle daño todavía me siento una perdedora, al fin y al cabo ella lo tiene como marido y ese es el sueño más grande de mi vida. Temo caer en otro resbalón.

Carlota la abrazó:

– No te pongas así, querida, tendrás todo el apoyo del mundo espiritual para salir victoriosa. Además, él será tu padre. No habrá más sentimiento de pasión que antes. Sublimarás este sentimiento al ver en el hombre que alguna vez fue amado solo un padre fiel y amoroso.

Los espíritus hablaron unos instantes más y luego desaparecieron hacia las Colonias que habitaban.

21.– Dieciocho años después

– Papá, no dejes que nos vuelva a dominar, ¡quiero mi fiesta de cumpleaños! – le gritó María Antônia a Flávio.

Paciente dijo:

– Hija, piénsalo... Anita y yo pasamos un baile de cumpleaños número 15 maravilloso, otros años también hubo fiesta, este año tendrás que aceptarlo. Ya no necesitas tanto lujo, además del que ya tienes.

Ella, irritada y con rasgos de enfado, gritó:

– ¡Era ella una vez más! ¡Te juro que me las paga! ¡Siempre queriendo interferir en mi vida! Un día huiré de esta casa para siempre y nadie volverá a encontrarme.

Dicho esto, subió las escaleras y se encerró en la habitación. Francisca, que observaba todo de lejos, se acercó a Flávio y le dijo:

– ¡Hijo mío, a esta niña la están educando mal! Dios mío, no entiendo que un padre como tú, un hombre sabio, un maestro, críe así a su hija. Desde que nació, le has concedido todos los deseos. Por eso es así, piensa que para ella todo es ilimitado.

– Tía, hice lo que pude en su educación, pero reconozco que Anita no cooperó. No está apegada a su hija, no le importa su bienestar, de hecho, tú que has seguido todo desde que nació lo sabes muy bien.

La simpática anciana respondió:

– No lo sé... Odio ver escenas como esta. Cuando su mamá llegue a casa del centro comercial habrá otra pelea.

Flávio se puso rojo:

— ¿Anita en el centro comercial otra vez? ¿No dijo que ella se iba a hacer cargo de la asistencia social del Centro?

— Eso es lo que ella te dijo. Pero la vi sacar su tarjeta de crédito y llamar a Giulia para arreglar las compras.

Flávio estaba enojado; ¿por qué Anita le mentía tanto? Amaba a su esposa, no quería pelear, hablaría con ella más tarde.

Francisca informó:

— No me gusta meterme en los asuntos de nadie, pero creo que María Antônia empeora cada vez que encuentra a su primo Fabricio; ese loco todavía va a poner en problemas a tu hija.

— No hables así de Fabrício, es un buen chico, tal vez sus padres también cometieron algunos pequeños errores en su educación, pero no está loco como dices.

Francisca se levantó y dijo:

— Tú eres quien lo sabe, ahora voy a ver si la cena está lista. En el inmenso y lujoso salón Flávio estaba solo.

Comenzó a recordar todos los hechos desde el nacimiento de María Antônia y trató de ver, con la ayuda de sus amigos espirituales, en qué se había equivocado realmente.

En su habitación, María Antônia lloró profusamente. Odiaba que la contradijeran en algo. ¿Por qué su madre no era tan genial como su padre? En su enojo culpó a Anita por la decepción de no haber tenido su fiesta de cumpleaños. ¿Qué pensarían sus amigos de la universidad? ¡La madre, siempre la madre! Un día vería quién podía hacer más. Se levantó de la cama con los ojos hinchados y miró la decoración de su habitación. Pensó:

— ¡No me gusta nada de lo que puso aquí! Solo me gustan las fotos de mi padre que decoran mi vida. ¡Qué buena idea fue que tuve que poner carteles de él por toda la habitación! ¡Qué hermoso es! No ¡Ni siquiera parece que tenga 48 años!

Ella continuó su ensoñación:

– ¡Qué hermoso hombre es mi padre, cuando me case quiero que sea con un hombre como él! Siento que solo con un hombre así seré feliz.

Y mirando las fotos de su padre, como si fuera un ídolo, logró calmarse. Fue al teléfono y marcó, esperó un rato y una voz al otro lado de la línea respondió:

– María Antônia, ¿eres tú?

– Yo mismo, ya no sabes cuánto te extraño. Ya sabes primo, creo que solo tú me entiendes. Si pudiera vivir allí en Inglaterra, creo que sería mucho más feliz.

Fabricio estuvo de acuerdo:

– Es cierto, tu madre accede de buen grado, pero el tío no te deja en absoluto, está muy apegado a ti.

– Lo que me detiene sigue siendo mi padre, imagínense ahora que la señorita Anita no quiere hacer mi fiesta de cumpleaños. Tengo ganas de hacer algo tan estúpido como eso...

Pareció dudar, pero dijo:

– Ya hicimos algunas estupideces en Brasil, mi padre sospechaba que yo estaba involucrado en drogas, pero no pudo probarlo, ¿imagínate si el tío Flávio se entera que ya lo probaste?

Ella se sonrojó:

– De ninguna manera, nunca quiero causarle ningún disgusto a mi padre. Nunca lo sabrá, no volverá a suceder.

– Eso espero.

La conversación duró unos minutos y luego colgaron. María Antônia se acostó en la cama y fijando su mirada en el expresivo rostro de Flávio en una fotografía en la cabecera de su cama, logró conciliar el sueño.

Justo antes de la hora de cenar llegó Anita con innumerables bolsas de compras. Ella, durante esos dieciocho años, se había transformado mucho. Acostumbrada al dinero fácil, nunca había trabajado. Intentó ayudar en el Centro espiritual de Flávio, pero rara vez cumplió con sus obligaciones. Su diversión era ir de compras, pasear por los mejores centros comerciales de la ciudad, ir a salones de belleza y fiestas.

Flávio la amaba mucho, pero comprendía profundamente su transformación. En la comunicación con los espíritus superiores, siempre se le recomendó tener paciencia y tolerancia con su esposa. Hilário le había dicho que en su caso las peleas y discusiones, además de provocar discordia en el hogar, podían llevar a una separación, lo que no sería bueno, ya que ambos se amaban. Y así Flávio fue perdonando sus frivolidades, siendo paciente con sus ataques de posesividad, siendo tolerante con sus amigas matronas e inútiles. Flávio no podía entender por qué Anita no había quedado embarazada desde que nació María Antônia. Al principio pensó que era por su último embarazo, que estuvo lleno de problemas.

Anita continuó obsesionada hasta el momento del nacimiento, rompiendo el vínculo solo cuando tomó en sus brazos a la frágil y dependiente criaturita. Así, sintiendo amor maternal, pudo liberarse del terrible grupo que la dominaba mentalmente. Al darse cuenta que se había curado de la obsesión con la ayuda de espíritus desinteresados, la llevó a varios médicos, quienes no encontraron ningún problema.

Al ver a su esposa subir la escalera llena de compras sin notarlo en la sala, se preguntó por qué no había podido tener más hijos. Flávio ignoraba que su esposa había buscado años atrás a un hechicero, recomendado por su amiga Giulia, y a través de él obtuvo una bebida que evitaba el embarazo.

Al principio se mostró incrédula, pero con el paso del tiempo se dio cuenta que realmente funcionaba. Todos estos años bebió la bebida religiosamente. No quisiera volver a deformar su cuerpo nunca más, con eso fue suficiente la primera vez. Después, cuidar de los niños no fue tan agradable como había pensado al principio. También estaba el miedo siempre presente de tener que compartir a Flávio con otras personas, ese Centro era suficiente y ocupaba buena parte de las horas de su marido.

Flávio siguió meditando sin poder entender algunas cosas. ¿Por qué fue tan difícil la relación entre Anita y María Antônia? En los primeros años, Anita parecía amarla de verdad. Era cuidadosa, extrema y nada podía pasarle a su hija sin preocuparla profundamente. A veces lloraba mucho y simplemente se calmaba en los brazos de su padre. Pasó el tiempo y empezaron a suceder cosas extrañas.

María Antônia se encariñó mucho con su padre y tenía celos de verlo con su madre. Desde los siete años discutía con Anita como si fuera una adulta y solo estaba bien si estaba con Flávio. Quizás por su extraño temperamento, Anita comenzó a alejarse de su hija, y de repente comenzó a mirarla con indiferencia, al darse cuenta que indirectamente y sin motivo su hija quería alejarla de su marido.

María Antônia creció y la situación se complicó. Ella decidió oponerse a todo lo que su madre decía o hacía, y las discusiones entre ambas eran inevitables. El ambiente en la casa de Flávio se volvió permisivo para el contacto con espíritus inferiores, por lo que los espíritus que ya habían mantenido contacto con María Antônia desde su última encarnación como Camila comenzaron a acosarla nuevamente. De esta manera, los obsesores se instalaron en ese hogar.

El Centro de desarrollo espiritual que Flávio dirigió con dedicación y amor, brindando protección espiritual, continuó con su enorme éxito. Las sesiones de desobsesión curaron a muchas personas: irreversiblemente locos por la medicina, neuróticos, sexólogos, violentos, subyugados y fascinados de todo tipo.

Flávio, con el paso de los años, sintió aumentar su frecuencia mediúmnica hasta tal punto que pudo visitar un mundo lejano, con una civilización muy avanzada. Desde entonces había multiplicado sus esfuerzos, hizo mucho para que con su trabajo pudiera transmitir todo lo que aprendía de los espíritus evolucionados. Tenía perfectamente conciencia de las entidades negativas que vivían en su casa con Anita y Maria Antônia, y si lograba adoctrinar a muchas de ellas alejándolas, otras se acercaban, atraídas por los pensamientos que emanaban.

Recordó la terrible obsesión que atravesó su esposa durante los nueve meses de embarazo. Parecía haberse vuelto completamente loca. Cuando nació el bebé, Anita volvió a la normalidad y recordando perfectamente todo lo que había hecho, lloró mucho, sintió vergüenza, pero Flávio, con paciencia y amor, le explicó todo sobre el proceso obsesivo por el que había pasado. Anita pareció entregarse a la espiritualidad; sin embargo, años después se desconectó por completo, llevando una vida fútil y vacía.

Cuando bajó a cenar, al ver a su marido absorto en profundos pensamientos, se acercó:

— Amor mío, no sabía que estaba ahí. ¿Llegaste ahora?

La besó delicadamente en los labios y respondió:

— No, estuve allí mucho antes que llegaras, te vi cuando llegaste con las compras. ¿Por qué no fuiste al Centro como estaba previsto?

Ella se sonrojó un poco:

— Dejé a Fátima en mi lugar. Ella aceptó y entonces decidí distraerme mirando escaparates.

Intentó cambiar de tema:

— ¿Has visto a nuestra hija?

— No… ¿Está ella en casa?

— ¡Sí, lo está y muy herida por ti!

Anita se sentó en el sofá y fingió no estar de acuerdo:

— ¿Conmigo por qué? Ah, debe ser para la fiesta de cumpleaños. Si es así, que sepas que este año no habrá ninguno. Todos los años quiere salir de fiesta, lamento decirlo, pero con nuestra hija nos acostumbramos mal.

Flávio respondió:

— Creo que esta vez deberíamos ceder, al fin y al cabo ella es una buena hija, se merece su fiesta.

— Ella es una buena hija para ti, ¿no ves cómo me trata? Parece que soy su enemigo. Cleide y Giulia ya lo han notado y preguntan por qué esta actitud. Creo que es bueno que tú, que eres su rey, hagas algo.

– Tú eres quien debe conquistar a tu hija. Eres distante y fría. En la sociedad en la que vivimos actualmente, los roles se han invertido. En el pasado, eran los padres los que sufrían con sus hijos; La rebelión, las costumbres abiertas y las drogas hicieron infelices a muchos padres y todavía lo hacen. Sin embargo, hoy ocurre lo contrario: son los hijos los que sufren amargamente por las actitudes de sus padres. Muchos son autoritarios, se creen dueños absolutos de sus hijos, quieren dominarlos a toda costa, olvidan que sus hijos son almas independientes y que tienen un programa de reencarnación que cumplir en este mundo. A los demás les gustas, se vuelven fríos y distantes, no dan cariño, no intentan comprender lo que hay en su alma, no son amigos de sus hijos. Si los padres supieran la responsabilidad que tienen con ellos, dejarían de lado su rol social y se convertirían en los mejores amigos de sus hijos. Son los lazos de amistad entre padres e hijos los que hacen feliz a una familia.

Anita no estuvo de acuerdo:

– No es cierto lo que dices, no soy fría, solo reacciono a sus actitudes. Esta chica es muy rara, nunca la había visto mirándome con amor, pero contigo ¡hasta parece pasión!

Flávio estaba a punto de replicar, pero fue interrumpido por la voz de Francisca diciendo que la cena estaba servida. Los tres comieron en silencio y poco después cada uno se dirigió a su habitación. Antes de acostarse, Flávio fue a ver a su hija:

– ¿Puedo entrar? – Dijo, asomando la cabeza por la puerta.

– Por supuesto, papá, conmigo siempre puedes hacer cualquier cosa.

Entró y se sentó en la cama, colocando la cabeza de María Antônia en su regazo.

– ¿Por qué no bajaste a cenar? ¡No comiste nada! Puedes debilitarte.

Ella mirándolo dijo:

– ¡No quiero verle la cara!

– No hables así de tu madre, ella hace lo que puede por todos nosotros, no la culpes.

A ella no le gustó lo que escuchó y dijo:

– Ella no quiere hacer mi fiesta, siempre encuentra la manera de molestarme. ¿Estás ciego? Hasta la tía Francisca está de acuerdo conmigo.

Flávio dijo:

– Ella no quiere hacer la fiesta, pero puedo darle un buen viaje. ¿Qué tal disfrutar el final de tus vacaciones con tu primo Fabrício?

Saltó de alegría.

– Oh, eres el mejor padre del mundo. Por supuesto que lo quiero, realmente lo quiero.

Besó repetidamente a Flávio en la cara.

– Ahora, promete ser mejor con tu madre, ser más dócil. Entiéndela mejor.

Ella, conmovida por la alegría del momento, abrazó a su padre y le dijo:

– ¡Hago cualquier cosa por ti!

En ese momento había tanta pasión en los ojos de su hija que Flávio se sintió incómodo. La tomó de sus brazos y luego de besarla en la mejilla se fue.

En su habitación, Flávio se movía inquieto sobre la cama. Oró, meditó, pero no pudo conciliar el sueño. La sensación que sintió cuando María Antônia lo miró así fue horrible. ¿Dónde habría visto esa mirada? En el fondo, sintió una energía macabra proveniente de su hija. Solo cuando el día empezó a aclarar logró conciliar el sueño.

A la mañana siguiente, mientras Flávio partía hacia el Centro, la noticia del viaje de María Antônia se extendió por toda la mansión. Ella y Francisca estaban celebrando cuando Anita llegó por sorpresa.

— ¿Quieres decir que mi hijita se va y ni siquiera se lo ha dicho a su madre?

Fingiendo no notar el tono irónico que puso su madre en su voz, María Antônia respondió alegremente:

— Sí, mi papito me regaló un viaje a Inglaterra por mi cumpleaños. Por cierto, me pidió que olvide las penas que tengo por ti y que estemos en paz.

Corrió a abrazar a su madre, quien al estar frente a Francisca le correspondió con fingida alegría. Y Anita dijo falsamente:

— Qué bueno, cariño, lo que no quería era otra de esas fiestas ruidosas tuyas, pero un viaje llega en un buen momento. Te ayudaré a empacar tu equipaje.

Francisca, contenta con la escena, dijo:

—¡Oh! ¡Qué bueno que aquí vuelva a reinar la alegría! Y tú niña, ¿no te cansas de estar con tu primo Fabrício? Después de todo, solo había estado aquí hace dos semanas.

— Por supuesto que no puedo tener suficiente, Fabrício habla mi idioma, es mi mejor amigo. Nunca me he llevado tan bien con alguien como con él.

Francisca respondió:

— ¡Excelente! Ahora ve a tomar tu café, después de todo no puedes estar débil o no podrás viajar.

Salió a la cocina y Anita fue al teléfono, marcó un número y esperó:

— ¿Hola, Giulia? ¡No sabes lo nuevo que tengo! Voy a estar libre de la pequeña plaga por más de dos semanas, ¿no es un regalo?

— ¿Cómo así? ¡Habla pronto!

— Va a la casa de sus tíos en Inglaterra. Además de deshacerme de la horrible fiesta, también me desharé de su molesta presencia.

La amiga se rio:

— ¿Sabes que puedes ser cómico? Nunca había visto a una madre actuar así con una hija, realmente no te agrada, ¿verdad?

Anita intentó explicar:

— No es eso, es que María Antônia asfixia mucho a su padre, no me deja disfrutar de mi marido, ¡ahora será solo mío!

— Entonces realmente te llevaste el premio gordo. Y nuestro viaje al centro comercial de hoy, ¿aún continúa?

— Ah, lamentablemente no podré ir, ayer me di cuenta que a Flávio no le gustó mucho mi partida, y ya sabes cómo es, odio avergonzarlo, hago todo lo posible para que me admire y me ame... De hecho voy a aprovechar la tarde para ir a la peluquería.

— Ah, bueno, veré si Cleide quiere ir conmigo... ¡Ah! ¿Conoces el último? La hija de Marisa tiene un romance con un amigo de mi marido.

— ¿Qué? No me digas...

Continuaban hablando de vidas ajenas sin darse cuenta que espíritus inferiores los abrazaban con agrado.

22.– El comienzo de una historia de amor

Fabricio se alegró mucho con la noticia de la próxima llegada de su prima a su casa. A Cristiano y Laura les resultó extraño este repentino viaje, pero guardaron silencio, la alegría de su único hijo lo era todo para ellos. Desde pequeño, Fabrício tuvo problemas de conducta y se sintió rechazado como si fuera una persona con motivos para esconderse de los prejuicios. Sus padres lo llevaron a varios psicólogos, pero fue en vano, su rebelión continuó contra todo y todos. Solo se llevaba bien con su prima. En Inglaterra realizó varios cursos, pero aun no había ingresado en ninguna universidad. En la bien amueblada sala del departamento de sus padres, Fabrício comentó:

– Es una alegría estar con María Antônia, ella es la única que se preocupa por mí.

Laura, leyendo una revista, interrumpió para decir:

– Necesitas hacer más amigos, socializar con jóvenes de tu edad. No puedes quedarte encerrado en casa, saliendo solo con María Antônia. Tu padre dijo que cuando mejores tu comportamiento te regalará ese auto con el que sueñas.

Él se regocijó:

– ¿En serio? Así que te juro que lo intentaré. Pero es difícil, siento que la gente puede rechazarme en cualquier momento, alejarse...

Cristiano entró a la habitación después del trabajo:

– Hola, escuché que a mi hijo le sobran motivos para estar feliz, María Antônia estará aquí por tres semanas.

Fabricio estaba aun más feliz:

– ¿Tres semanas? ¡Este es un regalo!

Laura se levantó y fue a besar a su marido.

– ¿Vamos hoy al Centro?

Cristiano respondió:

– ¡Claro! Y Fabrício también debería ir con nosotros. Doña Margareth pregunta por ti desde hace algún tiempo, te echaba de menos.

Ya subió las escaleras y dijo:

– Hoy no voy, me alegró mucho esta noticia, ahora me voy a comunicar online con María Antônia, tenemos mucho de qué hablar.

Laura y Cristiano estaban tristes. ¿Por qué el hijo no estaba interesado en el lado espiritual? De repente, pensaron que María Antônia y Fabricio debían ser espíritus endurecidos, que vivieron juntos en vidas pasadas y que ahora regresaron para intentar mejorar. Lo que no sabían era que su hijo era la reencarnación de Rafael, quien en su última existencia fue negro y muy discriminado. También ignoraron que María Antônia era Camila, la antigua novia de Flávio.

Había llegado el día tan esperado. En el aeropuerto, Laura y Cristiano fueron a esperar a María Antônia, quien estaba más que feliz. Pronto estaba abrazando a su primo. Fue a casa. Al llegar allí, Laura preguntó:

– ¿Cuál es el motivo de este viaje justo al final de tus vacaciones?

Ella frunció el ceño:

– ¡Mamá, como siempre! No sé cómo dos hermanas pueden ser tan diferentes, tú eres dulce, suave, como un ángel. Mamá, en cambio, es fría, distante, siempre preocupada por papá. Sabes que ella nunca me prestó atención.

Laura se mordió el labio, sabía que era verdad, su hermana había cambiado mucho después del nacimiento de su hija, pero no podía aceptar eso delante de ella.

– No digas eso de tu madre, ella hace lo que puede por ti y tu bienestar. Este viaje, por ejemplo, fue por su cuenta.

María Antônia se sentó en el sofá y con aire de aburrimiento dijo:

– Te equivocas con doña Anita; si estoy en Inglaterra ahora, poder quedarme unos días con mi primo que me encanta, esto se debe a mi padre. Tu querida hermana se propuso no celebrar mi fiesta de cumpleaños este año, ella sabe que todos los años, en mi cumpleaños, papá organiza fiestas. Pero, para provocarme, como siempre, se aseguró de decir que no lo haría. Me rebelé, juré vengarme y mi padre, como siempre, para arreglar la situación entre las dos, me ofreció este viaje.

Laura, sorprendida, preguntó:

– ¿Qué hiciste para que tu madre te negara esta fiesta? ¡Debe haber sido algo muy serio!

– ¿Hasta tú dudas de mí, tía? No hice nada. Mi madre lo que siente es muy celosa de mi padre, tiene celos de la relación que tengo con él desde pequeña, solo puede ser eso. No hay otra explicación.

Laura también sospechaba lo mismo. Anita, lamentablemente, era muy posesiva, ¿estaba siquiera celosa de su hija? Decidió cambiar de tema:

– ¿Cómo está la tía Francisca?

– Se ha recuperado bien, pensé que nunca saldría de esa crisis tan horrible que pasó.

Le tocó hablar a Cristiano:

– Yo también. Pero ella es una mujer muy fuerte, siempre supe que ella saldría de ese problema.

María Antônia dijo:

- Lo bueno de esto es que vino a vivir a nuestra casa, se convirtió en nuestra ama de llaves y es alguien con quien siempre puedo contar.

La conversación siguió discurriendo agradablemente hasta que Fabrício invitó a su prima a acercarse a la computadora. Había sitios web con cosas maravillosas que quería mostrarle. Subieron a la habitación y se quedaron solos.

Después de mucho tiempo en internet, fueron a tomar un refrigerio. La cocina estaba vacía a esa hora de la noche, por lo que iniciaron una conversación.

- Sabes prima, eres la única persona que me entiende, parece que a veces el mundo está en mi contra. No me siento bien con la gente que me rodea.

Ella lo miró con pesar y dijo:

- Mientras yo esté cerca no te pasará nada malo, lo juro.

Quedó embelesado:

- ¡Cómo eres linda! De repente...

- ¡Dilo! De repente...

Estaba avergonzado, no podía expresar lo que sentía así, decidió comprometerse:

- De repente me siento muy bien contigo, eso es todo.

- ¿Eso mismo?

- ¡Y! Ahora vamos a dormir, ya es tarde. Papá dejó el auto disponible solo para nosotros mañana.

Ella estaba feliz:

- ¿En serio? Genial, de esta manera podremos visitar todos esos lugares que vimos la última vez. ¿Esa pandilla sigue junta?

- ¿La multitud dura? Sí, lo está, pero solo me emociona estar con ellos cuando tú estás aquí.

- En Brasil también es así. Solo estoy dispuesta a ir a fiestas cuando tú estás allí.

Y así los dos jóvenes se fueron a dormir.

Por la mañana se dirigieron al lugar previsto. Era un bar muy concurrido a pesar de la hora temprana. Allí se encontraban varios jóvenes tatuados, que bebían mucho. Un grupo los vio y gritó:

– ¡Ya está, hermanos, quien esté vivo algún día aparecerá!

Un joven tatuado y fumando una especie de cigarrillo se acercó a María Antônia.

– Entonces muñeca, ¿por qué desapareciste? Y nuestro chiste, ¿eh?

Fabrício interrumpió:

– ¿Así nos recibes? ¿Dónde está la basura?

El otro pareció recordar y dijo:

– Hay quien puede pagar, pero tú eres hijo de papá, debes tener dinero de sobra.

Fabrício sacó algunos dólares de su cartera y se los entregó al joven:

– Hoy simplemente me divierto, para mí y para María Antônia.

Tenía miedo, había probado drogas en Brasil, pero no le gustaba mucho. Le habló a su prima:

– No quiero y tú tampoco deberías querer. ¿Sigues usando esto?

– No, pero estar contigo aquí es un motivo para celebrar.

Ella se fue y dijo:

– Prefiero celebrar de otra manera, si me quedo aquí me voy.

Otro chico, ya drogado, se acercó:

– No te reconozco Toniña, la última vez estuviste mucho más genial.

– Escuché una conferencia de mi padre en la que decía que los espíritus adictos, que alguna vez vivieron en la Tierra, toman drogas y absorben la energía a través de nosotros.

Se echaron a reír:

— Ah, entonces tu padre es hechicero, ¿entiende de los espíritus?

Ella se enojó, criticar a su padre era su punto débil.

— No hables así de mi padre, él es un Dios para mí y todo lo que dice siempre es verdad. No quiero y no lo probaré más. Vámonos Fabrício.

Él obedeció y ya en el auto le dijo:

— Vaya, la clase está cada vez peor, ¡no volveré nunca más aquí!

— Tú tampoco necesitas exagerar, ¿quieres actuar como un mojigato? Sé muy bien que estás en un lío, ¿recuerdas en São Paulo?

— No estoy cerca, solo lo probé una vez y fuiste tú quien me lo diste.

Discutieron un poco, pero pronto se llevaron bien. Todas las noches iban a su habitación y se conectaban a Internet. Cristiano tenía un control estricto sobre el dispositivo y Fabrício no podía acceder a sitios web pornográficos o violentos.

Una noche, las miradas de Fabrício y María Antônia se encontraron de otra manera. Ambos sintieron frío en el pecho. Ella empezó:

— No lo sé... De repente sentí algo extraño en ti. Un deseo, un sentimiento extraño, ¿sabías que eres un hombre guapo? ¡No tan guapo como mi padre, pero sí muy guapo!

Él sonrió:

— Tú y tu pasión por el tío Flávio. ¿Aún no has logrado curarte?

— ¡Claro que no! Si no fuera mi padre... tendría que quitárselo a mi madre.

Él se asustó:

— ¡Ni siquiera lo pienses! ¡Qué cosa fea!

Se alisó el cabello y dijo:

– No lo creo, sé que es imposible, mi amor por Flávio es platónico – dijo, un tanto sarcástica.

Una entidad viciosa entró en la habitación y le susurró al oído:

– ¡Nada es imposible, tonta! ¿Cuántas hijas hay en este mundo que tienen relaciones con sus padres? ¡Un montón! ¡Haz un movimiento, tú puedes!

Sintió un calor inmenso y el rostro de su padre apareció vivo en sus pensamientos. Un poco más tarde habló con los ojos vidriosos:

– ¿Sabes que se me ocurrió una idea? ¡También podría invertir en papá!

Carlota, que también estaba de espíritu en la sala, intentó detenerlo, inspirando a Fabrício:

– Dile que tal acto es un delito muy grave según las leyes de Dios. Haz que entre en razón, puedes, le gustas mucho.

Fabrício, al oír la barbaridad dicha por su prima, intervino inmediatamente:

– Esto es un gran error, ¿estás loca? Padre es padre, respétalo o ya no seré tu amigo. ¡El incesto es un crimen terrible!

Al escuchar estas palabras, el ente desnudo decidió atacar al chico, pero Carlota lo protegió arrojándole una manta energética azulada. Al entrar en contacto con la cubierta protectora, la entidad salió despedida a metros de distancia.

María Antônia, al escuchar las palabras de su primo, parecía haber salido de un trance. Sintió vergüenza y empezó a llorar:

– Nunca debí decir lo que dije, te pido perdón.

Fabrício respondió:

– Te perdono esta vez, pero si vuelves a decir eso, no quiero saber más de ti.

Ella, ya refrescada, se alisó el cabello y sin darse cuenta lo besó en los labios.

A partir de ese día empezaron a salir en secreto. Estaban muy felices, más que de costumbre, y Laura se dio cuenta:

– Vaya, que feliz estás, ¿qué pasó para que te veas así?

– Nada, mamá – respondió Fabrício –. Quizás las visitas a lugares turísticos nos hacían más felices a María Antônia y a mí.

Ella aprovechó:

– Como hoy estás tan feliz, te voy a hacer una petición y no me la debes negar.

María Antônia tenía curiosidad:

–¿De qué se trata esto?

Laura respondió:

– Ven con nosotros al Centro de Doña Margareth. Esta noche tendremos una reunión donde espíritus elevados darán instrucciones a todos los asistentes. Deben ir con nosotros.

Tenían un programa para la noche, pero bien podría haber sido después del Centro.

Fabrício respondió:

– ¡Sí, lo haremos!

Laura estaba muy feliz:

– ¡Qué bueno! Tu padre se sentirá honrado con tu presencia.

Por fin llegó la noche y con Cristiano al volante todos se dirigieron al Centro.

Cristiano miró a María Antônia y dijo emocionado:

– Aquí estudió tu padre cuando era más joven y pudo llegar a ser todo lo que es hoy.

Ella dijo:

– ¡Sé que, de verdad, mi padre es una estrella!

Cristiano sonrió:

– Estos adolescentes...

Laura, María Antônia y Fabrício se sentaron con otras personas del público, mientras Cristiano se acercaba a la enorme mesa donde otros médiums ya estaban concentrados y meditando.

Doña Margareth, ya muy mayor, pero activa, comenzó el trabajo con una oración. Poco después, uno de los miembros de la mesa abrió al azar *El Evangelio según el Espiritismo* y leyó un mensaje sobre los vínculos familiares. Las luces fueron apagadas, dejando solo dos bombillas azules.

Una mujer de rostro sereno se estremeció levemente y empezó a hablar:

– Felices los que buscan las verdades espirituales. En este mundo tendemos a darle más valor a las cosas materiales que a las espirituales. Para ser feliz es necesario invertir estos valores, porque el mundo material es pasajero, mientras que nuestro espíritu es eterno. Hoy vine a advertir a una joven que realmente necesita aprender esto. La fascinación por las cosas del mundo se apodera de su ser, oscureciendo su visión, creando ilusiones, que inevitablemente la conducirán a la frustración y la desilusión. Hay que ver las cosas como son.

Has deificado personas sin darte cuenta que son solo seres humanos, con cualidades y defectos. Es hora de sublimar este sentimiento que tanto te ha lastimado. Esta joven está presente y deberá intentar amar a su padre con los ojos del espíritu. La vida los unió para que aprendieran a transformar el sentimiento que los unió en vidas pasadas en algo divino. Ya lo ha conseguido, pero insistes en seguir en el mismo error. Escucha la voz de tu alma, ella quiere ofrecerte la verdadera alegría que te llevará a la felicidad.

María Antônia tembló y lloró abrazada a su tía. Todo lo que el espíritu le dijo era realidad. Amaba a su padre de una manera exagerada y extraña, ¿era hora de cambiar todo eso? El espíritu continuó:

– El amor, cuando se vive de verdad, nunca causa sufrimiento, al contrario, es el amor que produce felicidad, alegría y bienestar.

María Antônia siguió llorando sin parar, recibida por su tía. El espíritu se despidió y poco después otros hablaron, todos hablando de amor y lazos familiares.

Cuando llegaron a casa, los jóvenes no estaban con ánimos de hablar, dejaron el programa para más tarde y se dirigieron a sus habitaciones, Cristiano, ya en la cama con su esposa, comentó:

– Cariño, mira cómo la vida arregla todo, María Antônia escuchó todo lo que necesitaba, precisamente la noche que fue al Centro, ¡qué hermoso mensaje!

Ella estuvo de acuerdo:

– Es cierto, María Antônia está muy apegada a Flávio, al igual que mi hermana Anita. A veces me pregunto: ¿por qué Flávio atrae a tanta gente dependiente y apegada? No puedo negar que el apego de mi hermana y mi sobrina es exagerado. No sé cómo lo apoya.

Cristiano se sentó en la cama y encendió la lámpara:

– Laura, es fácil entender por qué Flávio atrae a esta gente. Él es una luz, y todos quieren estar alrededor de una luz, a nadie le importa la oscuridad. La naturaleza nos muestra que la luz produce atracción allá donde pasa, fíjate como los insectos vuelan hacia ella atraídos por su calor y fascinación. Así es Flávio: una persona iluminada, desinteresada y feliz. A nadie le gusta estar rodeado de personas que se quejan o tienen poca energía.

– Es cierto, pero Anita y María Antônia están demasiado apegadas, tengo la impresión que lo utilizan como muleta.

Cristiano estuvo de acuerdo:

– Es cierto, pero Flávio hace su parte, explica que toda dependencia es signo de inmadurez y siempre atrae sufrimiento. Son ellos los que no quieren escuchar, en este caso es toda su responsabilidad.

Laura asintió y siguieron hablando, hasta que vencidos por el cansancio se vieron obligados a quedarse dormidos.

Fabrício y María Antônia siguieron saliendo en secreto sin que nadie se diera cuenta. Una tarde estaban solos en la habitación y Fabrício muy atrevidamente propuso:

— ¡Tú eres todo para mí! Es hora de ser verdaderamente mío, ¡tiene que ser ahora!

Ella un tanto avergonzada negó:

— No creo que sea el momento todavía, es demasiado pronto, solo llevamos dos semanas.

— El tiempo suficiente para estar seguro que eres la mujer de mi vida.

— Yo también te amo, pero... Sabes, creo que tu habitación no es lugar aquí.

Dijo con voz meliflua:

— ¿Por qué no? Nadie llegará...

Terminó cediendo y ya estaba medio desnuda cuando notó una presencia en la habitación. El susto fue grande, Laura estaba estática. Comenzaron a recuperarse y, recuperada del susto, Laura gritó:

— ¿Están locos? ¿Cómo se atreven a hacer estas tonterías? ¡Dios mío! ¿Qué dirá tu madre cuando se entere? — Miró a su hijo.

— ¿Y tú? Tendrás una conversación seria con tu padre cuando llegue. María Antônia no puede quedarse más aquí, debe regresar a Brasil lo antes posible.

Ella, temblando de vergüenza y de miedo, suplicó:

— Tía, por favor no le digas nada a mi madre, mi padre lo sabrá y yo no sabré cómo actuar con él.

Laura sintió aumentar su irritación:

— ¿Todavía me pides que omita una situación como esta? Tu padre será el primero en saberlo, lo llamaré ahora y le contaré todo. Aprendí de tu padre que debemos ser sinceros sin importar a quién le duela, porque la verdad nunca hace daño. Nunca lo esconderé.

Fabrício gritó:

– ¡No tienes derecho a separarnos así, nos amamos!

Laura quedó atónita:

– Al parecer esto no empezó hoy, la situación es peor de lo que pensaba, si me entero que hubo algo más entre ustedes, no sabré cuál será mi reacción.

María Antônia lloró, imaginando cómo sería la reacción de su padre. ¿Por qué cometió esa locura? Amaba a Fabrício, es cierto, pero le aterrorizaba la idea que su padre pudiera perder la imagen pura que tenía de ella. Pero una cosa era segura: nada la separaría de Fabrício.

Laura tomó un sedante para esperar la llegada de su marido, con María Antônia y Fabrício sentados frente a ella. Horas más tarde, cuando llegó Cristiano, ella le contó todo hasta el más mínimo detalle. Cristiano intentó calmarlos y hacerles comprender el error que estaban cometiendo. Sin embargo, no estuvieron de acuerdo con nada de lo que dijo. La noticia cayó como una bomba en la casa de Flávio. Anita corría de un lado a otro gritándole a su hija. Francisca intentó calmarla mientras Flávio permanecía pensativo en el sofá. Anita, al verlo callado, estalló aun más:

– ¿No vas a decir nada? Mira en qué se ha convertido nuestra hija, una ramera. ¡Algo me dijo que todavía tendríamos una gran angustia con esta chica!

Flávio la miró sin inmutarse:

– No hay nada dramático. Eres tú quien exagera las cosas, nuestra hija ya tiene dieciocho años y la aparición del sexo es inevitable. Además, Laura aseguró que no pasó nada importante, ella llegó y logró detenerlos.

Anita siguió enfadada:

– ¿Y si Laura no hubiera llegado? Todo se consumaría en un momento y aun así lo tomas con naturalidad.

Él, imperturbable, continuó:

– Los adolescentes necesitan experimentar muchas cosas para madurar, el sexo y el amor son dos de esas cosas. ¿Qué está mal con eso? Los padres no deben fomentar la prostitución, pero sí se debe discutir con ellos una vida sexual saludable dentro de su propio hogar.

– ¡No puedo creer lo que estoy escuchando, no! Las orejas no son mías. ¿Estás tolerando tal infamia?

Flávio, siempre tranquilo, respondió:

– No se trata de transigir, sino de intentar comprender. ¿Qué día volverá nuestra hija?

– En dos días creo que estará aquí – dijo Francisca.

– Creo que el ambiente aquí es demasiado alto, ¿qué tal si decimos una oración llamando a los guías espirituales? ¡Necesitamos paz!

Anita realmente sintió que necesitaba oraciones. Los tres unidos oraron por la familia y así se tranquilizaron.

23.– Ayuda entre la Tierra y el cielo

En la Colonia Campo de la Redención, Érica estaba angustiada en la sala de espera de Hilário. A su lado estaban Marina y Carlota.

– No te enojes Érica, todo sucede bien y Dios se encarga de todo, ¿por qué temer?

Se calmaba cada vez que escuchaba a Carlota, pero aun así no podía detener el torbellino de pensamientos que le invadía la mente. La puerta se abrió y salió una pareja joven. Carlota, refiriéndose a ellos dijo:

– Mira, esta pareja murió en un accidente automovilístico, dejando tres niños pequeños en la Tierra. Están conmovidos, pero confían en Dios. Hoy vinieron a pedir permiso a Hilário para visitar el hogar terrenal, donde los hijos permanecen con su abuela materna. Por las caras felices consiguieron permiso. Llegó el turno de Érica, quien entró entusiasmada en la habitación del amable y sonriente caballero que las invitó a sentarse. Hilário como siempre, ya sabía el motivo de la visita y fue directo al grano:

– Sé que estás angustiada por la familia de Flávio, viniste a pedir intervención y ayuda, pero este es un momento delicado, en el que la gente tendrá que hacer uso de su libre albedrío. En estos casos no podemos interferir, solo podemos ayudar aliviando el dolor.

Érica se puso a llorar:

– Carlota me contó lo que podría pasar y estoy aterrada, mi hijo no merece pasar por algo así.

Marina intervino:

– Yo también lo creo, es muy bueno, me sacó de ese valle donde estaba perdiendo energía y si estoy bien es gracias a él. Lo que sucederá es una injusticia.

Hilário miró profundamente a los ojos de madre e hija, pensó unos segundos y respondió:

– Observen atentamente. Llegaron a esta Colonia hace poco, no pueden entender ciertas cosas y por eso piensan que la vida es injusta. Tú, Érica, que estuviste más de veinte años viviendo en aquella organización de vigilantes, donde la verdad está corrompida por una moralidad permisiva e ilusoria, todavía tienes muchos pensamientos materialistas y groseros. Cuando pensamos que un determinado hecho es injusto, lo estamos viendo con los ojos de la materia. Solo con los ojos del alma podemos ver la verdad de la vida. Ella nunca se equivoca, y permite que las consecuencias de nuestras actitudes nos sirvan para aprender los valores eternos del espíritu. Marina tampoco está en condiciones de ver los hechos. Luego de tiempos de prostitución en el Valle del Amor Libre logró ser liberada por el alma elevada de su hermano y es por eso que cree tener el derecho de liberarlo de las pruebas por las que pasará. Ignora que la inteligencia divina tiene todo bajo control y actúa siempre para el bien de todos, y lo hace a su manera, lo que no siempre sucede como nos gustaría. Nadie tiene el poder de manipular la vida.

Querer hacer esto es una ilusión.

Marina y Érica se sintieron un poco avergonzadas, pero no se dieron por vencidas. Érica dijo:

– Sé que Flávio me enseñó, me sacó de la prisión donde vivía y por eso le estoy muy agradecida. Él es mi hijo amado. Pero, ¿es el destino tan inexorable y fatal? ¿Hay algo que pueda evitar la tragedia?

Hilario explicó:

– El destino no es inexorable ni fatal, ya que las cosas cambian según actúa la gente. En el caso de la familia de Flávio, está

Camila que, reencarnada, no pudo superar su pasión inferior y sus sentimientos morbosos. Estudió con nosotros, renació bajo la supervisión de espíritus desinteresados, pero el contacto con las energías del mundo físico le hicieron que todas las malas tendencias regresaran. No hay ninguna fatalidad en esto. En la Tierra predominan dos tipos de energía: negativa y positiva. Es el espíritu encarnado quien toma la decisión que tomará. María Antônia se enfrentará a una elección muy importante en su vida, que decidirá todo su futuro, elegirá el camino del amor o el camino del dolor. Solo ella puede decidir qué hacer.

Marina respondió:

– ¿No hay manera que Anita pueda evitar la situación?

– Siempre hay un camino en el que se pueden invertir las prioridades. El camino del amor es más fácil, está lleno de alegría y éxito. Pero la gente está acostumbrada a pensar que el amor puede esperar. Por eso atraen todo tipo de sufrimientos. El amor a Dios, a uno mismo, a los demás, a la naturaleza no puede esperar al mañana, hay que vivirlo ahora. Pronto habrá una gran purga en el planeta Tierra, donde miles de espíritus desencarnarán obligatoriamente colectivamente y ya no tendrán la posibilidad de reencarnar allí. Lamentablemente, si María Antônia hace lo que quiere, ya no podrá nacer en la Tierra. Anita, en cambio, vive pensando que entregarse, amar, ser feliz, liberarse puede esperar hasta mañana. Por lo que sabemos de su personalidad, es probable que no pueda evitar la catástrofe.

Érica quería saber más:

– Hablas de purgar. ¿Es cierto que esto sucederá? En la iglesia siempre escuchaba sobre el fin del mundo, ¿qué pasará con la Tierra?

Hilário sonrió amablemente:

– Absolutamente nada. Nuestro planeta no morirá completamente, ya que está bajo la ley divina del progreso. Sin embargo, nuestro proceso de regeneración ya está en marcha y ciertas personas que no sigan la vibración del nuevo mundo ya no podrán permanecer en él. Los violentos, los ladrones, los asesinos, los adictos a las aberraciones sexuales y las drogas, los egoístas, los orgullosos, los que albergan odio y los tramposos serán purgados para aprender en un mundo más acorde con sus vibraciones. La Tierra entrará en un clima de regeneración y nada podrá perturbar a quienes permanezcan en ella.

Marina quería saber:

– ¿Cómo sucederá esto? ¿En qué fecha?

– El tiempo todavía nos es desconocido. Lo que podemos decir según los ánimos más elevados es que será pronto. Esta exploración también se realizará en el plano astral. El fuego purificador llevará a los espíritus inferiores a la corteza de otro mundo aun primitivo y renovará la atmósfera espiritual del planeta. Las Colonias y moradas de los espíritus inferiores también serán destruidas por el fuego purificador.

Érica estaba asombrada:

– ¿Es este castigo contra los infractores?

La respuesta fue clara:

– Castigo es una palabra que no existe en el diccionario divino. Es el retorno de las malas acciones mismas a quienes las produjeron. En realidad, es el camino de aprendizaje para quienes eligieron sufrir. Vivir en un mundo primitivo, sin radio, anestesia, cine, recursos médicos, aprenderán a valorar el regalo de la vida y respetar el espacio de cada uno.

Marina volvió al tema anterior:

– En cuanto a Flávio, ¿no podemos hacer nada? ¿Nos quedaremos de brazos cruzados?

– No, donaremos energía tonificante y saludable. El resto pertenece únicamente al libre albedrío de cada uno. Y, cambiando de tema, hoy puedes visitar a quien quieras.

Érica sintió temblar, por fin iba a volver a ver a su amado esposo. Marina estaría de acuerdo. Carlota, quien los llevaría al lugar, preguntó:

– Ambas necesitan estar bien emocionalmente para realizar la visita que desean, si van a tener energías depresivas lo mejor es quedarse aquí.

Marina aseguró:

– Estoy bien, a pesar de extrañarlo, pero por lo que sé, extrañarlo no duele.

– Yo digo lo mismo – volvió a decir Érica.

Se despidieron de Hilário y regresaron a la corteza terrestre.

Entraron a una guardería grande y muy bien organizada, fueron a una de las salas y se dieron cuenta que era la hora de la merienda. Desde lejos vieron a un asistente alimentando la boca de un niño de cinco años. El niño parecía enojado por no poder comer como sus compañeros, pero la docilidad del asistente lo calmó.

Emocionada Érica dijo:

– Es difícil aceptar la situación en la que renació mi pobre Ângelo. Sin ambas manos, le quitarán muchas oportunidades.

Marina abrazó al niño y le dijo:

– Ah, papi, cuánto te quiero, estaré contigo siempre que pueda. Es una pena que no lo valoré cuando estuve en la Tierra, siento que no fui una buena hija.

Carlota intervino:

– No sientas lástima por él. La piedad y la misericordia destruyen al ser humano, pues indican que no tienen fuerzas para luchar y vencer. Esto no es cierto, cada ser humano tiene mucha fuerza y puede vencer donde quiera que esté. La medicina avanza y pronto tendrá manos artificiales, pudiendo trabajar con normalidad como cualquier otra persona.

Marina preguntó:

– ¿Por qué eligió venir por este camino?

– Quería castigarse por los actos de robo que cometió en sus dos últimas encarnaciones. Le aconsejaron que podía aprender a través del amor, podía venir con un cuerpo sano y utilizar sus manos como cirujano, visitando Centros Espíritas, o como médium escribiendo sobre espiritualidad y los importantes valores del bien. Sin embargo, él, individualista y egocéntrico como siempre, prefirió sufrir solo antes que modificar su karma, trabajando a favor de sí mismo y de los demás.

- ¡Qué malo es el autocastigo! Por eso en mi próxima encarnación haré todo lo posible para aprender la ley del amor - dijo Érica -. Sé que me comprometí cuando tuve ese aborto, pero estoy dispuesta a recibir nuevamente ese espíritu y tratarlo con amor y dedicación, enseñándole el camino del bien.

- Yo también - dijo Marina -. Quiero hacer algo útil para mí y para la Humanidad. La gente está sufriendo mucho en la Tierra y necesita orientación y consuelo. Si puedo, ayudaré a acabar con la prostitución y enseñaré a la gente cómo vivir una sexualidad saludable.

Espero poder, porque así también me estaré ayudando a mí misma.

Después de arrojar energías positivas sobre Ângelo, se despidieron y fueron a casa de Flávio. Hacía dos días que María Antônia había regresado de Inglaterra y el tiempo era terrible en todas partes. Encerrada en su habitación, dio rienda suelta a sus lágrimas, mientras Anita recibía a su amiga Giulia en el salón.

- Ay, cómo me arrepiento de no haber dado esa fiesta que pedía la pequeña peste, para mí todo fue peor, solo puede ser un castigo.

Giulia, tocando delicadamente el hermoso arreglo floral al lado del sofá, asintió:

- Realmente lo era, esa chica merecía una buena paliza, ¡imagínate salir con un primo! Si fuera mi hija, incluso a esa edad la golpearía.

- ¡Imagínate si Flávio lo dejaría! Nunca fue golpeada en su vida porque su padre no lo permitió. Creo que dejé que Flávio cuidara demasiado de esta chica, por eso pasó. Predica que los castigos y las palizas no educan a nadie, imagínate. Si no fuera por él, María Antônia vería lo que es una buena educación.

Giulia, con un tono de admiración en su voz, respondió:

– Qué curioso... En la sociedad, Flávio y tú son admirados como una pareja modelo. Nadie imagina que vives en este clima con tu hija, para todos eres la madre amable y perfecta.

Anita afirmó:

– Hago esto para no manchar mi imagen. Pero entre Flávio y yo todo es maravilloso, en eso todo el mundo tiene razón. Pero no sé qué pasa entre María Antônia y yo, parece que somos completamente extrañas, enemigos, tal vez. Desde que ella nació, he perdido mucho espacio con Flávio, él solo le da importancia a ella. Esto me ofende mucho.

– Debes conformarte, al fin y al cabo los niños son para toda la vida. Me alegro de estar feliz con el mío. ¿Dónde está María Antônia ahora?

– Allí en la habitación llorando, haciendo drama para que el padre se derrita y libere la relación.

Francisca subió las escaleras con una bandeja de bocadillos, mirando de reojo a las dos.

– Esta vieja loca es otra que perturba mi vida. Desde que se mudó aquí, se ha involucrado en nuestros problemas. ¡Cuánto tengo que aguantar por mi marido!

Giulia tenía curiosidad:

– Después de todo, ¿por qué vino esta Francisca a vivir aquí? ¿No tenía una bonita casa en un barrio elegante?

– Vaya, estás mal informada, parece que ni siquiera somos amigas – replicó Anita –. Esta anciana empezó un negocio de ropa hace mucho tiempo y no funcionó, no tenía visión para los negocios. La tienda se endeudó y ella empezó a recibir dinero de usureros. Como la crisis no fue superada, tuvo que vender su casa y su tienda. Como único familiar en Brasil, Flávio le dio refugio aquí. Ahora trabaja como ama de llaves. Échale un vistazo, no hace nada aquí, interfiere en mi vida y todavía le pagan por ello. ¡Solo en esta familia!

Giulia se lamentó:

– Aprecio tu dolor, querida, si tus padres estuvieran vivos, podrías pasar tiempo con ellos como solías hacerlo.

– Ni hables, Giulia, nunca perdonaré a Dios por matar así a mis padres en ese desastre. Y Flávio sigue garantizando que la vida lo arregla todo.

La amiga escuchó asombrada:

– ¿Eso significa que no sigues su filosofía? Estoy cada vez más asombrada por ti.

– Por supuesto, no se puede no creer en algunas cosas, pero la mayoría de las veces pretendo aceptarlas. Ya sabes cómo es, una esposa apasionada hace todo por su matrimonio.

En ese momento Francisca interrumpió:

– Disculpa Anita, pero necesito hablar contigo en serio.

– ¿De qué se trata? ¡Si se trata de María Antônia, no quiero ni saberlo!

– Se trata de ella, sí. Creo que será mejor que hagas algo antes que se enferme. Le traje el almuerzo y ella no lo comió. Han pasado dos días, ¿qué quieres? ¿Que la hospitalicen?

– Pues, como si fuera culpa mía. Lo que está haciendo es solo para llamar la atención de su padre, ¿crees que no lo sé?

Francisca preguntó:

– Por favor, habla con ella, dile que está libre de esta relación. Ya sabes cómo son estas cosas de adolescentes, todo pasa pronto.

Anita se enfureció:

– ¡No puedo creer que todavía tenga ese pensamiento! Hablaré con ella de inmediato. Le diré algunas buenas verdades.

Francisca, interrumpiendo el paso de las escaleras, gritó:

– Solo mira lo que vas a hacer para no arrepentirte después. Flávio tiene mucha paciencia, pero en un momento así las cosas pueden cambiar, ¡cuidado!

Mirándola con resentimiento, Anita ladró:

– Apártate de mi camino, yo sé educar a mi propia hija, al fin y al cabo soy la madre.

Francisca se fue y sin mirar a Giulia, fue a orar a su habitación. Esa casa realmente necesitaba buenas vibraciones.

Anita invadió la habitación de su hija, donde gruesas cortinas impedían la entrada de la luz del Sol. Al ver a María Antônia con la cabeza apoyada en la almohada, perdió la paciencia.

– ¡Pensé que ya habías renunciado, pero no! Ahora recurres a tu estúpida tía. Sepa que pase lo que pase, nunca continuarás tu relación con Fabrício. No lo permitiré.

María Antônia, el pozo vivo de la obsesión, se levantó alterada, con los ojos vidriosos y mirando a su madre con resentimiento:

– Miserable, ¿así quieres destruir mi vida? Sepa que soy más fuerte y ganaré. ¡Tengo los medios para alejarte de papá para siempre!

Anita palideció, ¿estaba escuchando correctamente?

– ¿Tu dijiste qué? Repito, no entendí bien.

Sin esquivarla, María Antônia continuó enfadada:

– Así es, señora Anita, tú me separas de Fabrício y te hago la vida un infierno. Hago que mi padre te abandone. Morirás sola y abandonada.

Anita, sin contenerse, le dio una fuerte bofetada en el rostro a su hija, quien cayó al suelo.

María Antônia, desde donde estaba, repetía entre dientes:

– Me las pagarás por esto, te lo juro. ¡Maldita seas tú y tu alma! Primero me robas a mi padre, ahora me robas a Fabrício. Un día sentirás el peso de mi ira.

Anita, con mirada desafiante, respondió:

– Eso es lo que veremos. Cerró la puerta de golpe y bajó las escaleras, dejando atrás todo el odio y rencor de su hija.

Giulia ya se había ido y decidió darse una ducha e intentar relajarse. En su habitación, María Antônia estaba triplicada de ira. Los espíritus inferiores ya en simbiosis intuyeron varias ideas. Ella daba vueltas y vueltas, atormentada por tantos pensamientos. No sabría vivir sin Fabrício, su madre tendría que pagarle. Necesitaba pensar en una forma de neutralizar la actitud de su madre, pero ¿cómo? Pensó, pensó y logró encontrar una salida. Hasta que de repente se le ocurrió una idea y tomó forma. ¡Eso es lo que iba a hacer! ¿Cómo no había pensado en eso antes? Consultó rápidamente la guía telefónica y, encontrando el número, marcó:

– Hola, necesito hablar con Janjão, ¿está ahí?

Una gruesa voz masculina, sin ninguna simpatía, preguntó:

– ¿Quién quiere hablar? Es que siempre está muy ocupado y solo habla con gente que tiene asuntos importantes.

– Mi asunto es importante, ¿puedo hablar con él mañana por la mañana? Diles que soy María Antônia de Menezes, seguro que me recordará.

El otro se tomó unos momentos y luego respondió:

– Muy bien niña, mañana te dará la bienvenida.

Ella le dio las gracias y colgó. Su plan sería perfecto, nadie sospecharía nada. Bajó más renovada y encontró a su padre en la sala de estar. Ella corrió a abrazarlo. Flávio le devolvió el abrazo con gusto, le encantaba ver feliz a su hija. ¿Qué había pasado? ¿Por qué estaba feliz a pesar de la confusión?

Al ver a su hija abrazando a su marido, Anita preguntó:

– ¡Vaya, tu hija es una caja de sorpresas! Hace menos de media hora estaba en la habitación, atacándome y llorando. Ahora se ríe y te abraza.

María Antônia aclaró fingiendo:

– Pensé en todo lo que me dijiste y decidí seguir tu consejo. Lo mío con Fabrício no puede continuar. Tú tenías toda la razón.

Flávio se sintió mal. De repente, una ola de energías pesadas invadió el ambiente. No sabría de dónde venían, pero las estaba sintiendo. ¿Podría ser las de la hija? Algo le dijo que ella estaba mintiendo. Decidió correr el riesgo:

– ¿Es esto realmente lo que quieres para tu vida, hija? Piénsalo, sé que tu madre tiene buenas intenciones, pero solo tú puedes decidir tu destino, sé que eres fuerte y capaz.

Los ojos de María Antônia brillaron. ¡Qué maravilloso era su padre!

Decidió continuar con la mentira:

– Así es papá, decidí ponerle fin a esta loca historia. Le deseo a Fabrício toda la felicidad, pero sé que no será conmigo. Mi novio aparecerá un día.

Flávio fingió creerlo y no preguntó nada más. Fueron a cenar y así se olvidaron de los incidentes del día.

24.– Venganza

Al día siguiente María Antônia salió temprano hacia una calle pobre de la Zona Norte de São Paulo. Estaba segura que allí vivía Janjão. Pagó el taxi, le ordenó esperar y siguió caminando. En una calle de aspecto pobre se destacaba una lujosa casa adosada. Se acercó a la puerta y habló con el guardia de seguridad:

- Soy María Antônia, tengo una cita con Janjão esta mañana, me gustaría que le avisaras.

El guardia de seguridad, con aspecto antipático, anunció por radio que había una chica que quería hablar con el jefe. Después de darle su nombre, soltó el billete y ella entró. Pasó por un hermoso jardín y la criada la condujo al segundo piso. A lo largo del pasillo atravesó varias puertas hasta llegar a una, llena de guardias de seguridad. Poco después se encontró cara a cara con el famoso narcotraficante. Mirándola íntimamente, le preguntó:

–¿Qué te trae por aquí? ¿Viniste a recoger las cosas para alguien? Que yo sepa no eres adicta, simplemente lo probaste ese día con mi hijo y tu primo en la fiesta que hicimos aquí en casa. Nunca pensé que volverías, después de todo, hija de un hombre que es un santo, ya sabes cómo son las cosas.

Ella fue directa al grano:

- Sabes que soy amiga de tu hijo y sé muchas cosas sobre ti. Incluso matas a tus enemigos en el narcotráfico sin piedad ni misericordia. También sé que no lo haces tú mismo, sino que contratas pistoleros especializados para este fin. Tu hijo, en uno de "esos" momentos, me lo contó todo.

Se rascó la barba con preocupación:

– ¿Qué tiene esto que ver con tu visita?

– ¡Todo a ver! Quiero que uno de tus pistoleros extermine a una persona para siempre de la faz de la Tierra. ¡Tiene que ser un trabajo bien hecho y sin dejar huellas!

Él se maravilló:

– Mira, he visto muchos delincuentes por ahí, de la peor calaña, pero nunca había visto uno así con cara de ángel. ¿Quieres matar a la novia de algún chico del que estás enamorada? Si es así, no hace falta llegar tan lejos, la crueldad practicada con clase separa a cualquier pareja, sin que tengamos que recurrir a la delincuencia.

Ella fue clara:

– ¡Quiero matar a mi madre lo más rápido posible!

Janjão abrió la boca y rápidamente la cerró sorprendido, podría haber esperado cualquier mal, pero una de esas cosas estaba fuera de su mente.

– Niña, ¿ya has pensado en lo que quieres hacer? Esto es muy serio. Mira, aunque amo a mi madre, la cuido con todo el cariño. ¿Qué hizo la tuya que fue tan grave?

María Antônia tardó un poco, pero respondió:

– ¡Ella existe! Esto es lo más serio que hizo, existir.

Janjão estaba cada vez más asombrado y con tono serio argumentó:

– Es mejor que desistas de lo que vas a hacer, seguro que te arrepentirás mucho y no podrás volver atrás.

El espíritu de una mujer que acompañaba a María Antônia, irritado, le sopló al oído:

– No te dejes llevar por su conversación, insiste, ve hasta el final. Solo serás verdaderamente feliz cuando muera tu madre, entonces tendrás a Flávio y a Fabrício para ti sola. ¡No seas débil!

Ella no registró sus palabras, pero de repente sintió un creciente deseo de ver muerta a su madre:

– No me dejaré llevar por tus palabras. ¿Quién eres tú para darme lecciones de moral? Sé que ya tiene más de cuarenta muertes a tus espaldas. Lo que quiero es que contrates a cualquier precio a uno de tus sicarios para matar a mi madre con la mayor urgencia posible.

No puedo esperar más.

Se rascó la barba indeciso y luego respondió:

– Está bien, puedo contratar a alguien de Goiás para que trabaje para mí. Pero él cobra mucho y yo también quiero mi comisión.

– Yo esperaba eso. Tengo una manera de conseguir este dinero. Por favor contáctelo lo más pronto posible. Quiero saber el valor hoy. Este es mi número de celular –. Tomó un papel con un número escrito y se lo dio. Poco después se despidió y se fue.

De regreso a casa, María Antônia sonrió satisfecha. Con este acto quedaría para siempre libre de su madre y tendría sus citas libremente. Luego se aseguraría que Flávio no se volviera a casar, no soportaría verlo con otra persona.

Cualquier persona con visión espiritual notaría figuras negras caminando de la mano de María Antônia, que estaba a punto de cometer otro crimen. Sin embargo, nada sucede sin que las fuerzas del bien estén atentas, y en el Campo de la Redención los mentores, junto con Marina y Érica, estudiaron el caso.

– Es triste comprobar que a pesar de todo María Antônia no pudo superar su pasión – se lamentó Carlota –. Hicimos todo para que ella pudiera crecer sin sufrir, pero por libre albedrío eligió el camino del dolor. A veces pienso que está retrocediendo espiritualmente.

Hilário explicó:

– Eso sería imposible. En la escala de la perfección nadie baja, simplemente aparca. En la maraña de sucesivas reencarnaciones podemos incluso perder logros intelectuales, pero los logros morales nunca se pierden. Créanme, María Antônia no tiene la madurez suficiente para actuar de manera diferente, además, encuentra la reciprocidad. La energía de la madre está atrayendo este crimen.

– ¡Qué horror! – Gritó Érica sin entender –. ¿Dónde está Dios que no impide este crimen? ¿Estará desaparecido?

Hilário sonrió:

– Llegará el día en que todos se darán cuenta de cómo actúa Dios, desencadenando la evolución. En el movimiento de los seres que pueblan el Universo, los más inferiores ayudan al progreso de los demás y así sucesivamente. Si la gente pudiera superar la violencia íntima, luchar para desterrar el pesimismo y el miedo de sus corazones, nadie más sería asesinado o violado. Anita no tiene la violencia escrita en su rostro como muchos, pero cree en el mal, teme al mal, cree que es más fuerte que el bien, ve a su hija como una rival. Junto a Flávio tuvo la oportunidad de cambiar, pero la ignoró. Lleva una vida inútil donde reina el materialismo. Si María Antônia logra lo que quiere, será porque la madre necesita de esta experiencia para evolucionar, no por fatalismo, sino por afinidad.

Marina pareció entender:

– ¿Entonces por eso asesinan a la gente? ¿Atraen el crimen a sus vidas?

– ¡Por supuesto! No hay víctimas inocentes en la Tierra. En un crimen, en un asesinato, lo que hay es el encuentro de vibraciones entre el asesino y el asesinado. En la Tierra hay personas "asesinables" que mueren fácilmente, ya sea por balas perdidas, crímenes premeditados, crímenes pasionales, etc. Estos no están dando lo mejor de sí mismos en su nivel de evolución, carecen de sí mismos y de Dios. En cambio, hay personas "no asesinables"; estas no mueren por violencia, crimen, robo o son violadas, esto es porque ya han superado la violencia íntima, creen en el poder del bien, cultivan la espiritualidad, son optimistas, no dramatizan ni invaden la vida de otras personas. Desafortunadamente, si Anita muere es porque es "asesinable."

Érica preguntó dubitativa:

– Entonces, ¿eso significa que el acto de María Antônia es correcto? ¿No será castigada por Dios?

Hilário respondió delicadamente:

– Un delito de cualquier tipo solo trae resultados negativos, por lo tanto siempre es malo. Dios no castiga a nadie, pero dirige el Universo a través de leyes perfectas e inmutables que da siempre cada persona según sus obras. El espíritu que hoy llamamos María Antônia vivió alguna vez como Helena; en ese momento ya creía en la violencia, por lo que optó por matar a Anete, su rival enamorada de Henrique. Recibió violencia cuando fue asesinada por el secuaz que se convirtió en su amante. En su penúltima reencarnación, siguió creyendo en el mal como solución a los problemas y fue asesinada una vez más. Ahora vuelve a recurrir al crimen y esta vez al peor de todos: contra su propia madre. Seguramente sufrirá mucho por esta actitud. Está obsesionada en un grado muy alto.

Marina preguntó:

– ¿Es justo que Anete muera asesinada una vez más? ¿Y por la misma persona?

– Por Dios, ella siempre estará aprendiendo, aunque sea a través del dolor. Cuando vivía como Anete, se creía débil e indefensa, creía en el poder del mal, temía al mal. Por eso fue asesinada trágicamente. En la existencia actual, para escapar de la experiencia anterior, su espíritu entró en ilusiones. Se cree dueña de Flávio, cree que puede hacer lo que quiera gracias al dinero y la influencia de su marido. Prometió amar, superarse, aprovechar la evolución de Flávio para crecer juntos, pero ha revertido todo el proceso. Si la gente supiera cuánto les daña la violencia íntima, tendrían dificultades para cambiar sus malas inclinaciones. Pero en el mar embravecido del mundo, la mayoría de la gente se olvida de cultivar el bien, la espiritualidad. Créeme, Marina, si Anita realmente buscara el bien, nadie sería capaz de asesinarla.

Luego de este encuentro, Hilário las invitó a seguir observando los hechos, para ayudar si fuera necesario.

En la mansión de Anita todo reinaba en la más aparente tranquilidad. Se sintió aliviada, porque su hija había cambiado, mostrándose benévola y ya no hablaba de su primo Fabrício. Con eso, sin más problemas que atender, volvió a su habitual vida vacía.

Francisca siguió ocupándose de todo, pero cuando notó a María Antônia hablando por teléfono, empezó a sospechar. ¿Con quién estaba hablando que cuando la vio se asustó tanto? Sintió mala energía en el ambiente, pero no podía entender de dónde venía.

Era la noche de un encuentro espiritual en casa de Flávio. Una vez a la semana reunía a la familia en la gran sala y oraba a favor de la Humanidad, recibiendo instrucciones psicofónicas, que eran grabadas por Francisca en un estéreo, para ser estudiadas posteriormente.

Después de la oración inicial, Anita con cara triste leyó un mensaje sobre el poder del pensamiento positivo y el libre albedrío. Luego de los comentarios de Francisca y Flávio, se apagaron las luces principales, dejando la habitación en sombras. Concentrado, Flávio entró en trance y empezó a hablar:

– Buenas noches hermanos, el mensaje de hoy será sobre las buenas nuevas de paz. Nuestro Más Grande Maestro nos enseñó el perdón de las ofensas y el arrepentimiento. ¿Hasta cuándo pospondremos la consecución de estas virtudes? En nuestra ilusión dejamos todo para después, ignoramos que la felicidad solo puede ser experimentada hoy, nunca en el pasado o en el futuro. Engañados, proyectamos nuestros sueños y deseos hacia el futuro, imaginando que solo seremos felices con ellos. Para lograrlos no dudamos en lastimar, herir e interferir drásticamente en la vida de otras personas, pensando que así lograremos la paz con la que tanto soñamos. Sin embargo, lo que empieza mal nunca puede salir bien, y en la cosecha de nuestra siembra recibiremos desilusión y dolor, obligándonos a madurar y repararnos.

Es el momento de descubrir que el amor y la verdadera felicidad no pueden esperar al mañana. El Creador no espera el mañana para amarnos, pero nosotros, los cultivadores que somos de todo tipo de ilusiones, esperamos el mañana para amarlo y practicar sus enseñanzas. El nivel de evolución de cada persona siempre cuenta. Hoy todos los que habitamos este hogar tienen una preciosa oportunidad de detenerse y pensar en lo que están haciendo con sus vidas y dónde están poniendo su corazón. A partir de ahora ya no podrán usar la excusa de la ignorancia para tapar sus errores, aquí todos ya son conscientes del mal que no deben hacer y del bien que deben hacer. Quién sabe, tal vez tengan el doble de responsabilidad. El Nazareno nos dijo: "*Mucho se pedirá a los que se les haya dado.*" Y esa es la realidad. Mantengan la paz en su corazón, el optimismo y una conducta recta, marcada siempre por la ética y el verdadero bien. Quisiera decir que todavía hay tiempo para corregir muchos errores y evitar el sufrimiento, por los errores nunca se llega al camino, por el mal nunca se llega a la felicidad. Quien hace el mal sumerge el subconsciente en las sombras de la infelicidad, y como el subconsciente trabaja en materializar nuestras creencias, es la desgracia que tendremos en nuestro camino.

Solo el amor libera, solo la práctica del verdadero bien puede conducir a la completa prosperidad.

El mensaje terminó y Flávio volvió a la normalidad. Besó a su hija y a su esposa, abrazó a Francisca y a algunos amigos que estaban con él en la habitación. Cuando se fueron a dormir, ya en su habitación, Flávio le comentó a su esposa el contenido del mensaje:

– Alguien en esta casa está intentando hacer algún tipo de daño. Nunca me equivoco, siempre que Hilário da mensajes como éste es porque alguien está haciendo el mal. No me niegues Anita, ¿eres tú? Ella, que estaba acostada, se levantó nerviosa:

– ¿Cómo puedes preguntarme eso? Después de todo, ¿no me conoces después de tantos años de matrimonio? No podría lastimar ni una mosca, ¿sabes?

– No lo sé... Has cambiado mucho a lo largo de los años. Siento que no eres la misma chica con la que me casé.

Ella se sonrojó, nunca quiso que su marido se quejara de ella.

– Las cosas pueden cambiar, mi amor, eso no significa que empezaré a cometer cosas malas. Dices que he cambiado, pero no veo por qué. Después de todo, ¿no te estoy amando siempre?

Nuestra vida íntima nunca ha cambiado en todos estos años, seguimos amándonos como siempre.

- Dices eso porque solo analizas tu lado emocional. Por supuesto, sigo amándote como el primer día, pero has llevado una vida ociosa, te peleas mucho con María Antônia, no tienes gestos de cariño, eres fría con las demás personas, solo te ves a ti misma siendo cariñosa conmigo. A veces encuentro tu amor por mí un poco obsesivo.

- Nunca pensé que algún día tendríamos esta conversación. Pensé que nunca me acusarías por no ser religioso. Siempre pensé que si nuestro matrimonio alguna vez terminaba, sería por tu religión. Después de todo, no soy la mujer religiosa que querías.

Estaba conmovido, amaba sinceramente a Anita a pesar de todos sus defectos. No quería ni le gustaban las peleas. Decidió comprometerse:

- Está bien mi amor, te acepto tal como eres. Olvidémonos de nuestra charla y pidámosle a Dios que si alguien aquí en este hogar tiene malos pensamientos en su mente, pueda arrepentirse y dar marcha atrás.

Anita, al verlo orar, se sintió aliviada. Esa conversación estaba tomando una dirección con la que no estaba contenta. ¿Imagínese si su marido descubriera que ella usaba hierbas para evitar quedar embarazada? Tenía miedo de perderlo con otro hijo. Nunca volvería a quedar embarazada. En el silencio de la noche, Anita reflexionó sobre su comportamiento, pero influenciada por un ente oscuro, concluyó que siempre tenía la razón y que no necesitaba cambiar nada. Entonces se quedó dormida. Soñó que estaba en una plaza arbolada y una suave brisa bañaba su rostro, era de noche y el cielo estaba lleno de estrellas. De repente, aparece a lo lejos la figura de una mujer y al acercarse lentamente, la asusta mucho:

- ¡Mami! ¿Como puedes? ¿No moriste con papá en ese horrible desastre? Es mentira, debo estar teniendo alucinaciones –. Diciendo esto, huyó desesperada a su cuerpo físico, despertando bañada en sudor.

En su espíritu, Alexandra dijo con tristeza:

– Soy Alonso, mi hija ni siquiera podía verme, hablarme, está tan inmersa en las ilusiones del mundo. Admito que debí haber cometido muchos errores en su educación –. Comenzó a llorar.

Alonso, un compañero de la comunidad donde vivían, la consoló:

– No pienses así amiga, recuerda que tú también criaste a Laura y ella no se parece en nada a su hermana. En este caso no se trataba de una simple educación doméstica, sino más bien del nivel de evolución espiritual. Mientras que Laura, más evolucionada, supo captar fácilmente tus palabras y ejemplos, Anita, más primitiva, se olvidó y cayó en la trampa del pesimismo y la futilidad. No es de extrañar que atraiga delitos similares a su vida.

Alexandra, secándose las lágrimas y sentándose en un banco tosco, comentó con tristeza:

– Es difícil aceptar la muerte. Me temo que Flávio no podrá reaccionar positivamente ante los hechos. Aquí Anita se quedará conmigo, pero allí él estará solo.

Alonso sonrió delicadamente y dijo:

– Nadie está solo. Flávio ya tiene la madurez suficiente para ganar esta carrera. Confiemos en Dios.

Ella estuvo de acuerdo y juntos fueron al patio interior de la ocupada Colonia.

En su habitación, María Antônia, aferrada a su almohada, no podía dormir. ¿Ese mensaje estaba destinado a ella?

No, no podía ser. Lo que iba a hacer era un favor al mundo al sacar de él a esa criatura cruel e infeliz que era su madre. Cuando la vio leyendo tan hermoso mensaje, quiso atacarla. Pero, ¿qué podría hacer? Si quería tener una vida buena y feliz junto a su padre y Fabrício, tendría que exterminarla. Se levantó y sobre el tocador había una foto enmarcada de ella, muy pequeña, tal vez con tres años. Su madre estaba con él. En aquel entonces todo era feliz, ¿por qué las cosas tuvieron que cambiar? Reconoció que le gustaba burlarse de su madre, pero ella también era culpable. Nunca había mostrado afecto hacia ella. Las otras madres que conocía eran cariñosas con sus hijos, colmándolos de cariño y besos, haciendo lo que querían. Sin embargo, su madre era distante, fría y egoísta. Incluso la tía Francisca, que era solterona y nunca había tenido hijos, le tenía mucho más cariño que su propia Anita.

Miró el reloj digital: eran las dos de la mañana. Por la mañana recibiría de Janjão información sobre la cantidad necesaria para cometer el crimen. No podía rendirse. Miró los carteles de su padre en las paredes y pensó: "¿Cómo es posible que a un hombre tan guapo le haya gustado alguien como su madre?" En su peligrosa ilusión se vio a sí misma como la mujer ideal para Flávio, la única que realmente merecía. No, no podía rendirse. Lo arreglaría todo con Janjão. No se dio cuenta; sin embargo, Ester, su ex compañera cuando estaba en la erraticidad, estaba a su lado, dándole ideas macabras:

– Así es Camila, no te rindas. ¿Dónde está esa joven valiente y obstinada que conocí? Esta pequeña niña a la que llamas madre es tu rival, ella te robó el amor y va a robar la vida si lo permites. ¡Acaba con ella ahora o sufrirás mucho en el futuro!

No registró sus palabras, pero sintió aumentar el odio hacia su madre:

– No puedo y no me rendiré. Lo que quiero hacer será lo mejor para mi vida. Ella ya me roba la atención de mi padre, ahora quiere separarme de Fabrício. Eso no puede pasar, le mostraré quién es más fuerte.

Pensando así, se fue a la cama y después de horas de dormir alrededor, logró conciliar el sueño.

María Antônia, en su egoísmo, había olvidado por completo todo lo que aprendió de su padre desde niña. Flávio le impartió clases de espiritualidad, pensamiento positivo, mentalismo y metafísica. Sin embargo, los sentimientos perversos prevalecieron y no recordaba lo terrible que es un crimen de asesinato ante el tribunal de la propia conciencia, mucho peor si se comete contra uno de los padres. La responsabilidad se duplica.

25.– El día del crimen

— ¿¡Hola!? ¿Janjão? ¿Todo bien por hoy? ¿La cantidad es la misma?

— Sí, pero debe entregarse a las tres según lo acordado. Si no es a la hora prevista no se hará nada.

— ¡Sí, estaré allí!

— ¿Cómo conseguiste esa cantidad? Es muy alto. Eres inteligente, ¿cómo lograste engañar al viejo?

Ella se enojó:

— A ti no te incumbe. ¡Mi padre no es viejo, es el hombre más joven y guapo que existe! ¿Cómo te atreves a decir su nombre con tu boca sucia?

— Mira niña, terminemos esta conversación antes que me enoje contigo. Estate allí a las tres.

María Antônia apagó su celular y siguió caminando por una avenida amplia y transitada. De repente llegó a una hermosa plaza. La fuente de luz brotaba y algunos pájaros jugaban alegremente a su alrededor. Se sentó sin notar la belleza del lugar, solo tenía ojos para sus problemas. También llegó una señora de unos 80 años y se sentó a su lado. ¿Qué hora es, señorita?

— Diez y media.

— ¿Siempre vienes a este lugar?

— No, estoy aquí por casualidad – respondió ella, ya irritada. La anciana la miró profundamente y dijo:

— ¿Alguna vez has notado lo hermosos e inocentes que son estos pájaros? Juegan felices sin preocuparse por nada. ¡Es una belleza!

Siempre que tengo problemas, vengo aquí para aprender de ellos una lección valiosa.

- ¡Era justo lo que hacía falta! - pensó María Antônia -. ¡Lección de pájaros! ¿Qué podrían ofrecer estos seres degradantes? Las lecciones eran las que impartía su padre en sus cursos. La señora, como si leyera sus pensamientos, dijo:

- Veo que no entendiste lo que dije y ni siquiera veo la lección que nos pueden dar. La naturaleza es muy rica y podemos aprender muchas cosas de ella. Sin embargo, los hombres olvidan lo bello, lo natural, viven como si fueran robots, olvidan que la naturaleza contiene todas las lecciones que necesitamos para vivir mejor. A veces pienso que la única religión que existe en el mundo es la naturaleza. ¿Alguna vez has imaginado lo hermoso que es?

Ella se encogió de hombros:

- Para mí la religión es la que profesa mi padre, él es muy religioso y sabio, ¿sabes?

- Sé que tu padre es así, pero hablemos de los pájaros. Deberíamos ser como ellos. Despreocupados, juegan, siempre trabajan, confiados en que mañana será un hermoso día para satisfacer todas sus necesidades. Somos diferentes, desconfiamos de la vida, vivimos sin fe, pensando que el mañana siempre estará lleno de sufrimiento y problemas. No confiamos en la fuente de la vida y ni siquiera sabemos que es Dios en acción.

María Antônia respondió:

- Por supuesto, los pájaros son despreocupados, son solo pájaros, seres sin importancia. Ni siquiera piensan ni sienten nada.

La señora muy animada respondió:

- Te equivocas, antes que sean animales son una chispa divina, en ellos reside el principio inteligente que algún día se convertirá en espíritu. En ellos, instintivamente, hay confianza en un ser divino que todo lo provee y lo ordena. Nosotros, los seres humanos, somos la raza más desarrollada de la Tierra, pero la que más sufre. El pensamiento, el razonamiento que se nos dio como mérito, para nuestro crecimiento y progreso, está siendo utilizado para la destrucción y la derrota. Créeme, querida, nunca cosecharemos flores si siempre plantamos espinas.

María Antônia estaba pensativa. Incluso parecía que esa anciana le leía el pensamiento y decidió terminar la conversación:

— Mire señora, todo esto ya me enteré en el Centro de mi padre, no necesito saber nada más. Ve a cuidar tu vida y yo cuidaré de la mía.

Dicho esto, salió apresuradamente y no se dio cuenta que la mujer desapareció rápidamente, yendo a buscar otros espíritus que la esperaban. Al verla llegar, Noel preguntó:

— Entonces, Luiza, ¿cedió en nuestro último intento?

— Lamentablemente no, querido. Cree que lo sabe todo y no necesitas nada ni a nadie más. El egoísmo prevalece y solo será superado mediante el sufrimiento.

Noel la abrazó cariñosamente:

— No podemos evitar todo lo que queremos, si aquí en el plano espiritual pudiéramos interferir en el libre albedrío de las personas, se evitaría mucho sufrimiento. Sin embargo, las personas obstinadas solo aprenden experimentando. Los inteligentes siguen el camino del amor, los necios van por el camino del dolor, solo existen estos dos caminos para evolucionar...

María Antônia siguió caminando sin detenerse. Llevaba dos semanas planeando este crimen y nada podía fallar. Ella prepararía todo para que pareciera un robo, para que nadie fuera condenado o arrestado, y menos ella. El pistolero vendría de Goiás y en cuanto terminara el trabajo se marcharía. Un amigo le había dado una poderosa pastilla para dormir que ponía en las bebidas de los guardias de seguridad, haciéndolos quedarse dormidos. Esa noche habría una conferencia y todos los de su casa se irían, menos Anita que hacía meses que no iba al Centro. Tendría que tener cuidado que a su madre no se le ocurriera un programa y se fuera en el último momento. De repente decidió irse a casa y quedarse pegada al teléfono, así si Giulia llamaba pondría una excusa y no la dejaría hablar con su madre.

Todos almorzaron normalmente ese día, excepto María Antônia que estaba muy nerviosa, pero solo Francisca se dio cuenta. Después de permanecer hasta media tarde sin salir, recordó su compromiso urgente de llevar el dinero a Janjão. Entonces le entregó el dinero, le dio el mapa de la casa y una foto de su madre. A las nueve todo sucedería sin falta.

A las siete de la tarde todos se disponían a partir. Cuando Flávio vio a María Antônia lista para ir con él y con Francisca, quedó asombrado:

– ¿De repente decidiste venir con nosotros? ¡Estoy muy feliz!

– Me gustaría escuchar sobre el tema de hoy. ¡Ni siquiera sé qué es, pero sé que todo lo que dices es ley!

Francisca intervino:

– Pero rara vez vas al Centro con tu padre, ¿qué te pasó niña?

Se mordió el labio:

– Es que… hoy no me siento bien, ¡tal vez una buena charla renueve mi ánimo!

– Noté que estabas muy nerviosa, casi no almorzaste ni cenaste. Temblaste mucho. Dile a tu tía, ¿hay algún problema?

Anita, que escuchaba todo desde lejos, se acercó con fingido interés:

– ¿Qué podría tener mi hija? Al fin y al cabo aquí lo tienes todo, ¡no te falta nada! No entiendo a estos jóvenes de hoy, tienen el mundo en sus manos y todavía se quejan.

María Antônia quiso decir que lo principal que le faltaba era un verdadero amor de madre, pero quería demostrarle lo más posible que estaba en paz con ella, se limitó a decir:

– Aprecio tu preocupación mamá, pero no debería ser nada grave, solo una indisposición.

– Necesitas ver a esta hija, después de la conferencia tendrás una consulta con uno de nuestros terapeutas para ver si esta indisposición es en el cuerpo físico o astral. Vamos, no puedo llegar tarde.

Se marcharon dejando a Anita sola en el balcón de la mansión mirándolos desde lejos. Cuando el auto partió sintió una tristeza infinita. No sabía definir de dónde venía. Decidió llamar a Giulia.

Marcó y esperó:

– ¿Giulia? ¿Qué tal si vienes aquí para hacerme compañía? Estoy tan sola que todos me abandonaron – dijo en tono de broma.

– ¿Te sientes sola? Nunca te habíamos visto así, dímelo enseguida, ¿sospechas de Flávio con otra persona?

Aní estaba horrorizada:

– Ni siquiera digas en broma algo así, en estos largos años de matrimonio estoy segura que nunca me ha engañado, está en su naturaleza ser fiel. Si me hubiera engañado con alguien, seguramente habría eliminado a este rival de la Tierra. Giulia estaba asustada:

– Vaya, a veces tienes una crueldad que me asombra. ¿Sería realmente capaz de tal acto?

– Por mi marido, incluso mataría si fuera necesario.

– Bueno, pasaré en un rato, solo me voy a hacer unos retoques en el maquillaje.

Colgó el teléfono y fue a esperar a su amiga escuchando música. En aquellos momentos en que la casa estaba vacía, le gustaba tocar la música que más le gustaba. Miró el reloj y se dio cuenta que había pasado mucho tiempo distrayéndose con la música. ¿Y Giulia no llegó?

De repente aparece frente a ella un hombre encapuchado, silencioso, apuntándole con un arma:

– ¡Silencio señora, será mejor que no grite o la mato ahora mismo!

Estaba desesperada:

– Por favor, ¿qué quieres de mí? Mi marido es muy rico, te puede dar todo el dinero que quieras, no me mates, tengo una hija que me necesita mucho.

La voz de Anita era ronca y le temblaban las manos, lamentaba amargamente no haber salido de casa con su marido. ¿Qué sería de tu vida? Decidió comprometerse:

- Sé que es un robo, puedes llevarte lo que quieras, aquí hay muchas piezas valiosas, pero por favor perdóname la vida.

Otro hombre llegó a la habitación con una capucha en la cabeza, riéndose:

- ¿Reconoces esta foto?

Anita, nerviosa y con la pistola en la cabeza, reconoció una de sus fotografías que estaba en el marco de su habitación y que había desaparecido misteriosamente.

El hombre riéndose mucho dijo:

- Esto no es un robo en absoluto, es solo el día de su muerte. Esta foto nos la regaló una hermosa niña llamada María Antônia, ¿la conoces?

Anita se quedó aun más helada, eso no podía ser la realidad:

- ¡Eso es mentira, mi hija me adora y nunca me haría algo así!

El hombre siguió riendo:

- Sí, era ella. ¿Has notado que todos los guardias de seguridad de tu mansión están dormidos? Puso pastillas para dormir en sus bebidas para que se durmieran y facilitara nuestra misión. También pidió que se revelara que ella fue la asesina, ella fue quien lo ordenó. Dijo que nunca se podría morir sin saber quién era el autor. Quiere que sepas que la odia y que te odiará para siempre. Ahora prepárate para ir al infierno.

Anita quedó tan sorprendida que ni siquiera suspiró, fue alcanzada por tres balas silenciosas y cayó al suelo. Los hombres huyeron y unos cinco minutos después Giulia entró asustada:

- Anita, ¿qué pasó con tu casa? Está toda abierta, los guardias de seguridad están durmiendo...

De repente pálida, vio a Anita en el suelo bañada en sangre. Un grito de horror y Giulia corrió hacia la calle. Tomó un taxi y se dirigió hacia el Centro de Desarrollo Espiritual Luz en el Camino.

Flávio, concentrado, comenzó su charla sobre la paz:

– Oímos a la gente decir mucho: "Deseo la paz." Pero, ¿realmente saben lo que quieren? Para ti, ¿qué significa tener paz?

¿Paz significa quedarse quieto y no hacer nada? Muchos desempleados están en esta misma situación, ¿tienen paz?

¿La paz es estar tranquilo en un lugar sin que nadie te moleste? Las personas en la UCI se encuentran exactamente en esta situación, ¿están en paz?

¿Paz significa tener mucho dinero? Muchas personas son millonarias, ¿viven en paz, con tranquilidad y alegría?

¿Paz significa tener buena salud? Puede que sea así, pero muchas personas sanas aprovechan este regalo para entregarse a todas las formas de adicción. ¿Tienen paz?

La verdadera paz solo ocurre con la comprensión y la aceptación de la vida. Si queremos paz, debemos dejar de lado las preocupaciones, la culpa, el dolor, el miedo y el odio. Necesitamos expulsar de nuestra mente todo lo que nos desarmoniza, todo pensamiento que nos provoque malas sensaciones. El planeta Tierra no está equivocado, nuestra visión del mismo está equivocada. Muchos de nosotros con esta superficial e invadimos groseramente la privacidad de los demás, nos convertimos en vigilantes, pensando que para tener paz necesitamos hacer la guerra. Esta actitud mezquina y equivocada de buscar la paz nos ha llevado durante siglos a reencarnaciones inferiores, donde actuando de la misma manera recibiremos los mismos resultados.

Lo que realmente necesitamos es cambiar nuestra actitud cambiando la forma en que actuamos. Tenemos que aprender a cuidar nuestra propia mente, educarla, dejando de lado los viejos pensamientos que nos agobian y considerar nuestros propios sentimientos. Somos responsables de todos nuestros problemas, pero no somos nuestros problemas.

Si no somos nosotros nuestros problemas, podemos mirarlos desde fuera, dominarlos y superarlos. Solo escuchando la voz de nuestra alma tendremos la paz que tanto deseamos.

Flávio siguió discutiendo el tema con tranquilidad hasta que en un momento notó un alboroto en la puerta principal. Algunas personas querían impedir que una mujer muy nerviosa entrara y perturbara el trabajo. Sin embargo, golpeó a los guardias de seguridad y corrió sin aliento entre las sillas. Admirado, Flávio se dio cuenta que se trataba de Giulia Aguiar, amiga de su esposa. Giulia se acercó a él, muy pálida y sin aliento, sin poder hablar. En este punto, nadie estaba prestando atención a nada más que a la figura de esa mujer. Flávio la hizo sentarse en un sillón, ya que su respiración le impedía pronunciar palabra alguna. Cuando él se calmó, ella lo miró a los ojos y le dijo:

– Flávio, no sé cómo decírtelo, no sé cómo pasó, pero... Pero Anita fue asesinada y está tirada en la alfombra de tu sala bañada en sangre.

Nadie escuchó lo que dijo excepto Francisca. Flávio, mudo, se sentó en el suelo, luego se acostó y con la cabeza entre las manos, llorando mucho, comenzó a orar a Dios. Al ver el movimiento María Antônia, que ya sabía de qué se trataba, se acercó con fingida conmoción:

– ¿Qué pasó aquí, tía Francisca? ¿Por qué mi padre llora así?

Francisca la abrazó contra su pecho y llorando respondió:

– No tengo otra forma de decírtelo, tu madre ahora fue asesinada fríamente y está tirada en el suelo. Un desastre, una tragedia horrible.

Abrazándose, las dos comenzaron a sollozar. María Antônia fingió muy bien y se aferró a Flávio, que dejó que las lágrimas cayeran profusamente por su rostro.

La gente fue retirada de la audiencia sin entender lo que estaba pasando. Flávio se fue a su casa y cuando llegó aun podía ver la escena del crimen, la mujer que tanto amaba yacía en el suelo, víctima del mal ajeno. Respecto al cuerpo de su madre, María

Antônia armó un verdadero escándalo. Llegó la policía, sacó a todos del lugar y se llevó el cuerpo.

La tragedia le sobrevino a esa familia. Espíritus inferiores que intentaron obstaculizar el trabajo de Flávio intentaron acercarse a él para arrojarle energías negativas, pero se lo impidió una manta azul que lo protegía.

Aunque estaba muy evolucionado, Flávio sintió el dolor del momento al ver morir a su esposa de forma tan trágica.

Cristiano y Laura acudieron al funeral y se llevaron una decepción al saber por parte de la policía que el móvil del crimen era un intento de robo. Los ladrones no pudieron llevarse nada porque seguramente vieron venir a Giulia. Probablemente Anita había intentado defenderse y fue alcanzada por disparos silenciosos, ya que nadie más en el vecindario escuchó nada.

La gente empezó a dudar del trabajo de Flávio, cuando la violencia se apoderó de su propia casa. Pero nadie sospechó jamás de María Antônia. Ella, representando una terrible depresión, logró que Laura dejara a Fabrício en Brasil por un mes y así comenzaron a salir nuevamente.

Flávio, con la ayuda de Hilário, Félix, Noel y Carlota, logró superar el momento y seis meses después estaba de nuevo en los campos. Y así pasó el tiempo...

26.– Es el perdón el que libera

Un año después de la tragedia, todo seguía igual.

María Antônia, felizmente saliendo con Fabrício, ni siquiera recordaba que un día tuvo madre y que la mató. Flávio, muy sensible, empezó a pensar que había algo muy extraño en esa muerte. Hablando con sus mentores espirituales, le dijeron que olvidara lo sucedido, ya que la muerte era un simple cambio de lugar y que a Anita todavía le iba bien en la otra dimensión. A pesar de saber que la mujer había sido llevada a un Puesto de Socorro y poco a poco se estaba recuperando, algo dentro de él le decía que había algo grave y malo detrás de esa muerte. Nunca volvió a ser el mismo hombre. Continuó con sus cursos, explicando cómo funcionaba la vida y trató de esforzarse por ser lo más feliz posible. Francisca intentó ayudarlo para que a veces no cayera en una depresión profunda, pero no siempre lo lograba. La sensación que una gran barbaridad había victimizado a su amada Anita todavía estaba amarga en su pecho. Ya no sufría por su muerte, sino por ese extraño sentimiento que no lo dejaba en paz. María Antônia no estaba llena de contentamiento egoísta. Ahora su padre era solo suyo.

Una tarde de invierno, todos estaban tomando el té de las cinco en la elegante habitación donde murió Anita. María Antônia extrañaba mucho a su novio que había regresado a Inglaterra para continuar sus estudios. De repente sonó el teléfono y Francisca fue a contestar, era Laura muy preocupada, y con la voz temblorosa:

– Llame urgentemente a Flávio, el asunto es grave.

Flávio respondió:

– ¿Qué fue tan grave? ¿Algo con Cristiano?

– No, con Cristiano está todo bien, es con Fabrício que está mal. Tuvo un ataque de locura hace dos días y está hospitalizado.

Flávio se sorprendió:

– ¿Cómo pasó esto? ¡Es un chico tan equilibrado!

– ¡Eso es lo que no sabemos, pasó de repente, está tan mal que lo tuvieron que encerrar en ese horrible asilo! Ayúdame, Flávio, no sabemos qué hacer.

– No desesperes, en estos momentos el equilibrio es fundamental. Hoy en el Centro hay una reunión mediúmnica y podemos pedir información sobre este caso. Sabemos de antemano que muchos problemas psiquiátricos son, en realidad, obsesiones muy graves, pero no sabemos si es así. Solo la espiritualidad puede decirlo.

– Me siento reconfortado al escuchar tus palabras. Cristiano también tiene confianza y buscará ayuda de la Sra. Margareth, pero confío mucho en tu trabajo en Brasil. Díselo a María Antônia y pídele que ore por su novio.

Cuando Flávio anunció la drástica noticia, María Antônia corrió a la habitación. Sola y abrazada a la almohada, tenía miedo. La última vez que habló con Fabrício, le contó toda la hazaña que culminó con la muerte de su madre. Tenía plena confianza en Fabrício y juntos celebraron el éxito del plan. ¿Esa noticia había sacudido los nervios de su novio? En el Centro, Flávio, ya en trance, recibió la siguiente comunicación sobre el caso de Fabrício:

– El problema de tu sobrino es simple. Antes de renacer en la Tierra vivió en el mundo astral, unido a espíritus inferiores que practicaban el mal. Era un espíritu que fue víctima de prejuicios raciales, vivió como una persona negra y fue muy discriminado. Al encontrarse con una falange de vigilantes, decidió pagar mal por mal y, uniéndose a ellos, buscó en el abismo, en la subcorteza terrestre, una forma degenerada y la colocó mediúmnicamente en aquellos que pensó que le habían hecho daño cuando aun era en el mundo. Su "víctima" se volvió loco y hasta el día de hoy se encuentra en un manicomio terrenal sin posibilidad de cura.

Reencarnó con una grave lesión en su cerebro periespiritual de la que dependía si su nueva conducta se desarrollaría o no en el cuerpo físico. Fue allí donde conoció a su compañera de vidas pasadas y, volviendo a las mismas actitudes de antes, desmanteló las fuerzas del bien que lo sostenían. Ahora, a través de una psicosis de difícil tratamiento, poco a poco su periespíritu lastimado irá recuperando el equilibrio.

Flávio quiso saber:

– ¿Se curará?

La elevada entidad respondió:

– Solo el tiempo y el cambio interior lo dirán. No está obsesionado como podría parecer en un principio, en realidad tiene un trastorno psiquiátrico provocado por un daño en el cerebro, provocado por su conducta cuando vivía en el astral. Si las personas supieran lo que pueden recibir cuando hacen el mal, nunca lo harían, al contrario, lucharían por desterrarlo de sus corazones con toda su fuerza de voluntad. Pero ahora es el momento de permanecer con Dios y esperar su divina misericordia. La fe y el pensamiento positivo lo logran todo, ya que son dispositivos que interfieren con la ley de causa y efecto, cambiando sus consecuencias. Sin embargo, nada sucede sin un verdadero cambio, es necesario entender que Dios ve lo profundo de cada persona, no hay persona buena que sufre, puedes estar seguro, quien sufre saca a relucir todos sus males espirituales y pensamientos equivocados. Son las creencias en el mal las que causan y atraen todo el sufrimiento que azota la Tierra. Quien cree solo en el bien es inmune a las enfermedades, accidentes, pérdidas, soledad, desamor y cualquier falla. La educación mental es la clave que falta para desterrar para siempre el sufrimiento de la Tierra, transformándola en el mundo de regeneración con el que tanto soñamos.

El espíritu Hilário se despidió y un emocionado Flávio pronunció una silenciosa oración de gracias a Dios.

Cuando llamó a Laura días después, se dio cuenta que la médium Margareth había recibido una comunicación idéntica en Inglaterra, demostrando así que efectivamente era cierta.

Sin su novio, María Antônia se deprimió mucho. Cuando lo visitó en Inglaterra y vio su angustiado estado, la invadió un desagradable sentimiento de culpa. No sabía de dónde venía este sentimiento, pero no podía deshacerse de él. A medida que pasaba el tiempo, se volvió cada vez más amargo y profundo. Flávio entendió y trató de ayudarla llevándola al Centro, pero fue inútil, cada día estaba más triste.

Una noche soñó que estaba en un terreno baldío y fangoso, los árboles se veían feos y parecían estar muertos. De repente, de la oscuridad, apareció un lobo grande con dientes afilados. Los ojos estaban rojos como el fuego y brillaban como si fueran lámparas eléctricas. Aterrada, empezó a correr sin detenerse, pero el lobo corrió más rápido y la agarró con fuerza. Respirando pesadamente, María Antônia se dio cuenta que el rostro del lobo se había transformado en el rostro de su madre. Intentó gritar, pero su voz no salía, estaba atrapada en las garras de lo que parecía ser Anita. El lobo abrió la boca y habló con voz ronca de odio:

– ¡Pagarás por todo lo que me hiciste, asesina! ¡Morirás loca y sola, sin nadie que te ayude! – Y diciendo eso comenzó a apretar el cuello de María Antônia y ella se despertó asfixiada, gritando y sudando profusamente. Francisca, al oír los gritos de María Antônia, también se despertó asustada, salió corriendo y llamó a la puerta de su habitación:

– Abre niña, ¿qué te pasa?

Rápidamente abrió la puerta y agarró a Francisca:

– Tía, fue horrible, fue la peor pesadilla que he tenido en mi vida.

– Cuéntame cómo te fue, tal vez sea solo tu cabecita asustada por la suerte de tu primo Fabrício.

Lloró sin parar:

– No lo fue, no estoy seguro. Fue mi madre quien vino del infierno para vengarse de mí.

– No digas eso niña, tu madre te amaba y no tendría motivos para vengarse. Lo mejor que puedes hacer es orar y pedir guía a los amigos espirituales. En cualquier circunstancia, la oración es la fuerza que nos conecta con Dios y las fuerzas superiores del Universo.

– ¡No puedo rezar, me da vergüenza!

Francisca sonrió:

– Qué vergüenza orar, ¿dónde has visto eso antes? Dios no nos condena por nada, ¿por qué deberíamos avergonzarnos de Él?

María Antônia sollozó:

– Tienes razón, lo intentaré – empezó a decir una oración mecánica, pero aun así se calmó.

Minutos después, cuando la tía salió de la habitación, ya se sentía más tranquila, pero al recordar el terrible espectáculo ya no podía dormir.

Junto a su cama estaban Anita, Hilário y Noel. Anita dijo:

– Es increíble lo que una conciencia culpable puede hacerle a un ser humano. Hace tiempo que la perdoné por el daño que me hizo.

Pero esta terrible visión permanecerá con ella durante mucho tiempo...

– Es verdad – coincidió Hilário –. Dios no nos condena por nada, pero la conciencia de cada uno es el juez que pide reparación cada vez que se equivoca. Tu hija podría evitarlo si confesara el crimen ante la justicia de los hombres. Este sería solo el comienzo de su redención. Sin embargo, es seguro que reencarnará nuevamente para cambiar la mala conducta que la llevó al crimen. Quizás sufrirá exactamente lo que sufrió. Tendrá una mala hija que, por sus decepciones e inconsecuencias, podría quitarse la vida.

Anita preguntó:

– ¿No será injusto? Después de todo, sé que ella me mató en su última existencia, pero fui yo quien trajo este crimen a mi vida. Desde que morí como Anete hace siglos, he desarrollado una gran vanidad. Para defenderme del daño que sufrí cuando Helena me mató, me volví arrogante y posesiva. Cuando llegué aquí asesinada por mi propia hija, me rebelé, lloré, blasfemé y casi regresé a la Tierra para cobrar mi venganza. Si no me hubieras mostrado cómo atraía todo, tal vez todavía estaría interfiriendo en la vida de todos.

Hilario explicó:

– Así es, has cambiado mucho desde que falleciste, dejaste de ser esa mujer inútil que solías ser. Pero esto pasó porque tú aportaste, maduraste con la dura experiencia que pasaste. El daño que le sucederá a María Antônia se debe a su creencia en la violencia, el mal y la venganza. Quizás sufrirá mucho para finalmente aprender que solo Dios puede quitarle la vida a un ser humano.

Anita lo abrazó cariñosamente:

– ¿Por qué no te escuché cuando hablaste por Flávio? De hecho, pensaba que todo estaba muy alejado de la realidad, nunca me involucré realmente con la espiritualidad que tocaba a mi puerta. Quizás si me hubiera conectado más con Dios todavía estaría en el mundo junto a mi esposo.

– No estés triste Anita, la muerte es el agente de transformación, por donde pasa todo cambia. Tu marido ahora podrá concentrarse en un antiguo proyecto.

Los invito a ver qué pasará.

Ella se emocionó:

– Entonces lo haré, estar cerca de mi amor siempre me da alegría. Los espíritus Noel, Carlota, Luiza y Anita comenzaron a transmitirle a María Antônia la idea que necesitaba confesar el crimen para liberarse del remordimiento. Los días pasaron y las pesadillas aumentaron. Se lo contó en parte a su padre, quien le dio pases, habló con cariño, mejoró, pero al día siguiente ella estaba igual. Ya no asistía a la escuela, todas sus pocas amistades terminaron.

Al verla tan deprimida, Flávio, preocupado, le dijo a su tía:

– No sé qué más hacer para sacarla de su depresión. Ya ni siquiera quiere salir de su habitación.

– Me recuerda a ti cuando aun eras joven y viniste a vivir a mi casa. Fue un muy mal momento. Érica, Ângelo y Marina murieron en ese accidente y tú quedaste prácticamente huérfano, solo con Cristiano. Tenías mucha fuerza y lo superaste todo, pero recuerdo que fue difícil. Luego estuvo tu relación con Camila, quien también murió trágicamente.

A veces pienso que eres un héroe, hoy, al mirarte más maduro y confiado, me doy cuenta que ya no te pareces a ese joven temeroso y desconfiado, que no sabía qué rumbo tomar en su propia vida.

Sonrió un poco melancólico:

– Realmente he pasado por muchas cosas, pero en esta vida nadie es un héroe. Este mito que debemos sufrir heroicamente en la Tierra para alcanzar un mayor grado de evolución es un disparate. Hoy sé que a través del amor aprendí mucho más que a través del dolor.

– Es que eres modesto y no te gusta reconocerlo. Justo ahora sufriste este golpe devastador en tu vida, perdiste a la mujer que amabas y ahora estás resignado y confiado.

– Es que la espiritualidad reconforta y ayuda. Saber que la vida no empieza en la cuna ni termina en la tumba transforma la vida de cualquiera. Pero hablemos de ti ahora. Has vivido conmigo durante mucho tiempo, ¿eres feliz así? ¿No te gustaría volver a tu antiguo hogar? Sepa que puedo comprarlo cuando quieras.

Ella sonrió:

– Ni se te ocurra decir eso, aquí tengo toda la libertad que tenía en casa, incluso crío a mis gatos. Me das todo lo que quiero para ser feliz y aun así me pagas por ello. Esa aventura mía con el comercio me mostró que todavía era inmadura para este tipo de servicio y me mostró el camino para convertirme en tu ama de llaves. ¡Mira qué bueno es Dios!

Flávio admitió:

– No sé cómo sería mi vida sin ti, tía. Mi hogar no sería el mismo sin tu ayuda. Pero ¿qué haces?

Hablamos de comercio es una gran realidad. Cualquiera que se aventure en algo tan grandioso como usted debe tener la estructura financiera y psicológica para hacerlo. La creencia en la facilidad de las cosas es fundamental para cualquiera que se dedique al comercio. Las personas que no confían en la fuerza de la vida, que no utilizan sus poderes mentales, están condenadas al fracaso.

– Eso es lo que me pasó. No tenía suficiente optimismo y estaba llena de deudas. Avergonzada no quise pedirte ayuda y gasté todo lo que tenía, hoy sé que si hubiera actuado con más prudencia y optimismo todo sería diferente a como era.

– Lo bueno es que siempre puedes aprovechar incluso una mala situación. Creo que debes haber aprendido mucho de lo que pasó.

– ¡Mucho! Hasta el día de hoy no puedo olvidar esta lección, sé que la vida usa nuestras malas acciones para llevarnos al bien. La vida es mágica, todo lo que nos pasa siempre tiene una razón de ser.

– Así es tía, hoy estás más evolucionada que antes. Pero volviendo a hablar de mi hija, no sé qué le pasa, está muy rara. A veces pienso que fue después que Fabrício enfermó, pero siento que a ella le está pasando algo muy extraño. No es normal esas horribles pesadillas que has estado teniendo. Ahora mismo está allí en la habitación, sobre la cama, en una profunda depresión.

– Creo que será mejor que vayas a verla, hables con ella, sé que le hará bien.

– Tienes razón tía, al fin y al cabo hoy no tengo actividades en el Centro y puedo quedarme en casa.

Dicho esto, Flávio subió a la habitación de su hija. Cuando llegó allí notó que ella estaba sollozando. Con compasión se sentó a su lado y le alisó el cabello. Ella, al darse cuenta que era su padre, estalló en más sollozos. Anita estaba allí con ella, transmitiéndole energía tonificante y al mismo tiempo rogándole que tuviera valor y revelara el crimen.

– Hija, ¿por qué estás así? Pensé que era por Fabrício, pero al verla así siento que hay algo más que te está atormentando mucho.

Ella lo miró con la cara y los ojos hinchados de tanto llorar. ¿Cómo podría revelar lo que había en su alma? ¿Por qué la invadió este tortuoso remordimiento? Sintió que la única solución era confesar la barbarie que había cometido, pero no tuvo el valor de hacerlo. ¿Cómo volvería a mirar a su padre? ¿La perdonaría el dios, el ídolo que tanto había cultivado desde pequeña? Si se confesara y Flávio la odiaría para siempre, seguramente se suicidaría, nunca podría vivir sabiendo que el hombre que amaba como mujer la despreciaba.

Ahora, en ese momento, se dio cuenta que lo que sentía por Fabrício era solo una pasión tonta y momentánea. ¿Qué destino trágico y extraño era éste que la había acompañado desde pequeña?

– Papá, me estoy muriendo por dentro, sé que solo tendré paz cuando deje salir todo lo que me atormenta, pero no tengo el coraje, ¡sé que me odiarás por el resto de tu vida!

Él se sorprendió:

– ¿Por qué yo, que soy tu padre, te odiaría? ¿No sabes que el amor de un padre abre las puertas al amor incondicional? Lo que sea que hiciste ciertamente te perdonaré. Ahora somos solo nosotros, ¡tenemos que unirnos para no extrañar a tu madre!

– Sé que eres muy buena, pero estoy segura que cuando descubras lo que hice, nunca más volverás a mirarme a los ojos, y sin ti a mi lado siento que moriría en poco tiempo.

– No digas eso, aun eres joven y tienes todo por delante, ¿qué podría cometer tan mal un adolescente? Dímelo y te mostraré que lo que hiciste no es tan grave, es solo tu mente de niña la que exagera.

Se levantó de la cama y gritó enojada, con el rostro desfigurado:

– ¿Eres tan ingenuo que nunca te diste cuenta? ¿Puedes dejar de ser el santo por unos segundos y verme? Quien está frente a ti no es una niña buena e ingenua, aquí hay una mujer que te ama más que a nada. ¿Alguna vez has notado cómo te miro? ¿Nunca te has dado cuenta que en mi pecho nunca estuvo el amor de una hija sino de un amante?

Se sonrojó y no pudo pronunciar ninguna palabra. Continuó gritando muy fuerte:

– Así es, señor Flávio, nunca te quise como una hija, siempre te quise. Nunca pude soportar a esa mujer llamada Anita que me lo robaba día tras día. Ella parecía sentir o conocer mis sentimientos, mientras competía por tu presencia conmigo, como si fuéramos dos rivales. Pero tú, siempre con esa actitud taimada, nunca te diste cuenta de lo que pasaba en tu propia casa. Loca de ira y de celos, no dudé en matarla para tenerte toda para mí. Así es, maté a mi propia madre. Contraté asesinos de otro estado y ¡eliminé esa vida inútil y vacía que atormentaba mi existencia!

Parecía loca y gritaba mucho. Flávio comenzó a temblar como una hoja sacudida por el viento, parecía que estaba viviendo una situación familiar, parecía que ese hecho ya le había sucedido en algún momento de su vida. Ahora entendía el motivo del estado de María Antônia. Por mucho que no quisiera creerlo, sentía que lo que le decía su hija, criada con tanto cariño y protección, era la realidad. Se levantó de la cama en un ataque de locura y la abofeteó varias veces. En ese momento no recordaba nada de lo que predicaba ni de lo que había aprendido, dejó que sus instintos se apoderaran de su ser. Comenzó a sacudir violentamente a su hija por el cabello mientras ella gritaba y lloraba histéricamente.

–¡Asesina! ¡Asesino, verás cuál es tu destino!

Comenzó a arrastrarla escaleras abajo y la arrojó violentamente al suelo de la sala. Francisca y los empleados corrieron y no podían creer lo que vieron. Ese no era Flávio en absoluto. Francisca empezó a gritar:

– Detente, la vas a matar así, ya está sangrando.

– Eso es lo que se merece después de tantos años de cariño y protección que tuvo en este hogar. Sepan que esta criatura no es más que una simple asesina, ella mató a su propia madre. Eso no fue un robo, fue un crimen premeditado por parte de ella y sus secuaces de no sé dónde. Los celos, los bajos sentimientos que tiene hacia mí la llevaron a cometer un acto similar, ahora que se pudra en la cárcel.

Enojado y fuera de sí, Flávio llamó a la policía e hizo la denuncia. Francisca se desmayó y fue llevada al hospital mientras que María Antônia en la comisaría confesó todo lo que hizo. Ella dio los números de teléfono de los pistoleros y fue llevada a una prisión de máxima detención donde esperaría juicio.

La prensa se agitó tras estas revelaciones, lo único que se escuchó en las noticias fue la noticia que una hija adolescente, por celos de su padre, había asesinado cruelmente a su propia madre. Incluso psiquiatras y psicólogos acudieron a la televisión para dar entrevistas sobre lo sucedido, ofreciendo las opiniones más descaradas.

El Centro de Flávio fue cerrado indefinidamente. La gente perdió algo de credibilidad debido a los trágicos acontecimientos que lo afectaron. Viajó a Inglaterra y permaneció allí con Laura y Cristiano durante casi un año. Su fe no fue quebrantada, después de pensar fríamente en todo, se dio cuenta que había sido muy violento con su hija y no podía perdonarse a sí mismo por esto. A pesar de todo él la amaba.

Aun así no pudo regresar a Brasil, la vergüenza de volver a ver a su hija y enfrentarla después de todo lo que le hizo era demasiada. Solo tuvo noticias de Francisca que todos los domingos, cada quince días, iba a visitarla a la cárcel. Se supo que María Antônia intentó suicidarse dos veces, pensando que Flávio no la había perdonado, pero todo mejoró cuando recibió una carta suya diciendo que él la perdonaba. Ella nunca olvidaría lo que había escrito:

- *"Hija del corazón, en aquel fatídico día te dije que el amor paternal abre las puertas al amor incondicional. Hoy sé que es verdad. Aun sabiendo todo lo que hiciste, no puedo dejar de amarte. El sonido de tu primer llanto quedará grabado en mi corazón, la imagen de tus ojitos quedará grabada en mi corazón mirándome con tanto amor pidiéndome protección. A partir de ese día sentí que te amaría para siempre, pasara lo que pasara. Recuerdo con emoción tu primera palabra 'papi', tus primeros pasitos viniendo hacia mí, ese día caminaste por primera vez, ni siquiera fui al Centro, estaba tan emocionado. ¿Cómo no puedo amarte para siempre? Si dentro de mí superé la vieja pasión que nos unía, sé que no tuviste fuerzas para hacerlo, no puedo condenarte, ni juzgarte por eso y mucho menos por lo que le hiciste a tu madre. Hoy sé que para Dios todos somos inocentes, para Él solo somos niños aprendiendo a vivir, luchando por alcanzar una vida mejor. Aunque estemos sujetos a los resultados de nuestras actitudes, Dios no nos condena, al fin y al cabo Él es supremamente amor y sabiduría. Solo lo que siento por ti puede explicar un poco el amor que Dios siente por la Humanidad. Hoy también me di cuenta que no estaba preparado para el perdón, no dudé en violarte, olvidando que el mal nunca se paga con mal sino con bien. Descubrí que solo el perdón libera nuestra alma. Quien no perdona vive sin alegría y sin paz en el corazón.*

Aprovecha la oportunidad de hacer de tu vida, desde ahora en adelante, un himno de amor a Dios. Sé que serás juzgada y condenada, pero incluso desde donde estás ahora puedes caminar hacia Dios, siguiendo sus enseñanzas.

Del gran papá que te ama,

Flávio de Menezes."

En la soledad de la prisión leyó y releyó esa carta, durmiendo con ella apretada contra su pecho. El domingo siguiente, durante la visita de Francisca, ella preguntó:

– Tía, quiero leer, quiero educarme sobre la vida espiritual. Siempre lo dejé de lado pensando que siguiendo las reglas del mundo sería más feliz. Hoy me di cuenta que estaba equivocada. Quiero buscar el amor divino, hoy sé que este amor no espera para amarme y quiero algún día retribuir todo este amor que Dios me da gratuitamente.

– Me alegra hija mía que hayas llegado a esta conclusión. Hoy traje en mi bolso un libro muy importante que me gustaría prestarte, ¿ves?

María Antônia miró y leyó: *El Libro de los Espíritus*, de Allan Kardec.

– Empezaré a leerlo hoy. Mi padre siempre me habló de él y nunca le di importancia, quiero superar esta horrible pasión por él que solo me ha hecho sufrir, y sé que con este libro tendré esta fuerza.

– Así es, hija mía, esta pasión, como todas las demás pasiones desenfrenadas, nos hace sufrir y nos lleva al abismo. Tu padre es muy evolucionado y por eso nunca llegaste a la aberración del incesto. Imagínate si ahora tuvieras este terrible crimen en tu conciencia, ¿cómo estarías?

– Así es, quiero amarlo como al querido padre que la vida me ha confiado, sé que puedo.

Francisca salió de la prisión esa tarde con el corazón renovado por su éxito. Estaba segura que ese libro le haría mucho bien a su sobrina, como lo había hecho a tantas personas en todo el mundo.

Epílogo

Era invierno y Flávio estaba meditando profundamente en su gran salón. Habían pasado tres años desde que descubrió que María Antônia era la asesina de Anita. Desde entonces, muchas cosas habían cambiado. Con la ayuda de los espíritus superiores que siempre lo asistieron, logró reabrir el Centro y volver a tener el mismo éxito de antes.

Durante la reunión mediúmnica Anita se comunicó y le contó todo el pasado. Dijo que ya era lo suficientemente maduro para saberlo. Fue un shock descubrir que María Antônia era Camila reencarnada y que Fabrício había sido Rafael, su antiguo novio. Anita prometió esperarlo en el futuro, cuando su misión en la Tierra terminara y ambos pudieran disfrutar de una vida más armoniosa. Entendió por qué todo sucedió así y pudo agradecer a Dios por toda su bondad.

Francisca bajó las escaleras y propuso:

– ¿Encendemos la chimenea? Hace un frío que pela, al fin y al cabo vivimos en el país de la llovizna.

Él, con el rostro hinchado, parecía viajar cuando dijo:

– ¡Tía, tuve la mejor idea de mi vida! Hoy descubrí que necesito hacer algo muy importante y que no se puede posponer más.

– ¿Qué?

– Esta casa es demasiado grande para solo nosotros dos, voy a adoptar varios niños y con tu ayuda y la de los sirvientes competentes, sé que puedo criarlos. ¡Tengo mucho dinero y sé que puedo darles lo mejor!

Francisca lloró de emoción al escuchar las palabras de su sobrino. Días atrás, ella había tenido la misma idea.

— ¡Vaya Flávio, qué buena acción! Por supuesto que te ayudaré. Sé que tengo poco tiempo en la Tierra, ya soy vieja, pero sé que aun puedo ser útil.

— Eres la anciana más joven que he conocido — dijo Flávio riéndose mucho y abrazándola —. Sé que serás mi mano derecha durante mucho, mucho tiempo. ¿Realmente estás de acuerdo en ayudarme?

— Por su puesto con placer. Ahora dime, ¿cuántos niños piensas traer a esta casa?

— En la medida que pueda, sé que puedo criarlos. De esta manera, cuando María Antônia salga de prisión también podrá ayudarnos.

— Sobrino mío, creo que ahora estás más inspirado que nunca, creo que debemos orar y agradecer a Dios por esta bendición.

Él aceptó y con los ojos cerrados comenzó a orar:

"¡Padre de infinita bondad y sabiduría!

Cuán grande es tu misericordia y cuán infinito es su amor.

Siento que no debo esperar más para amar a toda la Humanidad como una sola.

Sé que puedo y debo dar lo mejor de mí a todo y a todos los que me rodean. Que el mundo sienta todo tu amor, como lo siento yo ahora.

Te doy gracias, Dios de amor, por todo lo que me has dado. Ayúdame por medio de Jesús y de los espíritus superiores a cumplir con fidelidad a la misión que me diste, sin debilitarme ni abandonarme.

Sé que solo Tu fuerza es capaz de quitar todas las piedras del camino y que sin ella nada podemos hacer.

Por todo esto, Señor, te doy gracias."

Flávio lloraba y Francisca también.

Arrojándoles energías coloridas estaban Hilário, Anita, Noel y Carlota. Érica y Marina observaban desde lejos todo en estado de oración. En el fondo sabían que Dios provee todo y que Flávio podría volver a ser su fiel discípulo.

¡Qué maravilloso fue tenerlo en tu familia! Era un ángel del bien que derramaba luces por donde pasaba. Ahora comprendieron que todo lo que sufrieron se debía a una falta de amor. En la próxima existencia sabrían utilizar este fuego divino que no puede ni debe esperar a que suceda. En ese momento de alegría y felicidad, sintieron una ligera brisa en sus rostros, como diciendo que esta vez lo lograrían.

Fin.

Grandes Éxitos de Zibia Gasparetto

Con más de 20 millones de títulos vendidos, la autora ha contribuido para el fortalecimiento de la literatura espiritualista en el mercado editorial y para la popularización de la espiritualidad. Conozca más éxitos de la escritora.

Romances Dictados por el Espíritu Lucius

La Fuerza de la Vida

La Verdad de cada uno

La vida sabe lo que hace

Ella confió en la vida

Entre el Amor y la Guerra

Esmeralda

Espinas del Tiempo

Lazos Eternos

Nada es por Casualidad

Nadie es de Nadie

El Abogado de Dios

El Mañana a Dios pertenece

El Amor Venció

Encuentro Inesperado

Al borde del destino

El Astuto

El Morro de las Ilusiones

¿Dónde está Teresa?

Por las puertas del Corazón

Cuando la Vida escoge

Cuando llega la Hora

Cuando es necesario volver

Abriéndose para la Vida

Sin miedo de vivir
Solo el amor lo consigue
Todos Somos Inocentes
Todo tiene su precio
Todo valió la pena
Un amor de verdad
Venciendo el pasado
Otros éxitos de Andrés Luiz Ruiz y Lucius
Trilogía El Amor Jamás te Olvida
La Fuerza de la Bondad
Bajo las Manos de la Misericordia
Despidiéndose de la Tierra
Al Final de la Última Hora
Esculpiendo su Destino
Hay Flores sobre las Piedras
Los Peñascos son de Arena

Otros éxitos de Gilvanize Balbino Pereira

Linternas del Tiempo

Los Ángeles de Jade

El Horizonte de las Alondras

Cetros Partidos

Lágrimas del Sol

Salmos de Redención

El Hombre que había vivido demasiado

Libros de Eliana Machado Coelho y Schellida

Corazones sin Destino

El Brillo de la Verdad

El Derecho de Ser Feliz

El Retorno

En el Silencio de las Pasiones

Fuerza para Recomenzar

La Certeza de la Victoria

La Conquista de la Paz

Lecciones que la Vida Ofrece

Más Fuerte que Nunca

Sin Reglas para Amar

Un Diario en el Tiempo

Un Motivo para Vivir

¡Eliana Machado Coelho y Schellida, Romances que cautivan, enseñan, conmueven y pueden cambiar tu vida!

Romances de Arandi Gomes Texeira y el Conde J.W. Rochester

El Condado de Lancaster

El Poder del Amor

El Proceso

La Pulsera de Cleopatra

La Reencarnación de una Reina

Ustedes son dioses

Libros de Marcelo Cezar y Marco Aurelio

El Amor es para los Fuertes

La Última Oportunidad

Nada es como Parece

Para Siempre Conmigo

Solo Dios lo Sabe

Tú haces el Mañana

Un Soplo de Ternura

Libros de Vera Kryzhanovskaia y JW Rochester

La Venganza del Judío

La Monja de los Casamientos

La Hija del Hechicero

La Flor del Pantano

La Ira Divina

La Leyenda del Castillo de Montignoso

La Muerte del Planeta

La Noche de San Bartolomé

La Venganza del Judío

Bienaventurados los pobres de espíritu

Cobra Capela

Dolores

Trilogía del Reino de las Sombras

De los Cielos a la Tierra

Episodios de la Vida de Tiberius

Hechizo Infernal

Herculanum

En la Frontera

Naema, la Bruja

En el Castillo de Escocia (Trilogía 2)

Nueva Era

El Elixir de la larga vida

El Faraón Mernephtah

Los Legisladores

Los Magos

El Terrible Fantasma

El Paraíso sin Adán
Romance de una Reina
Luminarias Checas
Narraciones Ocultas
La Monja de los Casamientos

Libros de Elisa Masselli
Siempre existe una razón
Nada queda sin respuesta
La vida está hecha de decisiones
La Misión de cada uno
Es necesario algo más
El Pasado no importa
El Destino en sus manos
Dios estaba con él
Cuando el pasado no pasa
Apenas comenzando

Libros de Vera Lúcia Marinzeck de Carvalho y Patricia

Violetas en la Ventana
Viviendo en el Mundo de los Espíritus
La Casa del Escritor
El Vuelo de la Gaviota

Vera Lúcia Marinzeck de Carvalho y Antonio Carlos

Amad a los Enemigos
Esclavo Bernardino
la Roca de los Amantes
Rosa, la tercera víctima fatal
Cautivos y Libertos
Deficiente Mental
Aquellos que Aman
Cabocla
El Ateo
El Difícil camino de las drogas
En Misión de Socorro
La Casa del Acantilado
La Gruta de las Orquídeas
La Última Cena
Morí, ¿y ahora?
Las Flores de María
Nuevamente Juntos

Libros de Mônica de Castro y Leonel

A Pesar de Todo

Con el Amor no se Juega

De Frente con la Verdad

De Todo mi Ser

Deseo

El Precio de Ser Diferente

Gemelas

Giselle, La Amante del Inquisidor

Greta

Hasta que la Vida los Separe

Impulsos del Corazón

Jurema de la Selva

La Actriz

La Fuerza del Destino

Recuerdos que el Viento Trae

Secretos del Alma

Sintiendo en la Propia Piel

World Spiritist Institute

www.ingramcontent.com/pod-product-compliance
Lightning Source LLC
LaVergne TN
LVHW041753060526
838201LV00046B/985